テキストブック

労働法

[著] 高橋賢司
橋本陽子
本庄淳志

中央経済社

はしがき

本書は，学部生，法科大学院生および実務家が，労働法の体系，規制の目的および内容を学ぶことができることを目指している。本書では，法概念と判例法理の基本的な説明に加え，とくに，重要な判例は，case の項目において，事件の概要と判旨を示して，最高裁判所や下級審の裁判所が，事案に即してどのように判断したのかを知ることができるようにしている。本書では，基本的な最高裁の判例だけではなく，最近の下級審の重要判決も取り上げている。

また，本書は，労働法の新たな発展を考慮して，たとえば，パワーハラスメントについて規制する労働施策総合推進法や，改正民法にも言及している。

さらに，本書の特徴は，雇用社会における変化をとらえた素描を示しながら，労働法の全体像を示そうとしていることである。本文のみならず，**〈コラム〉**や〔**発展**〕において，雇用社会の変化を踏まえた新たな人事実務の課題等について触れている。これは，労働法の教科書を主に読む学部生や法科大学院生が，現在あるいは近い将来，目のあたりにするのは，雇用社会の構造変化であると思われるからであり，また，法曹，人事実務，組合実務に従事する専門家が，労使関係や雇用社会の変貌に，労働法の理論がいかに対応しようとしているのかを把握できるようにするためでもある。

本書を編纂し，執筆していく段階では，２年近くもの間，忌憚のない議論を何度も繰り返してきた。そして，最後は何度も執筆者間で修正・補正要求を出し合いながら，文一つ一つの細部の表現までこだわって丁寧に練り上げ，作りあげてきた。こうしたことは，良書を世に出したいという執筆者のこだわりの気持ちの表れである。優れた体系書が出版されているにもかかわらず，わたしたちが本書を出版したいと考えるのも，世代による新しい感覚というのを信じているからである。

とはいえ，法規制や判例を体系的に学べるようにという多くの教科書がもつ性格を変えずに，そうした思いが，実現したかどうかは，心もとない。教科書という性格ゆえ，ご容赦いただきたい。ご指導，ご鞭撻，ご批判を賜りたい。

最後に，わたしたちに教科書の執筆の機会を与えてくださった，中央経済社，とりわけ，執筆上の議論のみならず，議論的な論争にまでお付き合いいただき，本書の完成を実現させてくださった，露本敦氏に，心よりお礼申し上げたい。

2021年１月

執筆者一同

目　次

第３章　労働法の法源

第４章　採用（内定）と試用期間

第5章　労働者の人権保障とハラスメントからの保護

第6章　雇用平等とワーク・ライフ・バランス

第7章　非典型雇用

第8章　賃　金

第9章　労働時間と休日・休暇

第10章　労働災害

第11章　人事異動と企業組織の再編

第12章　懲戒処分

第13章　労働契約の終了

第14章　労働組合と不当労働行為

第15章　団体交渉と労働協約

第16章　争議権と組合活動権

〔略語一覧〕

●法令名等

育介法：育児休業，介護休業等育児又は家族介護を行う労働者の福祉に関する法律（育児・介護休業法）
外国人技能実習法：外国人の技能実習の適正な実施及び技能実習生の保護に関する法律
均等法：雇用の分野における男女の均等な機会及び待遇の確保等に関する法律（男女雇用機会均等法）
高年法：高年齢者等の雇用の安定等に関する法律（高年齢者雇用安定法）
最賃法：最低賃金法
障害者雇用促進法：障害者の雇用の促進等に関する法律
承継法：会社分割に伴う労働契約の承継等に関する法律（労働契約承継法）
女性活躍推進法：女性の職業生活における活躍の推進に関する法律
青少年雇用促進法：青少年の雇用の促進等に関する法律
賃確法：賃金の支払の確保等に関する法律
労安衛法：労働安全衛生法
労基法：労働基準法
労基則：労働基準法施行規則
労契法：労働契約法
労災保険法：労働災害補償保険法
労災則：労働災害補償保険法施行規則
労組法：労働組合法
労調法：労働関係調整法
労働施策総合推進法：労働施策の総合的な推進並びに労働者の雇用の安定及び職業生活の充実等に関する法律
派遣法：労働者派遣事業の適正な運営の確保及び派遣労働者の保護等に関する法律（労働者派遣法）
パート・有期法：短時間労働者及び有期雇用労働者の雇用管理の改善等に関する法律

＊＊

厚労告：厚生労働省告示
労告：労働省告示
基収：労働基準局長が疑義に答えて発する通達
基発：労働基準局長通達
発基：労働基準局関係の事務次官通達

●判例集等

民集：最高裁判所民事判例集
労民集：労働関係民事裁判例集
　＊
判時：判例時報
判タ：判例タイムズ
別冊中労時：別冊中央労働時報
労経速：労働経済判例速報
労旬：労働法律旬報
労判：労働判例

第1章　労働法の理念・歴史と雇用システム

はじめに

本章では，労働法を支える理念や具体的な労働立法の歴史，労働法規制と雇用慣行との関わり等を概観する。

労働法は，資本主義社会の根本的な原理である契約自由の原則をふまえつつも，使用者に対して従属的な立場にある労働者の保護を目的に誕生した。自由な市場経済を前提とする資本主義社会では，企業の自由な競争と労働者の保護をいかに調和させるかがたえず問題となる。本章では，まず，労働法という法分野がなぜ存在するのか，民法とはどのように考え方が異なるのか，労働法を支える理念を概観する。そのうえで，日本において労働立法がどのように展開されてきたのかを確認する。これらの個々の労働立法の内容については，第２章以下で具体的に扱う。

また，雇用社会は，法規制のみで完結するものではなく，日本の雇用社会は，伝統的には，終身雇用制，年功序列賃金，企業別労働組合という，いわゆる三種の神器とよばれる日本的雇用慣行により，形成されてきた。とくに「学卒一括採用」は，わが国では南欧ほどの若年の大量失業の問題を顕在化させないことに貢献してきた。

しかし，終身雇用制の維持は，企業のグローバル競争が激化した1990年代以降は，企業にとって重い負担となっている。企業は，年功序列型賃金を年俸制等の成果主義賃金に変えることで，日本のホワイトカラーの生産性を高めようと試みている。他方で，サービス経済化が進み，パートタイマー，契約社員，派遣労働者等の非典型雇用が重要な役割を果たすようになっている。さらに，今後は，フリーランス，クラウドワーク等，いわゆる「雇用なき就労」が増加する可能性がある。日本の雇用社会は，現在，大きな変革途上にある（本章では，日本の雇用システムの内容とその変貌を敷衍する）。

裁判所による裁判も，使用者と労働者の権利と義務の実現に寄与し，広い意味では正義の実現たる法の実現を可能にする。日本では，裁判所のみならず，労働審判，行政における労働委員会制度，個別労働関係紛争解決制度などにより，迅速な労働紛争の解決が図られている（本章では労働紛争処理制度を学ぶ）。

1　労働法の理念

⑴　私的自治の原則

資本主義社会においては**私的自治の原則**は一定程度保障される。誰と契約を結び，どのような内容の契約を締結するかは，契約当事者にとっては自由である。私的自治の原則とは，個々の自由な意思に基づいて契約などの法律関係が形成されていくことである。資本主義経済秩序において物の売買・賃貸やサービスの提供は，自らの意思に基づいて自由に行われる。

自由主義国家においては，個人の自由は憲法上尊重され，保障される。上述の私的自治の原則ないし契約の自由の原則は，憲法上の個人の自由との関係では，個人の自己決定権に基づく。つまり，個人の自由な意思決定に基づいて，契約を締結し，契約内容を形作っていく。このように，資本主義社会の法秩序では，私的自治の原則と自己決定権を基礎としている。

労働法においても，一方では，こうした契約の自由や自己決定権が尊重される。つまり，労働契約を締結するかどうか，いかなる契約内容を形作るかは，個々の自由なのである。労働契約法において，合意原則（３条・６条）を定めるのも，資本主義社会における個人の自由の重要さが，変わらないはずだからである。

資本主義以前の封建社会では，身分社会が形成され，商人などは身分的な拘束を受け，そして，職業を選択する自由が制約された。現在では，企業（労働法では使用者と呼ぶ）も労働者を自由に選択できる一方で，労働者も職業選択の自由を享受する。労働者の自己決定権は，職業選択の自由に関わり，契約締結の自由に及ぶ。「身分から契約へ」というのが，契約社会での歴史的な流れであった。さらに，資本主義社会では，自由な労働市場が形成され，そこでは，雇用と賃金の需給のバランスによって決定される。人の移動も自由である。

⑵　労働の従属性

しかし，自由主義的な法制の下で，労働条件が放置された結果，労働者は使用者が提供する悲惨な労働条件に置かれた。児童や女子は，16，17時間労働をせざるを得ないのもまれではなく，労働者の健康や安全について危惧された。わが国初期の労働法である，戦前の工場法では，こうした子女を念頭に，労働時間や深夜労働などが規制されていった。これによって，国民経済の発展を阻害するものではないと考えられた。

労働は，大部分の人間にとって生存の基礎をなすとともに，労働契約関係は，契約当事者の構造的な**従属性**によって特徴づけられるとされる。労働は，労働契約を基礎に提供されるが，民法では，雇用は，委任契約等とは区別されて雇用契約によって規律されることが想定された。

労働法学も，第二次世界大戦後は，労働者が使用者に経済的に従属している，という認識をもとにとらえる考え方が有力に説かれた。生産手段と財産を持たない労働者は，いずれかの使用者に依存・従属して，その下で働いて生きていかざるを得ない。契約の自由は，使用者を選択する自由でしかなかった。そのうえ，使用者による解雇の自由が制約されなかった時代では，労働者が労働条件に不服があっても，労働条件について労働者個人は一人では使用者と十分には交渉しづらい状況に置かれた。契約の自由が，使用者が労働者を意のままの労働条件で働かせる自由をも意味していると説かれた。そこで，生存権や団結権に基づいて，労働条件ないし経済的条件を向上させていこうと考えられた。こうした労働者の状況に関する認識を経済的従属性という。

これに加えて，労働者は使用者の指揮命令に服し，そのなかで労働せざるを得ない。そのため，労働者は自らの生命，健康，人格という法益について処分することができず，これらの法益の侵害が，労務の提供に伴って生じうる。つまり，労働者は労働者の人格を投入して労働せざるを得ないために，職場においてたえず，生命，健康，人格についての侵害があるおそれがある。たとえば，ハラスメントや労働災害も起こり得るのである。また，使用者による配置転換（転勤）命令や時間外労働の命令を通じて，労働者は遠隔地での勤務や延長された時間での労働を余儀なくされる。すなわち，労働者の職業生活がその私生活へ影響を及ぼすことになる。こうした労働者の状況に関する認識を人的ないし人格的従属性といい，指揮命令下にある労働者の保護の必要性が説かれた。労働法の分野では，「契約から身分へ」と転じる事態を防ぐ必要があるともいいうる。

こうした従属性の認識を前提として，従来，私法から独立した労働法の独自性が説かれた。

⑶　市場秩序と労働法

資本主義と企業　その一方で，市場での経済的な行動についての決定の担い手は，生産手段について処分権を有する企業である。契約の自由と自由な競争との関係は，契約当事者に一定の均衡をもたらすことがある。つまり，企業は，競争の目的から，より有利な諸条件を労働者に対して提供することがある。たとえば，有能な労働者を企業に引き留めようとすれば，企業は，賃金や賞与についてより高い労働の対価を支払わざるを得ない。また，経済全体が好景気である限り，正社員の典型雇用労働者のみならず，パートタイマーや派遣労働者といった非典型雇用労働者も不足し，これらの者の賃金が上昇していく。

その一方で，市場経済において活動する企業のなかには，労働コストを含めてコストをできるだけ低く抑えようとする企業もある。グローバルに展開する企業は，アジア諸国の比較的安い労働コストを提供する企業と競争せざるを得ないのである。

規制緩和論　最低賃金制度は，労働コストの上昇を招き，使用者を廃業に追い込むという経済学者らの主張は，とくに，アメリカ，ドイツ，日本など先進国では有力に説かれる。労働コストが高ければ，低賃金の労働者を減らしてしまう企業もないではない。

解雇や非典型雇用をめぐる法制が，厳格すぎると，失業率を高めるといわれる。実際には，保護の高さが雇用にマイナスの影響があることが指摘されている（OECD, employment outlook 1999）。労働者保護のための規制が，かえって，労働者の保護にならないのでは，という現代の労働法学での重要な問いかけがなされる。

反対に，規制緩和論が，本当に正しいのか，という検証も必要である。これらは，現代の労働法学に投げかけられた困難な問題提起であるが，労働法の存在意義は何か，という問題でもある。

雇用関係なき就労　労働コストを可能な限り抑えていこうとする企業の行動は，職場という観念すら不要とさせる。労働契約を締結せず，企業と直接何らかの契約，たとえば，委任契約を締結する個人が増えている。そのなかには，家での内職をするというかつての家内労働とほぼ同様に，個人が家での仕事を望み，業務を直接受託する（クラウド・ワーカーと呼ばれる者が近年登場している）。これにより，「労働者」の概念によって画されてきた労働法は，ますますその適用範囲を相対的に失っていく可能性がある一方で，事業者間取引を規律する経済法の役割が，こうした個人との関係では益々重要となっていく。民法や経済法のみの適用によって個人が保護されていくべきなのであろうか。

デジタル化とAI　労働の世界は，第四次産業革命，または，インダストリー4.0と呼ばれる，工場での生産過程，労働の過程での機器・ロボット等のネットワーク化，FA（ファクチャリー・オートメーション，工場の自動化）等により，変貌しつつある。従業員の行動の監視も，より高度な技術によって可能となっている。在宅就労を通じたリモートワークをなしうるのも，こうした技術革新によっている。

労働の世界のデジタル化によって，一定の経済成長が可能になる反面で，こうした技術革新は，職業生活において，人間の労働にも影響を与える。「雇用の将来」を執筆し，世界中でセンセーションを巻き起こした，フレイとオズボーンは，日本の就業人口の約49％が，この自動化によって，脅かされていることを示唆する。日本の就業人口が全人口の半分とすると，４分の１の人が失業することとなる。

他方，第四次産業革命は，従業員にとっても，自由への新たなチャンスでもある。知的創造的で，自由な働き方，ワーク・ライフ・バランスこそ重要であるから，労働時間法の改革に重要な意義があるとされ，高度プロフェッショナル制度や在宅勤務の重要性が説かれている。この結果，一方で，在宅就労をはじめとして労働が時間と場所のフレキシブルな労働へと転化し，これにより，労働への自己裁量，自己決定的な労働へのチャンスを提供するといわれる。他方で，労働者の健康と職場の安全に関する保護としていかなる規制が労働法上必要なのかが問われていく。

人工知能，すなわち，AIが自ら学習し，人間を超える高度な判断が可能になっている。AIにより，多様かつ複雑な作業の自動化が可能になっている。AIによる雇用の代替は，確実に進みつつあり，たとえば，保険業界では，保険の支払審査業務に関して，従来，人間が行っていた業務をAIが代替しつつある。人間の労働力は，部分的には，AIの発展によって置き換えられ，削減されていくであろう。AIの将来の進展は，人間の生活に利便性をもたらすポジティブな発展であると同時に，雇用を削減するという意味では，ネガティブな発展でもある。

これに関わる雇用の問題は，労働法・社会保障法に対してもより深刻な影響を与える。

⑷　労働法による規制の必要性

上述のように，変容していく市場秩序と労働法秩序にあっても，労働者の一定程度の保護の必要性は，否定できない。

契約の自由の原則にしたがい，賃金額の決定を完全に当事者の自由に委ねた場合，売り惜しみのきかない労働力が買い叩かれ，労働者の賃金（とくに，パートタイマー等の非典型雇用労働者）が低くなるおそれがあるため，最低賃金法による規制が依然必要である。人の経済的な存続の保護に関わっているからである。

個人を生命，健康，人格（権）の侵害から保護するのは，国家の重要な役割である。また，雇用の領域において，施設を管理し，労働力を配置し，指揮命令をする権限のある使用者（企業）の権限を労働法的な規制により制約し，これによって，労働者の自由・人格・生命を保護すべきである。現代では，セクシュアル・ハラスメント，パワー・ハラスメント，マタニティー・ハラスメントからの労働者の人格，名誉の保護も課題である。さらに，法律を通じて，労働時間，とりわけ時間外労働を制約することにより，労働者の私生活を確保し，労働者の生命と健康を確保しなければならない。労働時間の制限，配置転換権の制限により，労働者の私生活と家族生活を維持，保護していく必要がある。

⑸ 私的自治の原則の拡充（協約自治）

私的自治の原則は，上述のように，個人が自らの契約内容を決定していく，というものである。しかし，私的自治の原則も，集団的労使関係の分野では，協約自治の原則によって強化され，または実質化されていく。後で学ぶように，労働協約の当事者である，企業（使用者）と労働組合またはその団体は，労働条件等につき，労働協約と呼ばれる合意を締結できる。労働協約当事者が労働条件を労働協約によって自由に規整しうるのである。つまり，**協約自治の原則**とは，当事者は，自らの意思と責任によって，および，原則的に国家からの影響から自由に決定しうる，というものである。この協約自治の原則は，憲法28条と労働組合法の核心的部分に属している。協約自治に基づく労働協約は，一種の自主法として重要な機能を果たしうる。

⑹ 私的自治の原則と契約法理による保護

さらに，現代の契約社会における，労働条件に対する一定の保護は，労働法によってのみ完結するものではない。消費者を保護するため，消費者契約法が2001年より施行されているが，消費者と労働者は，その保護の必要性がある点で似ている。契約条件が一方当事者のイニシアティブにより定められたり，あるいは，その契約条件につき十分な説明や交渉がなされていなかったりするためである。消費者契約法では，事業主に契約条件に関する情報提供の努力義務が課されているが（３条２項），労働契約法でも，最高裁は，労働契約や就業規則への労働者の同意にあたり，「当該行為が労働者の自由な意思に基づいてされたものと認めるに足りる合理的な理由が客観的に存在するか否かという観点からも，判断されるべき」であるとし（山梨県民信用組合事件・最判平成28・２・19民集70巻２号123頁等➡**第８章**），使用者による十分な説明がなされたうえで労働者が同意したことが要請されている。また，消費者契約法において，不当な条項に対する規制，いわゆる不当条項規制（10条）があるのに対して，近時，労働契約法においても，就業規則に対して裁判所による合理性の審査（７条）や労働契約に対して信義則（３条４項）を通じた内容審査が求められる。就業規則に対する合理性審査に不当条項と同様の機能をもたせることも可能である。つまり，消費者契約法のような他の分野における契約法理と類似した保護が必要なのかが，問われている。私法上の契約理論である労働契約法理は，民法の議論と調和することも要請される。

2　労働法の歴史

⑴　戦前の立法

工場法　労働法は，工業化とともに生成・発展した法分野である。日本では，19世紀後半から工業化が始まった。1903年の農商務省の「職工事情」は，当時７万人余りが雇用されていた繊維業を中心に，労働時間，賃金および前借金の慣行など，労働者の実情を膨大な資料によって明らかにした。すでに，1873年（明治26）年の鉱業条例では，鉱夫の１日最長12時間の労働時間規制や業務上災害・疾病の補償などが定められていたが，1911年に制定された工場法は，初の一般的な労働保護法であり，15歳以下の年少労働者と女子について，深夜業の禁止，１日12時間の最長労働時間および業務上災害・疾病の扶助が定められたが，施行されたのは15年後の1926年であった。工場法の適用範囲は，常時15人以上の職工を雇用する工場に限定されていたが，1921年の商店法によって，50人以上の使用人を雇用する商店にも最長労働時間の規制が及ぶこととなった。

工場法は，その後，施行令において，14日間の解雇予告義務や就業規則の制定・届出義務等が定められ，戦後の労基法制定の基礎となった。

労働組合法制定の試み　戦前には，1900年の治安警察法によって，労働組合活動は禁止されていたが，第一次世界大戦後に設立された国際労働機関（ILO）に労働者代表を派遣するため，政府主導で，労働組合法の制定が試みられていた。戦前には，立法化は実現しなかったが，戦前の議論を生かして，戦後すぐに1945年12月に旧労働組合法が制定された。旧労組法は，労働組合の活動を理由とする不利益取扱いを刑罰で禁止し，労働組合の届出制および行政官庁による監督権限を定めている点で，現行法と大きく異なっていた。

⑵　戦後の労働立法

憲法　1946年５月に発布された日本国憲法において，労働三権（団結権・団体交渉権・団体行動権）が憲法上の権利として規定された（憲法28条）。憲法27条１項は，国民の勤労の権利・義務，同条２項は，賃金，就業時間，休息その他の勤労条件を法定する旨規定した。憲法27条１項は，完全雇用の達成を目指す国の雇用政策の責務を，同条２項は，国の最低労働条件を保護する義務を定め，労働立法の憲法上の根拠となった。

労働基準法・労働組合法　終戦直後に，労働関係調整法（1946年）および労働基準法（1947年）が制定され，労働組合法が改正された。労基法の制定と同時に，労災保険法が制定された。1947年には，労働省が発足した。労基法は，賃金および労働時間等，重要な労働条件の最低基準を定める法律であり，法違反には罰則が科されるとともに，法違反の定めを無効とし，無効となった労働契約の部分は，労基法で定める基準に置き換えられることになる（労基法13条）。かかる強行的直律的効力は，法違反の法律行為は無効となるという民法の原則（民法90条）をさらに進めるものであった。

GHQの影響下で，1949年に改正された労働組合法では，労働組合の自由設立主義が採られ，行政救済手続による不当労働行為制度が設けられた。同じく，GHQによって労働市場の民主化が試みられ，1947年に，職業紹介の国家独占を定める職業安定法が制定された。大量の失業者に対する緊急失業対策の実施とともに，失業手当を支給するための失業保険法・失業手当法（1947年）が制定された。

他方で，労基法において審議会方式による決定手続のみが定められていた最低賃金制度は，経済復興を待って，1959年に最低賃金法が制定され，ようやく実施されることとなった。

(3) 高度経済成長と労働法の発展

判例法理の形成　労働法が大きく発展するのは，高度経済成長期（1954年～1970年）を経て，1973（昭和48）年の石油ショック以降の低成長期に入った頃である。1960年代の高度経済成長期に，総評の主導により，賃上げシステムとして春闘が確立した。立法では，労基法から労働安全衛生法（1972年）が派生し，賃金支払確保法（1976年）が制定された。また，最高裁によって，就業規則法理や解雇権濫用法理に代表される重要な判例法理が形成された。最高裁の労働契約法理は，学卒一括採用から定年まで企業が雇用を保障する長期雇用制度を前提とするものであるといえるが，現在まで基本的に維持されている。

また，1960年には，1955年のILOの勧告を契機として，身体障害者の社会参加を支援するため，障害者雇用促進法が制定され，民間企業に対して，企業規模に応じた一定割合（雇用率）以上の障害者を雇用する努力義務が定められた。

雇用政策の充実　高度経済成長期に，労働市場の近代化を図るための国の雇用政策の基本法として，1966年に雇用対策法が制定された。

1973年の第一次石油危機後は，雇用の促進と失業の予防のための政策が進められることとなった。すなわち，1974年に雇用保険法が制定され，不況期に雇用維持努力を行う企業に助成を行う雇用調整給付金（その後，雇用調整助成金となる）

が導入され，失業者への金銭給付を行う消極的雇用政策と並び，雇用維持・雇用創出のための積極的雇用政策が展開されていくこととなった。1979年には職業能力開発促進法が制定された。

また，1976年の障害者雇用促進法の改正により，雇用率以上の障害者を雇用する努力義務が強行規定へと強化された。

(4)　経済のサービス化と男女雇用平等の進展

男女雇用平等の進展　1980年代以降は，経済のサービス化に伴い，女性の社会進出が進むようになった。国際的にも男女平等の理念が進展し，国連の女子差別撤廃条約を批准するために1985年，男女雇用機会均等法（均等法）が制定された。女性の仕事と家庭の両立を支援するために，1991年に育児休業法が制定され（1993年からは育児・介護休業法〔育介法〕となる），1993年には短時間労働者の雇用管理の改善等に関する法律（パートタイム労働法）が制定され，パートタイム労働者の労働条件の整備が図られた。

育児・介護休業法は，その後，数度の改正を経て，子の看護休暇や勤務時間短縮措置の導入や男性の育児休暇取得の促進など，ワーク・ライフ・バランスを推進する施策を強化している。

1997年には，均等法が改正され，努力義務規定だった募集・採用および配置・昇進における差別禁止が強行規定へと改正され，これに伴い，労基法における時間外労働に関する女性保護規定が撤廃された。

均等法は，その後，2006年改正によって，間接差別の禁止が導入され，妊娠・出産等を理由とする不利益取扱いの禁止規定が強化された。また，2007年パートタイム労働法の改正により，均等・均衡処遇の規制が導入された。

労働時間の削減と柔軟な労働時間制度　他方で，1980年代は，日本の製造業が欧米諸国を脅かすほどとなったため，国際的な圧力から長時間労働の是正が求められるようになり，1988年の労基法改正により，法定労働時間が週48時間から週40時間に短縮された。同時に，ホワイトカラーにふさわしい労働時間制度として，柔軟な労働時間制度（フレックスタイム，裁量労働制）が導入された。

中高年労働者の雇用確保　さらに，中高年労働者の雇用確保のため，1986年の高年齢者雇用安定法（高年法）では，60歳定年制の努力義務が定められ，1990年には，65歳までの継続雇用の努力義務が導入された。その後，1994年の高年法改正により，厚生年金支給開始年齢が60歳から65歳までに段階的に引き上げられることに伴い，60歳定年制が義務化された。

その後，高年法では，2004年改正によって，65歳までの雇用確保義務が導入された。65歳までの雇用確保措置は，労使協定により，継続雇用者を選定することが可能であったが，雇用確保措置の普及をまって，2012年改正によって，希望者全員の雇用を65歳まで確保する義務が定められた。

労働者派遣法の制定と職業紹介の自由化　1985年に制定された労働者派遣法は，従来，労働者供給として禁止されていた雇用形態を専門業務に限定して合法化するものであった。1999年には，民営職業紹介を許容するILO第181号条約の批准に伴い，職安法および労働者派遣法が改正され，職業紹介が原則自由化されるとともに，派遣可能業務が原則自由化されることとなった（ネガティブ・リスト化）。

(5)　規制緩和と紛争解決制度の整備

規制緩和　バブル経済が崩壊した1990年代後半から日本経済は「失われた20年」と呼ばれ，グローバル化が進むなかで現在まで続く低成長の時代を迎えた。

経済を活性化するため，規制緩和が行われ，2003年の労働者派遣法（派遣法）改正により，自由化業務における派遣可能期間の上限が３年へと拡大された。後述するとおり，2010年代以降は，増加した非正規労働者の雇用の安定を目指す施策が進められる一方で，労働市場の規制緩和も経済成長戦略の重要な内容とされており，2014年頃から，不況期に企業に雇用維持を求める雇用調整助成金を縮小し，離職を余儀なくされる労働者等の再就職を支援する労働移動支援助成金が拡充された。

紛争解決制度の整備　経済の低成長期を迎え，増加傾向にある個別労働紛争に対応するため，2000年には，個別労働関係紛争解決促進法が制定され，行政による新たな労働紛争処理制度が導入された。また，同年，商法（現会社法）における会社分割制度の導入に伴い，会社分割に伴う雇用および労働条件の保護を図るために，労働契約承継法（承継法）が制定された。承継法は，2007年の労働契約法（労契法）に先駆けて，民法の雇用の規定以来，初めて民事的ルールのみを定めた労働立法である。

2004年には，司法制度改革の一環として，労働審判法が制定された。また，労組法改正によって，労働委員会の救済手続の実効性を高めるための改革が行われた。紛争解決制度の整備と並んで，2007年には労契法が制定され，重要な判例法理が明文化されることとなった。

(6)　2010年代以降―格差是正と働き方改革―

正規・非正規の格差の是正　非正規雇用は一貫して増加を続け，現在は労働者の約40％を占めるに至った。2008年秋のリーマンショックの直後には，派遣労働者を期間途中で解雇する「派遣切り」が大きく問題となった。2011年には，「第2のセーフティネット」と呼ばれる求職者支援制度が法定された。正規雇用と非正規雇用の格差是正のため，2012年には，労契法改正によって，通算雇用期間が5年を超える場合に無期契約の締結を申し込む権利が有期契約労働者に付与されることになり，また有期雇用を理由とする不合理な労働条件の格差を禁止する規定が導入された。さらに，同年の派遣法改正によって，日雇い派遣の原則禁止，グループ派遣の制限，一定の違法派遣における労働契約の申込みみなし義務が導入された。

派遣法は，さらに2015年改正によって，専門業務と自由化業務の区別が廃止され，同一の派遣労働者について，派遣先の同一の組織単位における派遣可能期間の上限が，一律3年に定められるとともに，すべての派遣が許可制となった。

正規雇用と非正規雇用の一層の格差是正は，2018年の「働き方改革」においても試みられ，パートタイム労働法がパート・有期法に改正され，派遣法においても，派遣労働者と派遣先の労働者との間の均等・均衡待遇に関する規制が導入された。

また，新たな雇用平等法理として，2006年に採択された国連障害者権利条約の批准に伴い，2013年の改正障害者雇用促進法により，障害差別の禁止が導入された。

若者の雇用対策　新規学卒一括採用の慣行の下で，日本では，若年失業の問題はほとんど存在しなかったが，バブル崩壊後の低成長の時代に，若者の失業率が増加した。とくに2000年前後の学卒者は「就職氷河期世代」と呼ばれ，不本意な非正規雇用が増加した。また，2010年代に入ると，正社員となった若者も長時間労働やパワハラ等で離職を余儀なくされる「ブラック企業」の問題が認識されるようになった。そこで，若者の雇用対策に総合的に取り組むため，2015年に青少年雇用促進法が制定された。同法では，求職者の求めに応じて，募集採用や雇用管理の状況についての情報を提供する事業主の義務が定められている。

女性活躍推進法　均等法および育介法の強化と並び，男女雇用平等を推進するための新たな立法として，2015年に女性活躍推進法が制定され，2019年に改正され，同法の義務の対象となる企業の範囲が拡大された。同法に基づき，一定規模以上の企業は，採用や管理職に占める女性の割合等の目標を定める行動計画を作成する義務を負う。国は，女性の活躍推進の取組みにおいて優良な事業主を認定することができる。

「働き方改革」と変化する雇用慣行への対応　正規雇用と非正規雇用の格差が問題となる一方で，正社員の過重労働の防止も重要な課題となった。2008年の労基法改正によって，月60時間を超える時間外労働について，割増率が引き上げられ，2018年の「働き方改革」によって，時間外労働の上限を１ヵ月100時間未満とする規制および年休５日に関する使用者の付与義務が労基法に導入された。同時に，高度な専門的業務に従事するホワイトカラーの生産性を高めるため，「高度プロフェッショナル制度」が導入された。

また，一方では，中小企業における人手不足，他方では，大企業での中高年労働者の余剰に対応するため，さらに，長期雇用慣行の変化を受けて，兼業・副業の促進が政府主導で進められ，労働時間や労働・社会保険の通算のあり方について，議論が進められている。2020年の労災保険法の改正により，複数就業先の賃金に基づく給付基礎日額の算定や給付の対象範囲が拡充されることになった。その他，現在，解雇の金銭解決制度の導入が，政策課題となっている。

他方で，2020年の高年法改正によって，70歳までの就業確保の努力義務が導入された。かかる雇用には，フリーランスやボランティアでの就労も含まれる点が，従来の施策とは異なるが，就業確保措置の内容が不透明になる懸念がある。

外国人労働者政策　2016年に，外国人技能実習法が制定され，監理団体を許可制とし，優良な監理団体および実習先における２年間の「技能実習Ⅲ」が導入されることになった。これにより，従来３年を上限としていた外国人技能実習制度による外国人労働者の受入れが５年まで可能となった。そして，監督機関として新たな特殊法人「外国人技能実習機構」が創設された。また，同時に，介護職種が技能実習職種に追加されることになった。

さらに，2018年12月に，人手不足に対応するため，新たな在留資格「特定技能」が創設されることとなり，「特定技能Ⅰ」では，「技能実習Ⅱ」を終了した者および必要な技能と一定の日本語能力を有する外国人が，最長５年間日本で就労できることとなった。

パワハラ防止措置義務の導入　個別労働関係紛争解決制度が導入されてから，しばらくの間，もっとも多い相談内容は，解雇や退職をめぐる問題であったが，2010年代に入ってから，いじめ・嫌がらせが，もっとも多い相談事項となった。パワハラの抑止に対する社会的意識の高まりを受け，2019年の労働施策総合推進法（旧雇用対策法）において，パワハラ防止義務が導入された。

〔図表１－１〕主な労働立法の制定・改正年表

	集団的労働法	個別的労働法	労働市場法
戦前		**1911　工場法** 1921　商店法 1926　工場法施行令	
戦後～： 民主化，戦後復興，高度経済成長	1945　旧労組法 **1946　労調法** **1947　労組法**	**1947　労基法**，労災保険法 **1959　最賃法** 1972　労安衛法 1976　賃確法	**1947　職安法，失業保険法・失業手当法** **1960　障害者雇用促進法** 1966　雇用対策法 1974　雇用保険法 1976　改正障害者雇用促進法 1979　能開法
1980年代～： 経済のサービス化，男女雇用平等		**1985　均等法** **1988　改正労基法** 1991　育児休業法 1993　パート労働法，育介法 1997　改正均等法	**1985　派遣法** **1986　高年法** 1990　改正高年法 1994　改正高年法 1999　改正職安法，改正派遣法
2000年代～： 経済のグローバル化，低成長時代	2004　改正労組法	2000　個別労働関係紛争解決促進法，承継法 2004　労働審判法 2006　改正均等法 2007　改正パート労働法 **2007　労働契約法** 2008　改正労基法	2003　改正派遣法 2004　改正高年法
2010年代～： 格差是正，働き方改革		**2012　改正労契法** 2014　女性活躍推進法 **2018　改正労基法**，パート・有期法 2019　労働施策総合推進法	2011　求職者支援法 2012　改正派遣法，改正高年法 **2013　改正障害者雇用促進法** **2015　改正派遣法，青少年雇用促進法** 2016　外国人技能実習法 2018　改正派遣法，改正入管法 2020　改正高年法

3　雇用システムと労働法

ある国の労働法制は，当該国の雇用慣行と補完的な関係にある。諸外国では，空席の生じた職務（job）に必要なスキルで採用し，労働契約では職務内容や勤務地等が限定され，使用者による一方的な変更の予定されないジョブ型の雇用が一般的である。そこでは，解雇に際しても当該職務での適性等が問題となり，労働者も特定の職務でのスキルアップを軸に，転職を通じてキャリア形成を図っている。

一方，日本では，新卒一括採用で若年労働者を囲い込み，企業組織の内部で教育訓練し，使用者の広範な人事権のもとで組織内部でのキャリア形成を図ることが広く慣行となってきたが（メンバーシップ型の雇用），法的にもこれを支える仕組みが構築・強化されてきた。

細部の規制内容とあわせて雇用システムの大きな特徴や変化を知ることは，労働法を体系的に理解するうえでも，自身のキャリアを展望するうえでも有意義である。

(1)　採用，解雇・定年

採用の自由　まず，企業には誰を採用するかについて広範な「採用の自由」がある（**➡第４章**）。採用差別に対する規制の強度や救済方法は国により大きく異なるが，日本では，行政による指導等をはじめ公法上の規制はある一方，私法的には求職者を救済する仕組みは皆無に等しい。こうした採用の自由，および求職者に対する調査の自由を広く認めた三菱樹脂事件（最大判昭和48・12・12民集27巻11号1536頁）で，最高裁はその理由として，「企業における雇用関係が，単なる物理的労働力の提供の関係を超えて，一種の継続的な人間関係として相互信頼を要請するところが少なくなく，わが国におけるいわゆる終身雇用制が行われている社会では一層そうである」と指摘する。

最終手段としての解雇　最高裁は，使用者に広範な採用の自由を認める一方で，労働者の解雇は厳格に制限する。日本では長らく解雇を包括的に規制する実定法上の規制がないなか，裁判所は権利濫用法理（民法１条３項）のもと，企業の経済的な理由（雇用調整）による整理解雇の場合も含めて，解雇に客観的合理性と社会通念上の相当性を求めることで厳しく制限してきた（**➡第13章**）。

解雇は最後の手段と考えられており，**解雇回避の努力**として，たとえば労働者の再教育や配置転換，労働条件の不利益変更等による雇用の存続保護が重視されてきた。これは，労働契約で職種や勤務地等を限定せずに，また，特定の職務能力に着目せずに新卒者を一括採用する慣行と表裏の関係にある。目前の仕事に適性がなく，あるいは余剰人員であるとしても，それは使用者の人事管理の方に問題があるとみるわけである。その結果，たとえば大企業の正社員・総合職を解雇するとなると，求められる解雇回避努力のハードルは相当に高い。このような解雇規制は，一般の労働者のみならず，採用内定により労働契約が成立したと評価することで，内定者（学生）までも保護の対象に含めてきた。

定年制　定期採用で労働者数が増え，自己都合による離職も少なく解雇規制による保護もあるとなれば，労働者の滞留（過剰雇用）が生じうる。企業は定年制度でこれに対応してきた。定年制は，労働者の個々の能力等と無関係に年齢を基準に退職扱いとするもので，これを年齢差別として禁止する国もある。しかし，日本ではむしろ長期雇用や年功的な処遇を支える仕組みとして定着している。

⑵　内部労働市場の柔軟性

広範な人事権　解雇が比較的に厳格に制限される一方で，雇用の存続期間中に企業や企業グループ内の内部労働市場で労働者をどのように処遇するかについて，使用者には広範な人事権が認められてきた。たとえば１日８時間・１週40時間の法定労働時間を超える時間外労働は，労基法上は例外であるはずが，一定の手続を満たせば容易に認められ，現実には当然と化している（➡**第９章**）。解雇が厳格に制限されるなかで，企業は好況時にも中核的な正社員の採用は最小限にとどめ，既存社員の時間外労働と非典型雇用の活用とで労働量の調整を図ってきた。

また，職務内容や勤務地を変更する配置転換について，使用者が一方的に定める就業規則に根拠規定があれば，よほど例外的な場合でなければ労働者は応じる義務がある（➡**第11章**）。同様のことは，要件面で多少は厳格化しつつも，本来の雇用主とは別企業で働く出向についても当てはまり，個々の労働者の同意がなくとも使用者の命令権が広く肯定されてきた。こうしたなか，労働者の不利益やワーク・ライフ・バランスへの配慮も希薄であった。

就業規則の合理的変更法理　さらに，このような人事権の行使ではなく，契約内容として明確に定まった労働条件であっても，使用者による一方的な変更が広く認められてきた。

日本では，個別の労働契約や労働協約（労働組合と使用者との合意）で労働条件が決まるケースはまれで，大部分は，使用者が一方的に作成する就業規則の規律を受ける。就業規則の法的性質をめぐっては争いがあるが，判例は，労働契約の締結時に就業規則による契約内容の規律を広く認め，さらには事後の一方的変更についても，内容の合理性と労働者に対する周知を要件に認めている（➡**第３章**）。

契約の原理からすると，同意のない契約内容の一方的変更を理論的に正当化するのは難しい。しかし，この就業規則の合理的変更法理という柔軟な契約変更の手段は，長期雇用を側面からサポートする面があり，バランス論としてはそれなりの説得力もある。同法理は理論的批判を浴びながらも判例で定着し，現在では労契法10条で立法化されるに至っている。

⑶ 賃金制度

職能資格制度の普及　賃金制度をみると，正社員については職能資格制度が広く普及している（**➡第８章**）。同制度は，職務遂行「能力」として企業内部で独自に設定された資格等級に応じて基本給を定めるものであるが，これは新卒一括採用された労働者を企業内で育成する仕組みとも親和的である。また，いったん獲得した能力が減衰したと評価できることは例外的で，結果として勤続年数に応じて賃金が高くなる傾向にある。

図表１－２はラジアー（Lazear）の理論として知られるものであるが，日本の正社員の賃金は，若年時には実際の生産性以下の額しか支払われないものが，一定の勤続年数（図のA）を超えると逆転する。ある一時点だけをみると生産性と賃金とが乖離するが，定年退職までの長期間でみれば①と②で相殺される。なぜこうした仕組みが必要なのか。

〔図表１－２〕

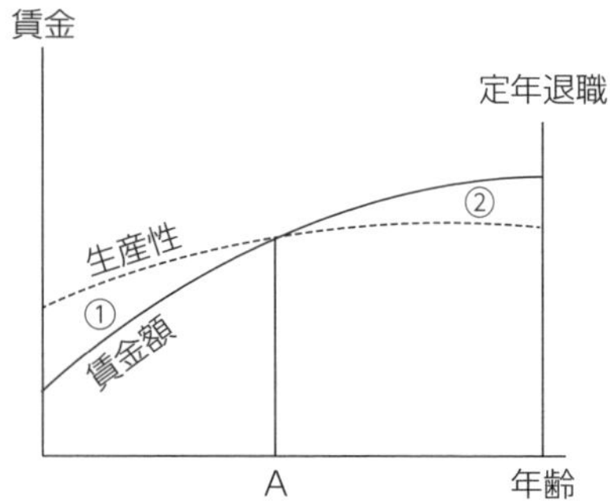

使用者のコスト負担で育成した労働者が退職すると，新卒採用時からの教育投資が無駄となる。とはいえ，使用者が労働者の退職を法的に制限する手段はない（退職の自由について**第13章**）。こうしたなか，年功的な賃金制度は，経済的な面で労働者の引き留め策となり，またその出口戦略として定年制が不可欠となるわけである。

属人的な賃金決定　職能資格制度のもとでは，現に従事する仕事と賃金との対応関係は希薄であり，賃金は属人的に決まる部分が多い。加えて正社員の賃金には住宅手当や家族手当といった諸手当が含まれることが多く，職務との連動はさらに弱くなる。こうした事情は，配置転換により仕事内容が変化しても賃金面で大きな変化を生じさせない緩衝材となるとともに，実質的に，使用者の人事権を広く認める一助となってきた。

賞与・退職金の充実　以上のほか，正社員については，賞与（ボーナス）や退職金が高額に設定されている点にも特徴がある。賞与については賃金を業績に連動させる意味もある。しかし同時に，賞与や手当の比重を高めることで，基本給を押さえ，時間外労働の割増賃金のコストを下げる役割も見過ごせない（**➡第９章**）。また，退職金は，**図表１－２**の賃金制度と同様に，自己都合による退職時の支給を減らすことで退職を抑制すると同時に，懲戒制度と退職金の支給基準を連動させることで，懲戒制度の実効性を担保する面もある。

⑷　二重の労働市場

これらは一例に過ぎず，他にも様々なかたちで諸制度は相互に補完している。総じて，正社員は，内部労働市場での柔軟性が高いメンバーシップ型の雇用システムのもとにある。他方，こうした雇用システムのもとでは，企業横断的なスキルは重視されず，転職を通したキャリア形成は労働者にとって不利となり，法政策としても必ずしも積極的に推進されてこなかった。諸外国では，特定の職務（Job）で労働者を採用し，その後の人事管理も職務をベースに展開され，法的にもそれを補完するジョブ型の雇用システムが定着しているが，日本の状況とは対照的である。

もっとも，日本でも，非典型雇用はジョブ型の雇用システムのもとにある。様々な理由で自発・非自発的に非典型雇用として働く労働者にとっては，前述したメンバーシップ型の雇用システムとは全く異なる世界がある。たとえば，労働契約で，職務内容や勤務地，労働時間について限定され使用者の人事権が狭い一方で，雇用は不安定で，企業内での教育訓練や処遇改善とは無縁で，賃金は当該職種の地域相場で決まるといった具合である。この正規・非正規の二極化は，労働市場の二重構造として問題となってきた。

⑸　近年の動向

こうしたなか，近年，採用時から労働契約で職種や勤務地等を限定しながらも，解雇規制の適用は受ける，いわゆる**限定正社員**の拡大を支援する動きがある。専門的な知識・経験を有する労働者の採用も加速し，配置転換やキャリア形成のあり方に変化の兆しがあるなど，**「多様な正社員」**が増加している。労働時間の上限規制も強化されつつあり，総じて内部労働市場における過度な柔軟性の縮小を目指すものである。

また，正社員といわゆる非典型雇用の処遇格差をめぐっては，パート・有期法を中心に不合理な格差の是正が進められている（**➡第７章**）。同時に，たとえば社員の高年齢化への対応や競争力の強化等を目的に，企業の側からも従来の雇用慣行を改める動きが加速している。

これらは，労働市場の二重構造にメスを入れるものであり，非典型雇用の処遇改善という一面もあるが，補完的な関係にあった諸制度や雇用慣行にも影響を及ぼすこととなる。たとえば職務と賃金との連動性が強まるなかで，賃金の減額を伴う降格的配転が問題となり，また，均衡処遇推進の一環として，正社員についても賃金（評価の仕組み），諸手当，賞与，退職金制度が見直され，さらには限定正社員などで解雇の合理性審査のあり方が変化するといった具合である（ジョブ型雇用への接近）。人事管理や契約内容の個別化が進むなかで，就業規則による労働条件変更と並び，労働契約における個別同意の位置づけにも新たな議論がみられる。

4　労働紛争処理制度

地裁の労働関係訴訟の新受件数は，2018年で約3500件であり，10年前よりも約1000件増加している（JILPT「早わかりグラフで見る長期労働統計」図３－１）。確実に増加傾向にあるものの，日本では，先進諸国と比較すると訴訟件数が少ない。その理由として，裁判を行うには時間的・経済的な負担が大きいためであると考えられ，迅速かつ低廉な個別労働関係の紛争解決制度の必要性が，バブル崩壊以後，認識されていた。かかる状況に対応するため，2001年の個別労働関係紛争解決促進法によって，行政機関による紛争解決制度が導入され，2004年には，労働審判法の制定によって，裁判所における新たな調停が創設された。

(1)　行政による監督および個別労働関係紛争解決制度

労働基準監督署　労働基準監督署は，労働基準法の遵守を監督し，労災保険の支給を決定する機関である。各都道府県に数ヵ所所在し，労働基準監督官は，事業場を臨検し，労基法違反の罪について立件する権限を有する（労基法101条・102条）。労働者は，労基法違反の事実を労基署に申告することができ，使用者は，かかる申告を理由として，労働者に対して解雇その他不利益な取扱いをしてはならない（労基法104条）。

総合労働相談コーナー　個別労働関係紛争解決促進法によって，全国に，約300ヵ所の総合労働相談コーナーが設置され，労働局による紛争解決制度が導入された。利用者は，労働局長の助言・指導または紛争調整委員会によるあっせんのいずれかを選択することができる。2018年度の総合労働相談件数は111万7983件（2010年度以降微減しているが，10年以上毎年100万件を超える）である。近年では，いじめ・嫌がらせに関する相談がもっとも多くなっており，2018年度は25.6％であった（解雇が10.1%，自己都合退職が12.8%，労働条件の引下げが8.5%）。

(2) 労働審判

労働審判制度は，3回以内の期日で，裁判官（労働審判官）と労使1名ずつの雇用・労使関係における専門的な知識経験を有する労働審判員が，調停による解決を試みつつ，合議によって，権利義務関係を踏まえて事件の内容に即した解決案を決する手続である。非訟事件手続であるが，審判に異議が述べられた場合には通常訴訟に移行する。最近10年間，労働審判の新受件数は，毎年約3500件である（前掲・JILPT）。

手続の開始には相手方の同意は必要ではなく，決議は過半数の意見によって行われ，原則として非公開である。

通常の訴訟よりも柔軟な内容の審判を行うことができ（たとえば，解雇事件では金銭補償を内容とする審判を定めることができる），2週間以内に適法な異議申立が行われれば，審判は効力を失い，事件は通常訴訟に移行する。適法な異議の申立がないときは，審判は，裁判上の和解と同一の効力を有する。

(3) 労働委員会

労働委員会は，労働関係調整法のもとでの斡旋，調停，仲裁手続と並んで，不当労働行為の審査を行う。各都道府県における都道府県労働委員会と中央労働委員会の2審制である。労働委員会の救済命令に不服がある当事者は，行政訴訟を提起することができる。

労働委員会は，主として，個々の労働者ではなく，労働組合が申立を行う集団的労働紛争の解決機関であるが，東京，兵庫および福岡以外の大多数の労働委員会では，個別労働紛争の斡旋も行っている。

2004年の労組法改正によって，不当労働行為の審査手続が強化され，労働委員会の証拠提出命令に対して，提出しなかった証拠を行政訴訟において提出できない旨の証拠提出制限制度（労組法27条の21）が導入され，当事者・証人の出頭命令（労組法27条の7第1項1号）および物件提出命令（労組法27条の7第1項2号）が過料の制裁付きで制度化された。

第2章 労働法の適用対象者

はじめに

労働法に属する法律は，適用対象者を「労働者」および「使用者」と定めている。したがって，労働法の保護を受けるためには，かかる権利を主張する者が「労働者」でなければならない。しかし，労働者か否かの判断は必ずしも容易ではなく，しばしば自営業者（事業者）との区別が問題となる。また，経営側には労働法上の義務を回避するため，労働者ではなく，自営業者に仕事を委託しようとするインセンティブが常に存在する。労働者性が争われる職業は様々であるが，たとえば，自己の所有するトラックで，特定の会社の製品を運送するトラック運転手が，業務従事中にケガをしたり，契約を打ち切られたりした場合に，労災保険が支給されるか，または解雇権濫用法理が適用されるのかが問題になる。さらに，近年では，デジタル化の進展によって，たとえば，発注者と対面することなく，インターネット上で，HPやロゴの作成を請け負うクラウドワークと呼ばれる新しい就業が生まれており，それらに労働法上の保護をいかに及ぼすのかという問題が生じている（➡33頁**〈コラム〉プラットフォームエコノミーと新たな就業**）。

実務では，「労働者」という言葉よりも，正社員やパート・アルバイト等，労働者の企業内での地位や仕事の性格に応じて，様々な呼称が用いられている（**図2－1**）。しかし，呼称の如何に関わらず，労働者であれば，等しく労働法上の保護を受けることになる。

他方，「使用者」とは労働者の契約の相手方であり，通常は，労働者か否かが決定されれば，誰が使用者であるのかも明らかになるが，契約の相手方以外の第三者に使用者としての責任を追及できないかが問題となる場合がある。たとえば，就労の場所が他社の事業場である場合や，使用者を実質的に支配している企業が別に存在する場合などに，このような問題が生じる。

本章では，「労働者」と自営業者の区別はどのように行われるのか，労働者の概念は法律によって同じなのか異なるのか，また，いかなる場合に契約の相手方以外の第三者が「使用者」として労働契約および労働法上の義務を負うことがあるのかについて取り扱う。

〔図表２－１〕多様な労働者グループ

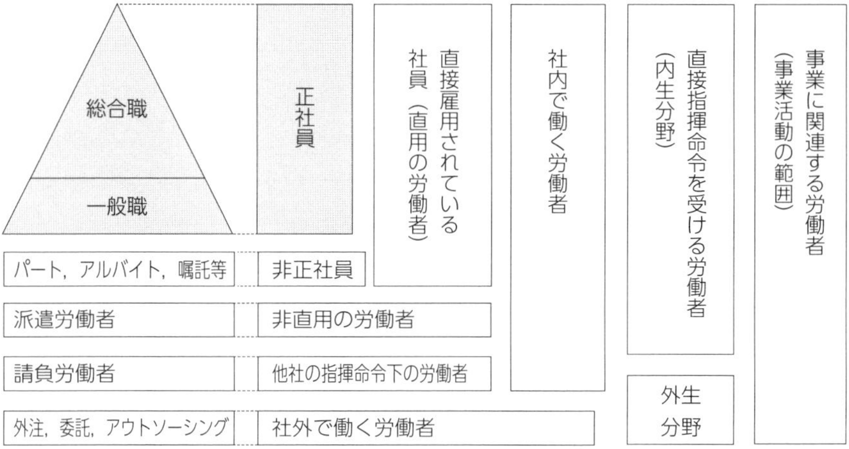

（今野浩一郎・佐藤博樹『人事管理入門（第３版）』日本経済新聞社〔2020年〕56頁）

1　労働者

(1)　労基法上の労働者概念

労基法９条　労基法９条は，「労働者」を「職業の種類を問わず，事業又は事務所（以下「事業」という）に使用される者で，賃金を支払われる者」と定めている。事業については，労基法116条において，同居の親族のみを使用する事業および家事使用人には労基法は適用しないという適用除外の規定があるが，それ以外のすべての事業が労基法の適用範囲に含まれる。また，賃金については，労基法11条が「名称の如何を問わず，労働の対償として使用者が労働者に支払うすべてのものをいう」と定めており，広い概念である。したがって，労働者の定義においては，「使用される」が重要であると解されてきた。

その他の法律の労働者概念　労基法から派生した労災保険法，最賃法（２条１号），賃確法（２条２号），労安衛法（２条２号）の労働者も労基法上の労働者と同義と解されている。その他の個別労働関係法上の法律，とくに労働契約法については争いがあるが，労基法上の労働者と同義であると解してよい。労働法と民法の理念の違いを重視する見解もあるが，契約類型としては，労働契約は，民法の雇用と同義であると解されている。

労基法上の労働者の判断要素　それまでに出された裁判例に基づき，昭和60年の労働省（当時）の労働基準法研究会報告「労働基準法の『労働者』の判断基準について」は，労働者の具体的な判断要素について，次のように整理した。

すなわち，同報告書は，①仕事の依頼，業務従事の指示等に対する諾否の自由の有無，②業務遂行上の指揮監督の有無，③時間的・場所的拘束性の有無，④代替性の有無および⑤報酬の労務対償性の有無を「使用従属性」と総称し，使用従属性を補強する判断要素として，事業者性の有無（⑥機械，器具の負担関係，⑦報酬の額および⑧専属性の程度）を掲げ，さらに社会保険・税法上の取扱い等を考慮して，労働者か否かが判断されると述べている。

これらの判断要素について，具体的にどのような判断が行われているのかについて，横浜南労基署長（旭紙業）事件を検討したい。

case　横浜南労基署長（旭紙業）事件・最判平成８・11・28労判714号14頁

〔事案の概要〕

自己のトラックで，専属的にＡ社の製品の運送業務に従事していたＸが，積み荷の荷下ろし中にけがをしたため，労災保険の給付をＹ（労基署）に求めたが，労災保険法の適用される労働者に当たらないという理由で，支給が認められなかった。Ｘは，労働者であることを争って，提訴した。

Ｘは，当日の運送業務を終えた後は，翌日の最初の運送業務の指示を受け，その荷積みを終えて帰宅し，翌日は出社することなく，直接最初の運送先に対する運送業務を開始していた。Ｘの報酬は，トラック協会が定める運賃表による運送量よりも低い額であり，所得税の源泉徴収，社会保険および雇用保険の保険料は控除されておらず，Ｘは，事業所得として確定申告をしていた。

１審は，Ｘの労基法（労災保険法）上の労働者性を肯定したが，２審は，否定したので，Ｘが上告した。

〔判旨〕上告棄却

「Ｘは，業務用機材であるトラックを所有し，自己の危険と計算の下に運送業務に従事していたものである上，Ａは，運送という業務の性質上当然に必要とされる運送物品，運送先及び納入時刻の指示をしていた以外には，Ｘの業務の遂行に関し，特段の指揮監督を行っていたとはいえず，時間的，場所的な拘束の程度も，一般の従業員と比較してはるかに緩やかであり，ＸがＡの指揮監督の下で労務を提供していたと評価するには足りないものといわざるを得ない。そして，報酬の支払方法，公租公課の負担等についてみても，Ｘが労働基準法上の労働者に該当すると解するのを相当とする事情はない」。

裁判例の傾向　横浜南労基署長（旭紙業）事件において，最高裁は，トラック持ち込み運転手について，労基法上の労働者性の判断要素のうち，業務遂行上の指揮監督の有無（②）および時間的・場所的拘束性（③）を重視し，かつこれらの判断要素を充足しているか否かについて，労働者性を否定する方向で厳格に判断した。すなわち，運送先および納入時刻の指示は，運送という業務の性質上当然に必要とされる指示にすぎないと述べて，労働者性を基礎づける業務遂行上の指揮監督であるとは認めなかった。また，時間的・場所的拘束性についても，委託者の一般の従業員よりも緩やかであったと述べて，労働者性を裏づける時間的・場所的拘束性を認めなかった。他方で，専属しており，報酬も高額とはいえない事情は重視されず，トラックを所有し，経費を負担していることから事業者性を容易に肯定している。

労基法上の労働者性は，上級審では否定される傾向にあり，一人親方（藤沢労基署長〔大工負傷〕事件・最判平成19・６・28労判940号11頁），NHKの受信料契約を締結する「地域スタッフ」（NHK堺営業センター〔地域スタッフ〕事件・大阪高判平成28・７・29労判1154号67頁），郵便物を配送するバイシクルメッセンジャー（ソクハイ〔契約更新拒絶〕事件・東京高判平成26・５・21労判1123号83頁）の労働者性が否定されている。

なお，労働者か自営業者かという区別ではなく，労働者か教育訓練中の者かという区別が争われた関西医科大学（研修医）事件（関西医科大学研修医〔未払賃金〕事件・最判平成17・６・３民集59巻５号938頁）では，研修医の最賃法上の労働者性が肯定されている。この事案では，研修医が指導医の指揮監督に服していたことは明らかであり，研修医の行う医療行為が「労働」といえるかが問題となった。最高裁は，医師の国家資格を有する研修医の医療行為は，「病院の開設者のための労務の遂行」であると述べて，研修医の労働者性を肯定した。

自営業者に適用される労働法規　労基法上の労働者とはいえないが，委託者に対して劣位にある自営業者を保護するための労働法上の規制として，家内労働法と労災保険の特別加入制度（労災保険法35条）をあげることができる。

家内労働法は，「物品の製造又は加工等に従事する」家内労働者について，委託者に家内労働手帳の交付を義務づけるとともに（同３条），安全衛生に関する必要な措置を講じる義務を委託者に課している（同17条）。さらに，最低工賃の決定制度が定められている（同13条）。

特別加入制度は，一人親方等が，保険事務を行うための特別加入団体を通じて，労災保険による保障を受けられるという制度であるが，特別加入団体に加入し，保険料は自ら負担しなければならない。

⑵ 労組法上の労働者

労組法３条　労組法３条は，「労働者」を「職業の種類を問わず，賃金，給料その他これに準ずる収入によつて生活する者」と定めている。団体交渉を助成するという労組法の目的に照らして，労組法上の労働者は，労基法よりも広く解されている。たとえば，現に「使用されている」者ではない，失業者を含むと解されているだけでなく，実務上，家内労働者の加入する労働組合やプロ野球選手やプロサッカー選手の選手会も労組法上の労働組合であると認められている。

また，労基法上の労働者性が否定されたバイシクルメッセンジャーやNHKの「地域スタッフ」についても，労組法上の労働者性は肯定されている（ソクハイ事件・東京高判平成28・２・24別冊中労時1496号52頁，NHK全受労南大阪（旧堺）支部事件・東京高判平成30・１・25労判1190号54頁）。

労組法上の労働者の判断要素　労組法上の労働者の判断要素は，2011年の厚労省労使関係研究会報告「労働組合法上の労働者性の判断基準について」によって，①委託者の事業組織への組み入れ（委託者の事業にとって不可欠な労働力であること），②契約内容の一方的・定型的決定，③報酬の労務対価性，④業務の依頼に応ずべき関係，⑤広い意味での指揮監督下の労務提供，一定の時間的・場所的拘束性および⑥顕著な事業者性の欠如（専属性，設備・器具の負担）であると整理されている（同報告は，①〜③を基本的判断要素，④⑤を補充的判断要素，⑥を消極的判断要素として整理している）。

これらの判断要素に関する具体的な判断については，ビクターサービスエンジニアリング事件を見ていきたい。

case　**ビクターサービスエンジニアリング事件・最判平成24・２・21民集66巻３号955頁**

〔事案の概要〕

音響製品等の設置，修理等を行うＸ社と業務委託契約を締結して，Ｘの親会社であるＣ社製品の修理等の業務に従事する業者であって，個人営業の形態のもの（「個人代行店」）が加入するＺ組合が，Ｘに対して，個人代行店の待遇改善を求めて団体交渉を申し入れたが，Ｘは，個人代行店が労組法上の労働者ではないことを理由に団体交渉に応じなかった。大阪地労委および中労委は，これを不当労働行為に当たるとして団体交渉に応ずべきことをＸに命じたため，Ｘが，救済命令の取消を求めた。

Ｘの従業員で出張修理業務に従事する者はごく一部であり，Ｘは，同業務の多くを個人代行店に従事させていた。個人代行店に支払われる委託料は，出来高払であったが，個人代行店は１日当たり通常５件ないし８件の出張修理業務を行っており，個人代行店は，特別な事情のない限りＸによって割り振られた出張修理業務をすべて受注すべきものとされていた。個人代行店は，Ｃのロゴマーク入りの制服と名札を着用して，毎朝Ｘのサービスセンターに出向いて，顧客訪問予定日時等の記載された出張訪問カードを受け取り，Ｘの指定した業務担当地域に所在する顧客宅に順次赴き，サービスマニュアルに従って所定の出張修理業務を行い，毎夕の業務終了後も原則としてサービスセンターに戻り，伝票処理や当日の修理進捗状況等の入力作業を行っていた。

１，２審が，個人代行店の労組法上の労働者性を否定したので，Ｙ（中労委）が上告した。

〔判旨〕破棄差戻し

1　最高裁は，①「個人代行店は，Ｘの上記事業の遂行に必要な労働力として，基本的にその恒常的な確保のためにＸの組織に組み入れられて」おり，②契約内容は，「Ｘが個人代行店との間の契約内容を一方的に決定」しており，③委託料は，「実質的には労務の提供の対価としての性質を有する」といえ，④「個人代行店は，なお基本的にＸによる個別の出張修理業務の依頼に応ずべき関係にある」ものといえ，⑤個人代行店は，「基本的に，Ｘの指定する業務遂行方法に従い，その指揮監督の下に労務の提供を行っており，かつ，その業務について場所的にも時間的にも相応の拘束を受けている」と述べた。

2　「…個人代行店については，他社製品の修理業務の受注割合，修理業務における従業員の関与の態様，法人等代行店の業務やその契約内容との等質性などにおいて，なお独立の事業者としての実態を備えていると認めるべき特段の事情がない限り，労働組合法上の労働者としての性質を肯定すべきものと解するのが相当であ」る。さらに，最高裁は，個人代行店が自ら保有する自動車を用いて，その諸費用を負担していることや源泉徴収や委託料から社会保険料等の控除は行われず，自ら確定申告している点は，「特段の事情」として考慮すべきではなく，すなわち事業者性を肯定する事情にはならないと述べた。

判例の特徴　ビクターサービスエンジニアリング事件において，最高裁は，個人代行店は，委託者の事業に必要な労働力として，その組織に組み込まれ，契約内容は委託者が一方的に決定しており，報酬も労務の提供の対価としての性質を認められると述べて，基本的判断要素を満たしていると判断した。さらに，個人代行店は，仕事の依頼を基本的に拒否することができず，委託者による指揮監督に服して，時間的・場所的にも拘束されていたと述べて，労組法上の労働者性を肯定した。

基本的判断要素は，労基法上の労働者性の判断要素としては掲げられていないが，通常，労基法上の労働者の場合にも，これらの判断要素は満たされているといえる。すなわち，労組法上の労働者性の判断においても，業務諾否の自由の有無や業務遂行上の指揮監督の有無が，事業者との区別をするうえで，重要であるといえる。このように考えると，労基法上の労働者性と労組法上の労働者性は，同じような判断要素に立脚しているといえる。

しかしながら，これらの判断要素を満たしているかどうかの判断は，労基法上の労働者よりも，労組法上の労働者性では，労働者性を認める方向で緩やかに行われている。

ビクターサービスエンジニアリング事件において，最高裁は，事業者性について，「自らの独立した経営判断に基づいてその業務内容を差配して収益管理を行う機会が実態として確保されているか否か」という判断枠組を掲げて，事業者性の有無について，さらに審査するよう高裁に差し戻した。

〔発展〕労働者性の判断における事業者性の意義

ビクターサービスエンジニアリング事件の差戻審（東京高判平成25・1・23労判1070号87頁）では，個人代行店の事業者性は否定され，労組法上の労働者性が肯定されたが，労組法上の労働者性の判断要素である，④仕事の依頼に応ずべき関係および⑤広い意味での指揮監督，時間的・場所的拘束性が認められることが，事業者として「業務内容を差配して収益管理を行う機会」を否定する事情として考慮され，労働者性と事業者性の相関関係が明確に示されている。すなわち，労働者の反対概念は，事業者（自営業者）であり，事業者といえる者なのか否かという観点から，労働者性の判断要素の充足について考慮するならば，「仕事の依頼に応ずべき関係」や「広い意味での指揮監督，時間的・場所的拘束性」が認められれば，「業務内容を差配して収益管理を行う機会」が制約され，事業者性は否定される方向で検討されることになる。

労働者の反対概念が事業者であることは労基法でも同様であり，労働者と事業者を区別する判断要素も労基法と労組法で同様であるにもかかわらず，なぜ，労基法上では，これらの判断要素の充足について，労働者性を容易に認めない方向で厳格に判断されるのだろうか。労基法・労契法と労組法では，法律の目的が異なることが，労働者概念の相対性の根拠とされているが，不当な解雇から保護されるべき者と団体交渉の保護を及ぼすべき者は，異なって解釈されるべきなのだろうか。
労基法と労組法における労働者概念の異同について，改めて検討する必要があるといえよう。

2 「使用者」

使用者とは，労働契約の一方当事者であり，労働者に対して賃金を支払う義務を負う。労基法等の多くの労働立法においても，「使用者」が名宛人となっている。

(1) 個別法上の使用者

労基法上の使用者　労基法10条は，使用者を「事業主のために行為するすべての者をいう」と定めており，労働者に対して使用者として行動する管理職が使用者としての責任を負うことを明らかにしている。たとえば，違法な時間外労働を命じた管理職は，労基法120条１号に基づき，罰金刑に処せられる。この場合，事業主も労基法121条に基づき，同様に処罰される。

親会社または元請会社の使用者性　労働契約の一方当事者である使用者は，労働契約に基づく使用者としての義務を果たす責任を負う。しかしながら，労働契約の当事者ではない者が，「使用者」であるか否かが問題となる場合がある。すなわち，「使用者」性は，労働者が契約上の使用者である子会社または下請会社ではなく，親会社または元請会社に対して，使用者としての責任を問うことができるかという問題としても論じられている。

〔図表２－２〕使用者概念の拡張

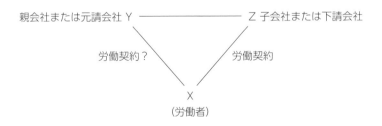

図表２－２において，Xが，Yに対して，労働契約上の責任を追及できるのは，どのような場合であろうか。労働契約上の責任を追及する場合とは，たとえば，

XがYに対して，使用者として，賃金の支払を請求したり，労働契約上の地位確認を求める場合が考えられる。かかる訴えが認められるためには，法人格否認の法理および黙示の労働契約に基づいて，親会社または元請会社が，子会社または下請会社の労働者に対して，労働契約上の義務を負うことが認められなければならない。

法人格否認の法理　会社の法人格がまったくの形骸にすぎない場合またはそれが法律の適用を回避するために濫用される場合には，その法人格は否認される（「法人格否認の法理」，最判昭和44・2・27民集23巻2号511頁）。

法人格の形骸化は，子会社または下請会社が，企業としての独立性に欠け，業務執行および人的・資本的な関係において，親会社または元請会社の1部門にすぎないといえる場合に認められる（黒川建設事件・東京地判平成13・7・25労判813号15頁）。

法人格の濫用は，子会社または下請会社を実質的に支配する親会社または元請会社が，違法または不当な目的によって，子会社または下請会社の法人格を利用している場合に認められる（支配・目的の要件）。支配の要件は，人的・資本的な関係から判断されることになるが，法人格の形骸化が認められる場合よりも緩やかに認定される。違法な目的には，例えば，子会社または下請会社の労働組合の壊滅を目的として，かかる子会社または下請会社を解散する場合に認められる（いわゆる「偽装解散」であることが認められた裁判例として，第一交通産業〔佐野第一交通〕事件・大阪高判平成19・10・26労判975号50頁）。

黙示の労働契約　労働契約は，黙示の合意によっても成立しうる（労契法6条）。子会社または下請会社の労働者が，親会社または元請会社に対して，黙示の労働契約関係の存在を主張するためには，かかる労働者と親会社または元請会社との間に，労務の提供関係および賃金の支払関係が存在しなければならない。

かかる関係が存在するといえるためには，親会社または元請会社が，子会社または下請会社の労働者に対して，具体的な指揮命令を及ぼしているだけでは足りずに，採用に関与していたか，勤務時間の管理や配置を行っていたか，さらに，子会社または下請会社が単に賃金の支払を代行していたにすぎないといえるかどうかが検討される。

case　**パナソニックプラズマディスプレイ（パスコ）事件・最判平成21・12・18民集63巻10号2754頁**

〔事案の概要〕

　Z社の労働者であるXは，YZ間の業務委託契約（請負契約）に基づき，Y社で就労していたが，かかる就労は，いわゆる偽装請負であり，労働者派遣法に違反していた。Ｘは，Ｙとの間に労働契約が成立していることの確認を求めた。

１審は，Ｘの請求を棄却したが，２審は，XY間に黙示の労働契約の成立を認めた。Ｙが上告した。

〔**判旨**〕上告認容（破棄自判）

１　⑴　最高裁は，請負契約という法形式が採られていたとしても，注文者が労働者に直接具体的な指揮命令を行っていた場合には，請負契約と評価はできず，請負人，注文者および請負人の労働者との間の３者関係は，労働者派遣法２条１号にいう労働者派遣に該当すると述べた。そして，「このような労働者派遣も，それが労働者派遣である以上は，職業安定法４条６項（注：現４条７項）にいう労働者供給に該当する余地はない」と述べた。

⑵「労働者派遣法の趣旨及びその取締法規としての性質，さらには派遣労働者を保護する必要性等にかんがみれば，仮に労働者派遣法に違反する労働者派遣が行われた場合においても，特段の事情のない限り，そのことだけによっては派遣労働者と派遣元との間の雇用契約が無効になることはないと解すべきである。そして，ＸとＺとの間の雇用契約を無効と解すべき特段の事情はうかがわれないから，…両者間の雇用契約は有効に存在していたものと解すべきである」。

２「次に，ＹとＸとの法律関係についてみると，…ＹはＺによるＸの採用に関与していたとは認められないというのであり，ＸがＺから支給を受けていた給与等の額をＹが事実上決定していたといえるような事情もうかがわれず，かえって，Ｚは，Ｘに本件工場のデバイス部門から他の部門に移るよう打診するなど，配置を含むＸの具体的な就業態様を一定の限度で決定し得る地位にあったものと認められるのであって，前記事実関係等に現れたその他の事情を総合しても，平成17年７月20日までの間にＹとＸとの間において雇用契約関係が黙示的に成立していたものと評価することはできない」。

パナソニックプラズマディスプレイ（パスコ）事件では，派遣法に違反する偽装請負であることから，派遣元と派遣労働者との間の労働契約が無効となるかが争われ，最高裁は，これを否定した後で（判旨１⑵），派遣先は，派遣労働者の採用に関与していたとはいえず，賃金額を決定していたともいえず，派遣元が派遣労働者の配置を決定していたことから，派遣先と派遣労働者との間の黙示の労働契約の成立を否定した（判旨２）。

⑵ 集団法（労組法）上の使用者

近い過去または近い将来に労働関係が生じる場合　労組法７条２号は，使用者が「雇用する労働者」の代表者との団体交渉を正当な理由がなく拒むことを不当労働行為として禁止しているが（➡団体交渉については，**第15章１**），「雇用する労働者」とは，団交を求める労働組合の組合員と団交の相手方である使用者との間に現に雇用関係にあることまでは必要とされず，近い過去に労働関係があり，または近い将来に労働関係が生じることが確実であれば足りる。したがって，たとえば，使用者は，解雇した労働者の解雇の当否や解雇条件について，かかる労働者の加入する労働組合との団体交渉を正当な理由なく拒否することはできない。

近い将来に労働関係が生じる労働者について，使用者性が認められた事例として，派遣期間終了後に希望すれば契約社員として直接雇用されることになっていた派遣労働者の労働条件について，「近い将来において…労働契約関係が成立する現実的かつ具体的な可能性が存する状態にあった」として，派遣労働者が加入する労働組合が派遣先に対して団交を要求できることが認められた裁判例がある（クボタ事件・東京地判平成23・３・17労経速2105号13頁）。

子会社または下請企業の労働者　契約上の使用者が企業としての実体を有している場合に，法人格否認の法理または黙示の労働契約の法理に基づいて，契約上の使用者以外の第三者に対して，労働契約上の責任を追及することは困難である。しかし，集団的労働関係においては，雇用主以外の事業主に対して，当該事業主に雇用されているとはいえない労働者の加入する労働組合が，団体交渉を求めることができる場合がある。

case　**朝日放送事件・最判平成７・２・28民集49巻２号559頁**

〔事案の概要〕

テレビ番組制作のための映像撮影，照明，フィルム撮影，音響効果等の業務を請け負っていたA，BおよびC社（「請負三社」）の従業員は，テレビの放送事業を営むX社の番組制作の現場において，Xが作成する編成日程表，台本および制作進行表による作業内容，作業手順等の指示に従い，Xから支給ないし貸与される機材等を使用し，Xの従業員であるディレクターの指揮監督の下に，アシスタント・ディレクター，音響効果等の業務に従事していた。

請負三社の従業員らの加入するZ組合は，Xに対して，賃上げ，一時金の支給，下請会社の従業員の社員化，休憩室の設置を含む労働条件の改善等を議題として団体交渉を申し入れたが，Xは，使用者でないことを理由として，交渉事項のいかんにかかわらず，いずれもこれを拒否した。

大阪府労委および中労委は，Ｘに団交に応じる旨の救済命令を発したため，Ｘは，救済命令の取消を求めて提訴した。中労委の命令は，「Ｘは，Ｚの組合員らの番組制作業務に関する勤務の割り付けなど就労に係る諸条件について，同人らの使用者ではないとの理由でＺとの団体交渉を拒否してはならない」というものであった。

１審は，Ｙ（中労委）の命令を適法と認めたが，２審が取消を命じたため，Ｙが上告した。

〔判旨〕破棄差戻し

1　⑴「労働組合法７条にいう「使用者」の意義について検討するに，一般に使用者とは労働契約上の雇用主をいうものであるが，同条が団結権の侵害に当たる一定の行為を不当労働行為として排除，是正して正常な労使関係を回復することを目的としていることにかんがみると，雇用主以外の事業主であっても，雇用主から労働者の派遣を受けて自己の業務に従事させ，その労働者の基本的な労働条件等について，雇用主と部分的とはいえ同視できる程度に現実的かつ具体的に支配，決定することができる地位にある場合には，その限りにおいて，右事業主は同条の『使用者』に当たるものと解するのが相当である」。

⑵「Ｘは，実質的にみて，請負三社から派遣される従業員の勤務時間の割り振り，労務提供の態様，作業環境等を決定していたのであり，右従業員の基本的な労働条件等について，雇用主である請負三社と部分的とはいえ同視できる程度に現実的かつ具体的に支配，決定することができる地位にあったものというべきであるから，その限りにおいて，労働組合法７条にいう『使用者』に当たるものと解するのが相当である」。

2　「Ｘは，自ら決定することができる勤務時間の割り振り，労務提供の態様，作業環境等に関する限り，正当な理由がなければ請負三社の従業員が組織するＺとの団体交渉を拒否することができない」。

最高裁判決の意義　朝日放送事件において，最高裁は，労働契約関係にはないが，「その労働者の基本的な労働条件等について，雇用主と部分的とはいえ同視できる程度に現実的かつ具体的に支配，決定することができる地位にある場合」には，かかる事業主は労組法７条２号の「使用者」に当たると述べた。この場合，子会社または下請企業の労働者の加入する労働組合が，親会社または元請企業に対して，団体交渉を求めることができる。

朝日放送事件では，下請企業の労働者が加入する労働組合が，元請企業に対して団体交渉を要求した。労働者は，元請企業の指揮命令を受けて，元請企業の労働者と一緒に就労していた。かかる就労は，いわゆる偽装請負として，朝日放送事件当時は，職安法違反（現在であれば，労働者派遣法違反）が問題となりうるものであった。そのため，労働組合は，正社員化等の要求を掲げていた。このような背景において，本判決は，下請企業が独立した企業としての実体を有しており，団交に応じて，労働協約も締結していたにもかかわらず，元請企業も団交に応ずべき使用者であると判断した画期的な判決であった。しかしながら，同判決では，あくまで勤務時間の割り振り，労務提供の態様，作業環境等の「就労に係る諸条件」についてのみ，元請企業の団交上の使用者性が認められたのであり，賃上げ，一時金の支給，下請会社の従業員の社員化については，元請企業の使用者性は認められなかった。

親会社の使用者性　その後，親会社の使用者性が問題になる場合においても，朝日放送事件における使用者の定義が適用されることが認められている。しかし，親子会社においては，子会社の労働者の雇用問題について，親会社に対して団交が求められる場合が多く，かかる雇用問題について，親会社が「現実的かつ具体的に支配，決定することができる地位」にあると認められた裁判例はない（否定例として，高見澤電機製作所外２社事件・東京高判平成24・10・30別冊中労時1440号47頁）。

派遣先の使用者性　労働者派遣法の制定およびその後の改正過程において，派遣先が派遣労働者の加入する労働組合による団交に応じなければならないのかは常に問題となってきた。労働者派遣法の適用される派遣先および派遣元の労働者との関係において，裁判例は，派遣労働者の労働条件は，基本的には，雇用関係のある派遣元事業主と派遣労働者の間で決定されるものであるから，団体交渉は，派遣元事業主と派遣労働者の加入する労働組合の間で行われ，派遣先は，派遣法40条１項の苦情処理手続においてのみ，派遣労働者の要求に応ずべきであると述べ，朝日放送事件を踏まえつつも，労働者派遣の場合における判断基準を示している。すなわち，かかる裁判例によれば，派遣先労働者が団交上の使用者となる場合は，「労働者派遣法の原則的枠組みを超えて遂行され，派遣先事業主が，派遣労働者の基本的労働条件を現実かつ具体的に支配・決定している場合」および「派遣先事業主が派遣法44条ないし47条の２の規定により，使用者とみなされ労基法等による責任を負うとされる労働時間，休憩，休日等の規定に違反し，かつ部分的とはいえ雇用主と同視できる程度に派遣労働者の基本的な労働条件等を現実的かつ具体的に支配，決定していると認められる場合」に限定される（阪急交通社事件・東京地判平成25・12・５労判1091号14頁）。

＜第２章の復習＞

1．労基法の労働者概念について説明しなさい。ある者が労基法の労働者か否か，どのように判断されるのか。

2．労組法の労働者概念について説明しなさい。ある者が労組法の労働者か否か，どのように判断されるのか。

3．子会社または下請企業の労働者が，親会社または元請企業に対して，契約上の使用者としての責任を追及する場合には，どのような主張をしたらよいか。

4．子会社または下請企業の労働者が加入する労働組合が，親会社または元請企業に対して，団体交渉を求める場合には，どのような主張をしたらよいか。

〈コラム〉　プラットフォームエコノミーと新たな就業

デジタル化の進展に伴い，新しい就業が生まれている。

まず，クラウドワークと呼ばれる，インターネットのプラットフォームを通じて，仕事を不特定多数の者に発注する就業がある。クラウドワークには，(i)IT技術者がソフトウェアの作成を請け負う「プロジェクト型」，(ii)発注者がインターネットのプラットフォームを通じて，デザインを募集し，集まった作品の中から採用された作品の作成者にのみ報酬が支払われる「コンペ型」，そして，(iii)画像診断などの非常に単価の低い仕事を請け負う「マイクロタスク型」に分けられるが，プラットフォーム事業者の関わり方は，発注者と仕事を請け負った者とを仲介したにすぎない場合もあれば，発注者の仕事をさらに自ら請け負ったうえで，細分化して，さらに発注する場合もあり，一律ではないといえる。

したがって，就労者の契約の直接の相手方は，プラットフォーム事業者か，仕事の発注者かが問題となるが，多くの場合，一定の仕事の完成が目的となっており，就労者との間の契約は，雇用ではなく，請負と評価される場合が多いのではないかと思われる。

また，マッチングアプリに働くことのできる時間帯や場所を登録しておくと，バイトを募集する店舗から通知が入り，面接などを経ずに仕事を得ることができ，終わると報酬を得られるという働き方が増えており，ギグワ―キングと呼ばれている。このようなアプリの登録者が延べで約700万人であると報道されている（日経新聞朝刊2019年７月５日14面）。

ギグワーキングの特徴は，単発のスポット的な雇用であることであり，仕事の内容によっては，労働者性が問題になる場合もあるが（たとえば，ウーバーイーツなどの配送），労働者であることが明らかな就労（たとえば，飲食店での接客）の場合には，使用者が誰であるか（就労先かプラットフォーマーか）が問題となる。

労働者性が明らかな仕事であっても，単発（スポット）の労働であるために，労働法や社会保険の適用などが実際には困難であることが問題である。

第3章　労働法の法源

はじめに

労働法の法源，すなわち労働者に権利および義務を付与する規範には，法律だけではなく，労働協約，就業規則および労働契約がある。これらの規範の優劣関係は，上位の順番から並べると，法律，労働協約，就業規則および労働契約となり，下位の規範は上位の規範よりも不利な内容を定めてはならない（労基法92条，労契法12条および同13条）。憲法の人権規定は，民間企業の労働関係に直接適用されるものではないが，実定法および民法の一般条項を通じて，労働契約の内容を規律している。また，労働者に対して，直接，権利を付与したり，義務を課すものではないが，労使協定と呼ばれる規範も存在する。

賃金および労働時間等の労働条件は，労働契約の内容となってはじめて労働者の権利または義務として認められる。現代の労使関係では，就業規則または労働協約の集団的規範によって，労働条件が定められることが多い。これらの集団的規範と労働契約との関係を正確に理解することが重要である。

本章では，これらの労働法の法源について，締結主体，適用範囲および効力等について，学ぶ（労働協約については，**「第15章　団体交渉と労働協約」**も参照）。

〔図表３－１〕労働法の法源

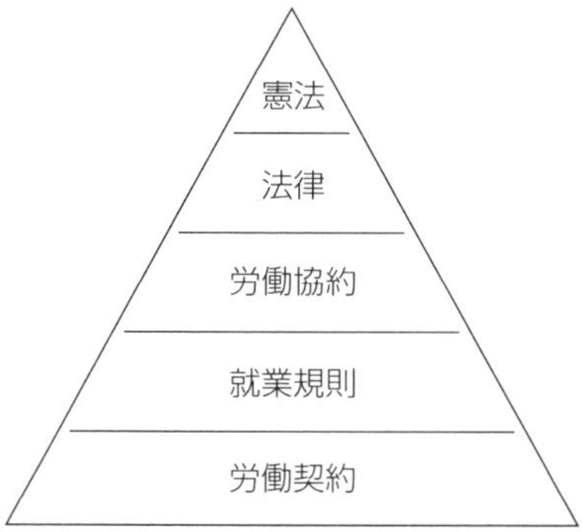

1　憲　法

労働者の基本的人権，たとえば，幸福追求権（憲法13条），法の下の平等（憲法

14条１項)，思想および良心の自由（憲法19条）および職業選択の自由（憲法22条１項）は，労働関係においても当然に保障されなければならない。もっとも，憲法の人権規定は，私人間には直接適用されないので，民間の労働関係においては，信義則（民法１条２項)，権利濫用の禁止（民法１条３項)，公序良俗（民法90条）および不法行為（民法709条）の民法の一般条項を通じて，人権保障が図られることになる（三菱樹脂事件・最大判昭和48・12・12民集27巻11号1536頁)。

幸福追求権を根拠とする人格権は，セクシュアル・ハラスメントやプライバシー侵害において，不法行為（民法709条）の成立を基礎づける。

労基法３条および４条等の差別禁止規定は，憲法14条１項を具体化した規定である。

退職後の競業避止義務に関する特約の有効性にあたっては，職業選択の自由が考慮される。

その他，信教の自由（憲法20条）の保障も，外国人労働者が増えていく中で，重要な問題である。

憲法27条１項の勤労権の保障は，国の雇用政策の憲法上の根拠である。憲法27条２項は，「賃金，就業時間，休息その他の勤労条件」の法定主義を定めている。かかる規定に基づき，労基法，労安衛法および最賃法等の法律が制定され，罰則付きで労働条件の最低基準を定めており，かかる最低基準は，労働契約に対して，強行的直律的効力を有する。

憲法28条は，団結権，団体交渉権および団体行動権を保障している。憲法28条は，その性質上，私人間効力を有すると解されており，労働者は，憲法28条に基づき，直接，団結権，団体交渉権および団体行動権を主張することができるが，さらに，労組法上の労働組合であると認められれば（かかる組合を法適合組合という➡**第14章２**)，不当労働行為等の救済を求めることができる。

２ 法 律

労働法を構成する法律は数多く存在するが，個別的労働法の重要な法律として，労働基準法（労基法）と労働契約法（労契法）をあげることができる。労基法は，賃金の支払方法および労働時間等について，強行的な最低基準を定めており，かかる最低基準に満たない労働契約の規定は無効となるだけでなく，労基法に定める最低基準が契約内容となり（強行的直律的効力〔労基法13条〕)，さらに法に違反した使用者には罰則が科されることがある。

労基法上の権利の消滅時効は，賃金請求権が５年間であり，その他の請求権が２年間である（労基法115条)。従来は，労基法上の請求権の時効は２年間（退職金債権は5年間）であったが，民法改正に伴い，2020年の労基法改正により，労基法上の賃金の請求権が2年から5年（附則143条に基づき，当分の間は3年）に延長された（2020年4月1日から施行）。年休および災害補償の請求権は，2年のままである。

解雇権濫用法理などの労働契約に関する重要なルールは判例法理によって形成されてきたが，2007年に制定された労契法は，重要な判例法理を明文化した法律である。労働契約は，私法上の契約として，民法の適用を受ける。民法では，雇用に関する規定のほかに，総則（民法1条3項の権利濫用，93条以下の意思表示の規制など），債権法（民法536条2項の危険負担など）および不法行為（民法709条）の規定が労働契約に適用される規定として重要である。

集団的労働法を規律する重要な法律が，労組法である。同法は，労働協約の効力や不当労働行為制度について定めている。

3　労働協約

(1)　締結主体

労働協約とは，労働組合と使用者が団体交渉を経て，合意した内容を書面にしたものである。労働協約は，書面に作成し，両当事者が署名し，または記名押印することによってその効力を生じる（労組法14条）。

(2)　労働協約の効力

規範的効力と債務的効力　労働協約に定める労働条件その他の労働者の待遇に関する基準に違反する労働契約の部分は無効となり，無効となった部分は，労働協約に定める基準による（労組法16条）。これを労働協約の**規範的効力**と呼ぶ。個々の組合員ではなく，労働組合が使用者と締結した労働協約の内容が，個々の組合員と使用者との間の労働契約の最低基準となるという規範的効力は，ワイマール時代のドイツにおいて，1918年の労働協約令で初めて実現したものであり，独自の法分野として労働法が確立するにあたり，重要な役割を果たした。代理や第三者のためにする契約などの民法理論では，協約の強行的直律的効力を根拠づけることができなかったからである。

規範的効力の及ぶ範囲，すなわち「労働条件その他の労働者の待遇に関する基準」を規範的部分といい，「労働条件その他の労働者の待遇」とは，具体的には，賃金，労働時間，休日，安全衛生，懲戒，人事，解雇，定年制，福利厚生など，企業における労働者の取扱いのほとんどすべてを含む。「基準」も，労働者の処遇に関する具体的で客観的な準則であり，広い概念である。

「基準」に当たるかが問題となる協約の規定として，解雇や懲戒等の人事を行う前に組合の同意または協議が必要である旨の同意（協議）約款がある。かかる条項は，「基準」に当たるとして，かかる同意（協議）義務に違反する解雇等の措置を無効と解する見解もある。しかし，かかる条項は「手続」を定めたにすぎず，同意（協議）義務に違反したことから直ちにかかる措置が無効となるのではなく，解雇権濫用法理や懲戒権濫用法理の枠内で，同義務違反の事実が考慮されると解すべきであろう。裁判例では，労使間で「協議が整わない場合には解雇しない」という解雇協議条項に違反して行われた解雇について，協議が整わなかったことについて専ら組合に非があるとはいえず，被解雇労働者について，他に解雇に相当する強度の背信性も認められないことから，解雇が無効とされている（大阪フィルハーモニー交響楽団事件・大阪地判平成元・6・29労判544号44頁）。

規範的効力によって，労働組合と使用者の締結した労働協約の内容が，個々の組合員の労働契約の最低基準となる。規範的効力に対して，労働条件その他の労働者の待遇に関する基準以外の労働協約の定めは，通常の契約と同様，締結主体である労働組合と使用者のみを拘束するので，その効力は**債務的効力**と呼ばれる。債務的効力しか生じない労働協約の部分は，債務的部分と呼ばれるが，具体的には，非組合員の範囲，ユニオン・ショップ協定，組合活動への便宜供与，団体交渉の手続や争議行為のルールなど，使用者と組合間との間の労使関係の運営に関するルールが，債務的部分に当たる。

化体説と外部規律説　規範的効力の理解については，まず労働協約の内容が労働契約の内容になるという**化体**（けたい）**説**がある。これに対して規範的効力は，労組法16条によって特別に創設された効力であるので，労働契約の内容になるのではなく，労働契約を外部から規律するにすぎないという**外部規律説**がある。この対立は，相当程度，観念的な争いであるが，協約が失効した場合に，協約によって規律されていた労働条件がどうなるのかという**余後効**の問題において，いずれの見解をとるかで差異が生じる（➡余後効については，**第15章2(4)**）。

有利原則　個々の組合員は，労働協約に定める労働条件よりも有利な労働条件を，自己の労働契約において，使用者と合意することはできるだろうか。労働協約よりも有利な合意を許容することを有利原則という。有利原則を認めると，組合員の抜け駆けを許すことになり，団結が脅かされかねないとして，ワイマール時代のドイツで盛んに議論されたが，契約自由の原則が協約自治（集団的自治）よりも優先するという見解が支配的になり，有利原則が認められるようになった。

企業別の労使関係を前提とする日本では，労働協約が当該産業における労働条件の最低基準を定めるヨーロッパとは異なり，労働協約は，当該企業における労働条件を定める規範として，原則として，労働契約による異なる定めを予定しているとはいえない。しかし，一律に有利原則を否定するべきではなく，当該労働協約の解釈によっては，労働契約による異なる定めが許容される場合がある。

規範的効力と要式性　労組法14条は，労働協約は書面に作成し，両当事者が署名し，または記名押印することによってその効力を生じると定める。規範的効力は，労組法16条によって創設された独特の効力である。かかる効力が認められるためには，労組法14条に定める要式性が要件となるかが問題となる。最高裁は，都南自動車教習所事件において，労組法16条の規範的効力が認められるためには，労組法14条の要式性を備えなければならないと判示した。

case　**都南自動車教習所事件・最判平成13・３・13民集55巻２号395頁**

〔事案の概要〕

Ｙ社の従業員であるＸらが，平成３年から同７年までの間，Ｘらの所属する労働組合（「支部」）とＹとの間でベースアップの金額につき合意が成立したのに，その分が支給されなかったとして，Ｙに対し，未払い賃金を請求した。Ｙは，労働協約が書面に作成されないことを理由に支部の組合員に対してはベースアップ分を支給せず，他方，多数組合であるＡの組合員および非組合員に対してはベースアップ分を支給した。

Ｘらは，ベースアップ分の支給を求めて提訴した。１，２審は，労組法14条の要式を備えた労働協約は成立していないが，ベースアップ分の支給について合意が存在したことを理由に，Ｘらの請求を認めたのに対して，Ｙが上告した。

〔判旨〕一部破棄自判，一部破棄差戻し

「労働協約は，利害が複雑に絡み合い対立する労使関係の中で，関連性を持つ様々な交渉事項につき団体交渉が展開され，最終的に妥結した事項につき締結されるものであり，それに包含される労働条件その他の労働者の待遇に関する基準は労使関係に一定期間安定をもたらす機能を果たすものである。労働組合法は，労働協約にこのような機能があることにかんがみ，16条において労働協約に定める上記の基準が労働契約の内容を規律する効力を有することを規定しているほか，17条において一般的拘束力を規定しているのであり，また，労働基準法92条は，就業規則が当該事業場について適用される労働協約に反してはならないこと等を規定しているのである。労働組合法14条が，労働協約は，書面に作成し，両当事者が署名し，または記名押印することによってその効力を生ずることとしているゆえんは，労働協約に上記のような法的効力を付与することとしている以上，その存在および内容は明確なものでなければならないからである。…したがって，書面に作成され，かつ，両当事者がこれに署名しまたは記名押印しない限り，仮に，労働組合と使用者との間に労働条件その他に関する合意が成立したとしても，これに労働協約としての規範的効力を付与することはできない」。

都南自動車教習所事件では，平成３年から同７年までの間，Ｘらの所属する労働組合とＹ社との間では，ベースアップの金額については合意が成立していたが，書面による労働協約は締結されていなかった。最高裁は，労組法14条の要式性が満たされていないので，Ｘらは，労組法16条に基づき，ベースアップ分の賃金を請求することはできないと判断した。しかし，合意が成立したにもかかわらず，書面による労働協約が締結されなかったことを理由に，Ｙ社がベースアップ分の賃金の支払いを拒否することは，Ｘらが労働組合の組合員であることを理由とした不利益取扱い（労組法７条１号）に当たるか，さらに，Ｘらの所属する労働組合を嫌悪し，弱体化を意図して行われた支配介入（労組法７条３号）に当たるかが別に問題となる。

4　就業規則

(1)　就業規則の作成

作成手続　労基法89条に基づき，常時10人以上の労働者を使用する使用者は，基本的な労働条件を就業規則に定め，労基署に届け出なければならない。就業規則に定める事項のうち，労働時間，賃金，退職（解雇）に関する事項（労基法89条１～３号）を絶対的必要記載事項と呼び，退職金，賞与，災害補償，表彰および制裁等，制度を設ける場合には就業規則に定めることが必要な事項（同３の２，４～10号）を相対的必要記載事項と呼ぶ。

意見聴取・周知義務　就業規則の作成にあたっては，使用者は，過半数組合または過半数代表者の意見を聴取しなければならず（労基法90条），就業規則を掲示，備付けおよび書面の交付等によって，労働者に周知しなければならない（労基法106条１項，労基則52条の２）。労基法上の周知義務は使用者に対する公法上の義務であるが，私法上も，周知がなされていない就業規則の規定は，労働契約の内容とはならない（フジ興産事件・最判平成15・10・10労判861号５頁）。

かかる契約法上の周知義務は，**実質的周知**で足りるとされ，実際に労働者が就業規則の内容を知っていることは必要ではなく，知りうる状態に置かれていることが重要である。かかる私法上の周知義務は，現在では，労契法７条および10条に明文化されている。裁判例では，同一企業グループの他の主要企業（Ａ社）の就業規則がＹ社にも適用されるかが争われた事案において，「Ａ社就業規則」がファイルに閉じられて，Ｙ社の店舗の従業員控室の棚に備え付けられていたことによって，Ｙ社の従業員が，Ａ社の就業規則がＹ社の就業規則として用いられていることを知りうる状態にあったとはいえないと判断されている（河口湖チーズケーキガーデン事件・甲府地判平成29・３・14LEX/DB25545729）。また，別の裁判例では，毎年従業員１名に，就業規則が本社にあり，いつでも本社内で閲覧でき，要請があれば各店舗に郵送できる状態にあることを確認する旨の書面に署名押印させていたことによって，事業場の労働者集団が当該就業規則の内容を知りうる状態においていたということはできないと判断されている（メディカルラボ事件・東京地判平成30・４・18労判1190号39頁）。

事業場　就業規則は，事業場ごとに作成されなければならない。**事業場**は，労基法の適用される場所的単位であり，「工場，鉱山，事務所，店舗等のごとく一定の場所において相関連する組織のもとに継続的に行なわれる作業の一体をいう」（昭和47・９・18発基91号第２の３「事業場の範囲」）。かかる通達によれば，一の事業場であるか否かは主として場所的観念によって決定すべきもので，同一場所にあるものは原則として一の事業場であり，場所的に分散しているものは原則として別個の事業場と解されるが，たとえば，工場内の診療所や学校の給食場のように，同一場所にあっても，著しく労働の態様が異なる部門が存在する場合には，その部門が主たる部門と切り離して別個の事業場として捉えられる場合もある。

また，場所的に分散しても，出張所，支所等で，規模が著しく小さく，組織的関連，事務能力等を勘案して一の事業場という程度の独立性がないものについては，直近上位の機構と一括して一の事業場として取り扱われることになる。テレワークにおいて，労基法の規制が及ぶことが前提とされているが（厚労省「情報通信技術を利用した事業場外勤務（テレワーク）の適切な導入及び実施のためのガイドライン」2018年２月22日），厚労省は，在宅勤務者は，「本来所属している事業場の外で仕事をしている」のであって，自宅が直近上位の機構と一括して一の事業場と判断されることはないという見解を示している（厚労省労働基準局労働条件政策課「在宅勤務での適正な労働時間管理の手引き」〔平成24年３月〕９頁）。

⑵　就業規則の効力

最低基準効と契約内容規律効　就業規則の効力は，最低基準効（労契法12条）と契約内容規律効（労契法７条，10条）に分けられる。最低基準効とは，就業規則で定める基準に達しない労働条件を定める労働契約の内容は無効となり，無効となった部分は，就業規則で定める基準によるという効力であり，契約内容規律効とは，合理的な就業規則の規定は，労働契約の内容になるという効力である。労働契約法制定以前には，使用者が，就業規則の作成・変更における届出（労基法89条）および意見聴取（労基法90条）義務を履行しなかった場合には，最低基準効は生じるが，契約内容規律効は生じないという解釈が有力であった。しかし，現在は，条文上は，契約内容規律効が生じるための手続としては，周知のみで足りると定められているため，最低基準効および契約内容規律効のいずれについても，届出および意見聴取の手続を履践していることは効力要件であるとはいえない。

(3) 就業規則の法的性質

法規説と契約説　就業規則の作成または変更においては，過半数組合または過半数代表者の意見聴取のみが必要とされ，同意を得ることまでは必要ではない。すなわち，使用者は，重要な労働条件を定める就業規則を一方的に定めることができる。かかる就業規則に定める労働条件は，労働者を拘束するのか，言い換えれば，労働契約と就業規則はどのような関係に立つのかが問題となる。この問題は，とくに既存の労働条件を就業規則によって不利益に変更する場合に，紛争となる。

この理論的な問題は，かつて学説において大いに議論され，これらの学説を大別すると，労基法89条によって，使用者には就業規則によって重要な労働条件を定める権限が付与され，反対する労働者もこれに拘束されるという法規説と私法上の労働契約関係は当事者の合意に基づくことが近代法の大原則であり，使用者が一方的に定める就業規則に，その内容に同意しない労働者を拘束することはできず，個々の労働者の同意が必要であるという契約説に整理することができる。しかし，最高裁は，秋北バス事件（最大判昭和43・12・25民集22巻13号3459頁）において，法規説と契約説のどちらにも分類できない新しい見解を示した。合理的な労働条件であれば反対する労働者も拘束するという最高裁の判示は，その後の学説によって，就業規則を約款と同様に捉えたものであるとして，定型契約説と名付けられた。電電公社帯広局事件において，最高裁は，「就業規則の規定内容が合理的なものであるかぎりにおいて当該具体的労働契約の内容をなしているものということができる」と述べた。同判決は，定型契約説の考え方を取り入れたものといえる（最判昭和61・3・13労判470号6頁）。

秋北バス事件最高裁判決の判旨1(1)は，現在，労契法7条として，判旨1(2)は，労契法10条として，明文化されている。

case　**秋北バス事件・最大判昭和43・12・25民集22巻13号3459頁**

〔事案の概要〕

新しく55歳定年制を設ける就業規則の規定によって，退職することになったXが，かかる就業規則の効力は及ばないと争った。

１審は，Xの主張を認めたが，２審は，使用者は，就業規則を一方的に変更でき，不利益に変更された就業規則も労働者を拘束すると述べて，Xの主張を退けた。Xは，上告した。

〔判旨〕上告棄却

1　(1)「…ここでいう就業規則は，どのような性質を有するか，さらに，経営主体は一方的に労働者の不利益にこれを変更することができるかが問題となる。…

…多数の労働者を使用する近代企業においては，労働条件は，経営上の要請に基づき，統一的かつ画一的に決定され，労働者は，経営主体が定める契約内容の定型に従つて，附従的に契約を締結せざるを得ない立場に立たされるのが実情であり，この労働条件を定型的に定めた就業規則は，一種の社会的規範としての性質を有するだけでなく，それが合理的な労働条件を定めているものであるかぎり，経営主体と労働者との間の労働条件は，その就業規則によるという事実たる慣習が成立しているものとして，その法的規範性が認められるに至つている（民法92条参照）ものということができる。…就業規則は，当該事業場内での社会的規範たるにとどまらず，法的規範としての性質を認められるに至つているものと解すべきであるから，当該事業場の労働者は，就業規則の存在および内容を現実に知つていると否とにかかわらず，また，これに対して個別的に同意を与えたかどうかを問わず，当然に，その適用を受けるものというべきである」。

(2)「就業規則は，経営主体が一方的に作成し，かつ，これを変更することができることになつているが，既存の労働契約との関係について，新たに労働者に不利益な労働条件を一方的に課するような就業規則の作成又は変更が許されるであろうか，が次の問題である。

おもうに，新たな就業規則の作成又は変更によつて，既得の権利を奪い，労働者に不利益な労働条件を一方的に課することは，原則として，許されないと解すべきであるが，労働条件の集合的処理，特にその統一的かつ画一的な決定を建前とする就業規則の性質からいつて，当該規則条項が合理的なものであるかぎり，個々の労働者において，これに同意しないことを理由として，その適用を拒否することは許されないと解すべきであり，これに対する不服は，団体交渉等の正当な手続による改善にまつほかはない」。

2 (1)「停年制は，一般に，老年労働者にあつては当該業種又は職種に要求される労働の適格性が逓減するにかかわらず，給与が却つて逓増するところから，人事の刷新・経営の改善等，企業の組織および運営の適正化のために行なわれるものであつて，一般的にいつて，不合理な制度ということはできず，本件就業規則についても，新たに設けられた55歳という停年は，わが国産業界の実情に照らし，かつ，Ｙの一般職種の労働者の停年が50歳と定められているのとの比較権衡からいつても，低きに失するものとはいえない」。

本件就業規則条項は，決して不合理なものということはできず，Ｘは，本件就業規則条項の適用を拒否することはできない。

(4) 就業規則による労働条件の不利益変更

秋北バス事件以降，多くの最高裁の判決によって，労働条件を不利益に変更する就業規則の合理性の判断基準が整理され，かかる判断基準は，労契法10条において明文化された。労契法10条に基づき，労働者の受ける不利益の程度，労働条件の変更の必要性，変更後の就業規則の内容の相当性，労働組合等との交渉の状況その他の就業規則の変更に係る事情を総合的に判断して，就業規則の変更が合理的であるか否かが審査される。また，賃金・労働時間等の重要な労働条件を不利益に変更する場合には，**高度の合理性**が必要であると解されている（大曲市農協事件・最判昭和63・２・16民集42巻２号60頁）。

合理性審査におけるこれらの判断基準の重要性は，事案によって異なり，多数組合の合意を重視した判決（第四銀行事件・最判平成９・２・28民集51巻２号705頁）もあれば，労働者の受ける不利益の程度を重視した判決（みちのく銀行事件・最判平成12・９・７民集54巻７号2075頁）もある（➡労働協約による労働条件の不利益変更については，**第15章２(1)**）。

case　みちのく銀行事件・最判平成12・９・７民集54巻７号2075頁

〔事案の概要〕

従来より60歳定年制を採用していたＹ銀行では，行員の高齢化，経営の低迷等の事情から専任職制度を導入することとし，従業員の73％を組織する労組との協議・合意を経て，昭和61年には基本給の満55歳到達月での凍結等を内容とする第１次就業規則変更を，昭和63年には基本給の構成部分である業績給の50％減額，専任職手当廃止，賞与支給率の300％から200％への削減等を内容とする第

２次就業規則変更を行った。この就業規則変更によって，Ｘらの賃金は，約33〜46％に削減された。

１審は，Ｘらの請求を一部認容したが，２審は，いずれの就業規則変更も合理的であると判断したので，Ｘらが上告した。

〔判旨〕 上告認容

「本件就業規則変更は，多数の行員について労働条件の改善を図る一方で，一部の行員について賃金を削減し，右肩上がりの賃金曲線を変更しようとするものである。もとより，このような変更も，経営上の必要性に照らし，その相当性を肯定することができる場合がある。しかしながら，本件における賃金体系の変更は，短期的にみれば，特定の層の行員にのみ賃金コスト抑制の負担を負わせているものといわざるを得ず，その負担の程度も前示のように大幅な不利益を生じさせるものであり，就業規則の変更によってこのような制度の改正を行う場合には，一方的に不利益を受ける労働者について不利益性を緩和するなどの経過措置を設けることによる適切な救済を併せ図るべきである。本件の経過措置は，救済ないし緩和措置としての効果が十分ではなく，Ｘらとの関係で賃金面における本件就業規則等変更の内容の相当性を肯定することはできないものといわざるを得ない」。

「本件では，行員の約73パーセントを組織する労組が本件第１次変更及び本件第２次変更に同意している。しかし，Ｘらの被る前示の不利益性の程度や内容を勘案すると，賃金面における変更の合理性を判断する際に労組の同意を大きな考慮要素と評価することは相当ではないというべきである」。

5　労働契約

(1)　原　則

合意原則　労働契約は，個々の使用者と労働者との間で締結される。労働契約は，私法上の契約として，申込みと承諾によって成立するが，通常，使用者による募集は申込みの誘因にすぎず，労働者の応募が申込みであり，使用者による採用決定が承諾であると解されている。

労働契約に基づいて，労働者は労務を提供し，使用者は賃金を支払う（労契法６条)。かかる主たる債権債務以外に，人的関係である労働契約関係では，労使双方が，特段の合意をすることなく，当然に，次のような付随義務を負うことが認められている。すなわち，使用者側の義務としては，使用者の**安全配慮義務**(労契法５条)，セクシュアル・ハラスメントを防止する**職場環境配慮義務**が認められており，労働者側の義務としては，使用者の利益を損なう行動をしてはならないという誠実義務がある。職務専念義務および秘密保持義務は，誠実義務の具体例であるといえよう。なお，秘密保持義務については，不正競争防止法による規制もある。

職務専念義務は，最高裁によって，「職務上の注意力のすべてを職務遂行のために用い職務にのみ従事するべき義務」であると定義されている（目黒電報電話局事件・最判昭和52・12・13民集31巻7号974頁）。これに対しては，注意力のすべてを職務遂行のために用いるべきであるという定義は，厳格すぎるものであり，職務の遂行に支障がなく，使用者の業務を具体的に阻害することのない行動は，職務専念義務に違反しないという批判が提起されている（大成観光事件〔最判昭和57・4・13民集36巻4号659頁〕の伊藤正己裁判官の補足意見）。

労働契約の内容は，私法上の契約として，法令に反しない限り，当事者の合意によって自由に定めることができる（労契法8条）。民法の一般条項（権利濫用，公序良俗，信義則）の規制も重要である。労働者が使用者に対していかなる権利を有し，いかなる義務を負うのか（たとえば，賃金はいくら請求できるのか，残業に応じなければならないのか）は，すべて，労働契約の定めによることになる。しかし，個々の労働者が，使用者との間で，詳細な書面による労働契約を締結することはまれであり，通常，重要な労働条件は，就業規則や労働協約によって定められている。上記**2**および**3**で述べたとおり，労働協約および就業規則は労働契約を強行的に規律することによって，労働者の権利および義務を基礎づけることになる。

⑵　就業規則と個別合意の関係

個別合意の成否の判断枠組み　近年，就業規則に定める労働条件を労働者に不利益に変更する場合に，就業規則を改正すると同時に個々の労働者に「変更された就業規則の内容に同意します」という文書に署名・押印を求める実務が行われるようになっている。この場合，労働者と使用者との間に，就業規則による労働条件の不利益変更に関する個別の合意が成立したと認められれば，かかる合意に基づいて，新しい労働条件が適用される（労契法8条または同法9条反対解釈）。すなわち，労契法10条に基づく合理性を問われることなく，労働条件の不利益変更が可能となる。しかし，最高裁は，個別合意の成立の判断には慎重である。

case　**山梨県民信用組合事件・最判平成28・２・19民集70巻２号123頁**

〔事案の概要〕

経営破綻が懸念される状況となったＡ信用組合はＹに合併を申し入れた。合併直前の平成14年12月20日，Ａの常務理事や監事らは，Ｘら管理職20名に対し，退職金の変更に同意しないと合併を実現できないと告げて，同意書への署名押印を求めた。管理職全員が署名押印した同意書には，退職金制度の変更内容が記載され，合併後の労働条件がそのとおりに変更されることに同意する旨の文言が記載されていた。しかし，署名押印に先立ち開催された職員説明会で各職員に配付された同意書案には記載されていた，Ｙの従前からの職員に係る支給基準と同一水準の退職金額を保障する旨の記載が削除されていた。新規程の支給基準の内容は，退職金算定の基礎となる賃金額を従前の２分の１とする一方で（「本件基準変更」），従前どおり，退職金総額から厚生年金給付額を控除し，さらに企業年金還付額も控除するという内枠方式をとっていた。

ＡはＹと合併後，さらに平成16年には三つの信用金庫がＹに合併された。その際，平成16年合併前の在職期間に係る退職金について，退職金額の計算に係る係数が退職理由に応じて異なる場合，自己都合退職の係数を用いることなどを記載した説明書が作成され，平成16年２月２日ごろ，各支店長等が，所属の職員に対し，上記説明指示書のうち労働条件の変更について記載された部分を読み上げ，Ｘらを含む職員らは「新労働条件による就労に同意した者の氏名」欄に署名をした（「平成16年基準変更」）。

その後，自己都合で退職したＸらの退職金は，変更後の支給基準に基づいて計算された結果，０円となった。

１，２審は，Ｘらは，各基準変更について同意したと述べて，請求を棄却したので，Ｘらが上告した。

〔判旨〕上告認容

1　「労働契約の内容である労働条件は，労働者と使用者との個別の合意によって変更することができるものであり，このことは，就業規則に定められている労働条件を労働者の不利益に変更する場合であっても，その合意に際して就業規則の変更が必要とされることを除き，異なるものではないと解される（労働契約法８条，９条本文参照）。もっとも，使用者が提示した労働条件の変更が賃金や退職金に関するものである場合には，当該変更を受け入れる旨の労働者の行為があるとしても，労働者が使用者に使用されてその指揮命令に服すべき立場に置かれており，自らの意思決定の基礎となる情報を収集する能力にも限界があることに照らせば，当該行為をもって直ちに労働者の同意があったものとみるのは相当でなく，当該変更に対する労働者の同意の有無についての判断は慎重にされるべきである。そうすると，就業規則に定められた賃金や退職金に関する労働条件の変更に対する労働者の同意の有無については，当該変更を受け入れる旨の労働者の行為の有無だけでなく，当該変更により労働者にもたらされる不利益の内容及び程度，労働者により当該行為がされるに至った経緯及びその態様，当該行為に先立つ労働者への情報提供又は説明の内容等に照らして，当該行為が労働者の自由な意思に基づいてされたものと認めるに足りる合理的な理由が客観的に存在するか否かという観点からも，判断されるべきものと解するのが相当である」。

2 「…原審は，管理職Ｘらが本件退職金一覧表の提示により本件合併後の当面の退職金額とその計算方法を知り，本件同意書の内容を理解した上でこれに署名押印をしたことをもって，本件基準変更に対する同人らの同意があったとしており，その判断に当たり，…本件基準変更による不利益の内容等及び本件同意書への署名押印に至った経緯等について十分に考慮」していない。「また，平成16年基準変更に対するＸらの同意の有無については，原審は，…直ちに…署名をもってＸらの同意があるものとしたのであるから，その判断には，審理不尽の結果，法令の適用を誤った違法がある」。

山梨県民信用組合事件において，最高裁は，個別合意の成否について，労働者が契約書（または同意書）に署名・押印したという行為の有無だけではなく，「当該行為が労働者の自由な意思に基づいてされたものと認めるに足りる合理的な理由が客観的に存在するか否か」という観点から判断されなければならないと述べた。そして，その前提として，使用者は，労働者に十分な情報提供または説明を行わなければならないと述べた。

6 労使協定（事業場協定）

(1) 意義および効力

労使協定の意義 労使協定（事業場協定）とは，過半数組合または過半数組合がない場合においては労働者の過半数を代表する者および使用者との間の書面による協定である。労使協定を締結することによって，労基法等の定める最低基準を下回る労働条件を定めることが可能となる。労基法では，①貯蓄金管理協定（労基法18条２項），②賃金控除協定（労基法24条１項），③１ヵ月単位の変型労働時間制に関する協定（労基法32条の２），④フレックスタイム協定（労基法32条の３），⑤１年単位の変形労働時間制に関する協定，⑥１週間単位の変形労働時間制に関する協定（労基法32条の４，32条の５），⑦休憩時間の一斉付与の例外に関する協定（労基法34条２項），⑧時間外・休日労働協定（労基法36条），⑨⑩みなし労働時間に関する協定（労基法38条の２第２項，38条の３第１項），⑪計画年休協定（労基法39条６項）および⑫休暇手当の算定方法に関する協定（労基法39条９項）がある。

労使協定の役割は近年拡充されており，法律で一律の強行的な基準を設けることが適切ではない場合に，事業場の労働者代表の同意に基づき，かかる基準を下回ることを許容すること（「デロゲーション」と呼ばれることがある）によって，事業場の実態に合致した，現実的な規制を可能とするものである。

労使協定の効力　労使協定の効力は，原則として，免罰的効力しか認められず，労使協定で定めた事項が労働契約の内容になるものではない。たとえば，労基法36条に基づく労使協定を締結することによって，時間外労働を命じた使用者は，労基法32条違反の責任は免れるが，かかる労使協定によって，労働者が時間外労働に応じる義務を負うものではない。労働者に対して時間外労働に応じる義務を課すためには，別途，契約上の根拠が必要である（➡**第９章１⑸**）。

しかし，たとえば，⑪計画年休協定のように，私法上の効力を持つと解されるものもある（三菱重工業長崎造船所事件・福岡高判平成６・３・24労民集45巻１・２号123頁）。（➡計画年休については，**第９章４**）。

⑵　課　題

過半数代表者の選出方法　労使協定には，その締結によって法律の強行的な規制を下回ってもよいという重要な効果が認められているが，締結主体については問題が指摘されている。過半数組合がない場合において締結主体となる過半数代表者について，労基則６条の２第１項は，労基法41条２号にいう管理監督者ではないこと（１号），および「法に規定する協定等をする者を選出することを明らかにして実施される投票，挙手等の方法による手続により選出された者であること」（２号）という要件を定めている。

これらの要件を満たさない従業員代表との協定は，不適法・無効であり，所定の労基法上の効果を有しない（役員も含む全従業員から構成される親睦団体の代表者が過半数代表者として締結された労基法36条に基づく労使協定は無効とされ，無効な労使協定に基づく時間外労働命令も違法であると解された〔トーコロ事件・最判平成13・６・22労判808号11頁〕）。しかし，実際には，かかる過半数代表者が民主的な手続を経て選出されているとは言いがたく，2018年の調査では，過半数代表者を選出したことがある事業所に選出方法を尋ねたところ，「投票や挙手」30.9％，

「信任」22.0%,「話し合い」17.9%,「親睦会の代表者等, 特定の者が自動的になる」6.2%,「使用者（事業主や会社）が指名」21.4%,「その他」0.3%,「無回答」1.3%となっている（労働政策研究・研修機構調査シリーズNo.186「過半数労働組合および過半数代表者に関する調査」)。

過半数代表者の選出がより適切に行われるよう, 2018年改正により, 過半数代表者の要件として,「使用者の意向に基づき選出されたものでないこと」という要件が明記されることとなった（労基則６条の２第１項３号)。

過半数代表者の保護　過半数代表者に対する不利益取扱いは禁止されている（労基則６条の２第３項)。また, 2018年改正により, 過半数代表者がその事務を円滑に遂行することができるような必要な配慮を行うことが義務づけられた（労基則６条の２第４項)。かかる配慮として, 通達では, 必要な事務機器や事務スペースの提供があげられている（平成30・12・28基発1228第15号)。

⑶　労使委員会

意　義　労使委員会とは, 1998年の労基法改正によって企画業務型裁量労働制（労基法38条の４）が新設されたときに, 同制度を導入する事業場において設置が義務づけられた「賃金, 労働時間その他の当該事業場における労働条件に関する事項を調査審議し, 事業主に対し当該事項について意見を述べることを目的とする委員会」である。企画業務型裁量労働制は, 裁量労働制の適用範囲を一般のホワイトカラーにも拡大する制度であることから, 労使協定の締結よりも手続的な要件が加重されたものである。2018年の労基法改正によって新設された高度プロフェッショナル制度（労基法41条の２）を導入する場合にも, 同様に, 労使委員会の設置が義務づけられた（➡高プロについては, **第９章２⑷**)。

労使委員会は, 労使同数の委員から構成され, 労働者側委員は, 過半数組合または過半数代表者から指名された者である（労基法38条の４第２項)。企画業務型裁量労働制または高度プロフェッショナル制度を導入する際には, 労使委員会の５分の４以上の決議により, 法所定の事項を定めなければならない（労基法38条の４第１項・41条の２)。

委員会決議は周知されなければならない（労基法106条)。

また, 労使委員会決議は, １ヵ月以内の期間の変形労働時間制（32条の２第１項), フレックスタイム制（32条の３), １年以内の変形労働時間制（32条の４), １週単位での変形労働時間制（32条の５), 一斉休暇の適用除外（34条の２), 時間外・休日労働（36条), 事業場外労働のみなし労働時間（38条の２), 専門業務型裁量労働制（38条の３), 計画年休制度および休暇日賃金の標準報酬による支払（39条６項および９項）などにおいて必要な労使協定に代替することができる。

〔図表３－２〕労働協約，労使協定および就業規則

	労働協約	労使協定（労使委員会決議）	就業規則
締結主体（作成者）	使用者と労働組合	使用者と事業場の過半数組合または過半数代表者	使用者が一方的に作成（労基法90条：意見聴取義務）
効力	規範的効力（労組法16条）と債務的効力	原則として，免罰的効力のみ	合理的な内容であれば，契約内容となる（労契法7条，10条）。
対象	規範的効力は，原則として組合員のみ（例外：一般的拘束力〔労組法17条〕）	事業場の全労働者	

7　労使慣行

実務では，就業規則等に明示的に定められていない様々な慣行やルールが法的に拘束力を有するかが問題となることがある。たとえば，始業時刻は９時と定められていたが，長い間，９時10分に来ても遅刻とされてこなかったところ，突然，遅刻と扱われ，賃金カットが行われた場合に，９時10分が始業時刻であるという労使慣行が契約内容となっており，賃金カットは違法であるといえないかが問題となる。労使慣行の法的効力が問題となる場面は一様ではないが，個々の労働者の契約上の権利として労使慣行の拘束力が認められるためには，①当該措置が反復継続されていること，②労使の規範意識に支えられていること，および③当該措置に反する明示の規範が存在しないことという三つの要件を満たすことが必要である（商大八戸ノ里（やえのさと）ドライビングスクール事件・最判平成７・３・９労判679号30頁）。労使慣行の成立を認めた裁判例としては，65歳の定年到達後も通常は定年が延長されて，70歳まで雇用されることが契約内容になっていたことが認められた例がある（日本大学事件・東京地判平成18・１・13判タ1219号259頁）。同事件では，労使慣行によって，70歳まで雇用される権利が認められた結果，65歳で出された定年を理由とする退職の発令は，解雇の意思表示に相当することになるが，使用者は，かかる解雇が有効である旨の主張・立証を行っていないため，解雇は無効であると判断され，地位確認が認められた。

＜第３章の復習＞

1．労働契約とはどのような契約か。

2．就業規則とは何か。就業規則と労働契約はどのような関係に立つのか。

3．労働協約とは何か。労働協約と労働契約はどのような関係に立つのか。

4．就業規則と労働協約はどのような関係に立つのか。

5．就業規則の法的性質に関するかつての代表的な考え方について説明しなさい。これに対して，最高裁は，どのような判断を下したのか。現在は，最高裁の見解が立法化されているが，どの条文か指摘しなさい。

6．労働協約の規範的効力とは何か。

7．労使協定とは何か。

8．Ｘは，お菓子を製造しているＹ社の工場で働いている。Ｘは，夏は約10時間，冬は約12時間勤務しているが，給与は，毎月20万円の定額が支払われている。このような労働時間と賃金の定めには，労基法上どのような問題が生じるか（参考：橘屋事件・大阪地判昭和50・５・22労民集16巻３号371頁）。

〈コラム〉「労働者の自由な意思に基づいてされたものと認めるに足りる合理的な理由が客観的に存在するか否か」の法理の拡大

本章で扱った山梨県民信用組合事件において，最高裁は，労働条件を不利益に変更する就業規則の内容について，労働者が個別に同意を与えたか否かの判断は，慎重に行われなければならないと述べた。その際，最高裁は，「労働者の自由な意思に基づいてされたものと認めるに足りる合理的な理由が客観的に存在するか否か」を検討しなければならないと述べた。この合意の成否に関する判断枠組みは，賃金債権の放棄の意思表示の有効性が争われたシンガー・ソーイング・メシーン事件（最判昭和48・１・19民集27巻１号27頁）においてはじめて用いられたものである。その後，この判断枠組みは，賃金の合意相殺の可否が争われた日新製鋼事件（最判平成２・11・26民集44巻８号1085頁）においても用いられ，さらに広島中央保健生活協同組合事件（最判平成26・10・23民集68巻８号1270頁）において，育児休業後に職場復帰する労働者が，降格について，使用者と合意していたか否かを判断する際にも用いられることになった。

このように，「労働者の自由な意思に基づいてされたものと認めるに足りる合理的な理由が客観的に存在するか否か」という合意の成否の判断枠組みが用いられる場面が広がっている。たとえば，有期労働契約の不更新条項の締結や合意解約の場面にも，この判断枠組みが用いられるようになれば，やむを得ず応じてきた労働者が救済されることが増えるかもしれない。

しかし，他方で，労働者が，たとえ望まなくても，内容を理解したうえで，使用者の提案に応じることが，すべて不当であるとはいえないであろう。山梨県民信用組合事件の原告らは，銀行の管理職であり，経営破綻を免れることに協力すべき地位にあった。最高裁は，従属的な労働者の情報収集能力には限界があるとも述べているが，果たしてそう言えるのか疑問が残る。本件で，退職金が０円になったという結果は，衝撃的ではあるが，企業年金はあったようである。事案の全貌が気になる最高裁判決である。

第4章 採用（内定）と試用期間

はじめに

労働契約は，労働者が使用者に使用されて労働し，使用者がこれに対して賃金を支払うことについて，労働者および使用者が合意することで成立する（労契法6条）。採用とは使用者からみた労働契約の締結を意味する。採用をめぐっては，主として，使用者の「採用の自由」とその制約のあり方，および採用「内定」の法的性質が問題となる。一方，採用後の試用期間については「試用」としての意味は相当に薄れ独自の法的問題も多くはない。それはなぜか。本章では採用と試用期間をめぐる法的問題を扱う。

1　採用の自由

(1)　採用の意義

本来は他人同士である労働者と使用者の間で様々な権利義務が生じるのは，採用により労働契約が締結されたからである。労働契約も契約である以上，法律等に違反しないかぎりで契約自由の原則が広く妥当する。契約の自由をめぐっては，一般に，①締結の自由，②内容決定の自由，③解除・解約の自由で区別されるところ，このうち主に①が採用に関わるもので，採用人数，募集方法，求職者の選別基準，労働契約を締結するか否か等が問題となる。

こうした契約締結の自由は労使双方で問題となり，たとえば労働者（求職者）も特定の使用者（求人者）との間で契約締結を強制されることはない。もっとも，現実の労働契約の締結プロセスとしては，企業が必要な求人を出し，求職者がそれに応じることが大多数である。つまり，求職者の側では求人内容を精査して相手方を予め選別し応募しているために，契約締結の自由が問題となることはまれである。一方，求人者である企業は，応募者のなかから選別をして採用をするか否かの判断が必要となり，ここでいわゆる「採用の自由」が問題となる。

(2)　三菱樹脂事件

最高裁（大法廷）は，三菱樹脂事件で使用者の採用の自由を広く認める立場を示している。

case　**三菱樹脂事件・最大判昭和48・12・12民集27巻11号1536頁**

〔事案の概要〕

Ｘは在学中に学生運動に従事していたことを秘匿してＹ社に採用されたが，３ヵ月の試用期間の満了直前に本採用を拒否された。本件では，そもそも採用時に，Ｘが思想・信条の自由（憲法14条，19条）に関わりうる情報を秘匿したことの適否が問題となった。原判決は，Ｙが採用試験にあたって応募者から政治的思想，信条に関わる事項の申告を求めるのは，「憲法19条の保障する思想，信条の自由を侵し，また，信条による差別待遇を禁止する憲法14条，労働基準法３条の規定にも違反し，公序良俗に反する」としたため，Ｙが上告した。

〔判旨〕 破棄・差戻し

最高裁は，まず，憲法の上記諸規定は，「国または公共団体の統治行動に対して個人の基本的な自由と平等を保障する目的に出たもので，もつぱら国または公共団体と個人との関係を規律するものであり，私人相互の関係を直接規律することを予定するものではない」として，私人間での適用を否定する。一方で，最高裁は，「私的自治に対する一般的制限規定である民法１条，90条や不法行為に関する諸規定等の適切な運用によつて，一面で私的自治の原則を尊重しながら，他面で社会的許容性の限度を超える侵害に対し基本的な自由や平等の利益を保護し，その間の適切な調整を図る方途も存する」として，いわゆる**間接適用説**を支持している。

そのうえで最高裁は，「憲法は，思想，信条の自由や法の下の平等を保障すると同時に，他方，22条，29条等において，財産権の行使，営業その他広く経済活動の自由をも基本的人権として保障している。それゆえ，企業者は，かような経済活動の一環としてする契約締結の自由を有し，自己の営業のために労働者を雇傭するにあたり，いかなる者を雇い入れるか，いかなる条件でこれを雇うかについて，法律その他による特別の制限がない限り，原則として自由にこれを決定」でき，特定の思想，信条を有することを理由に採用を拒んでも当然に違法とはいえないとする。

さらに，使用者に採用の自由があり，思想，信条を理由として採用を拒否しても違法でない以上，「労働者の採否決定にあたり，労働者の思想，信条を調査し，そのためその者からこれに関連する事項についての申告を求めることも」違法でないとする。その理由として，「企業における雇用関係が，単なる物理的労働力の提供の関係を超えて，一種の継続的な人間関係として相互信頼を要請するところが少なくなく，わが国におけるいわゆる終身雇用制が行われている社会では一層そうである」と指摘する。なお，労基法３条は，労働者の信条による賃金その他の労働条件の差別を禁止するが，その対象は採用後の労働条件に限られ，採用そのものを制約する規定ではないとした。

こうして最高裁は，採用の自由を広く認めたうえで，本件で問題となった試用期間中のＹによる留保解約権の行使に客観的合理的理由があるか否かにつき判断するため，原判決を破棄，差し戻している。

このように，最高裁は，①憲法の基本的人権に関する諸規定について，私人間効力を否定するとともに（間接適用説を支持），②労働者の思想・信条を理由とする採用拒否について，結論としても適法と評価し，使用者の「採用の自由」を広く認める立場を支持している。その背景には，長期雇用慣行のなかで，いったん，労働者を採用した後には使用者に様々な法的義務が生ずることへの配慮がある。こうした最高裁判決に対して学界の批判は強い。とりわけ今日では，当時とは異なり個人のプライバシーへの配慮が強く求められるなかで，最高裁が思想・信条にかかる調査の自由まで広く認めた部分については，もはや維持されないであろう。

⑶ 採用に関わる法規制

労働条件の明示　採用に関わる法規制として，労基法15条では，労働契約の締結時に労働条件の明示を使用者に義務づけている。労働条件を事前に明示することで紛争を防止・軽減することを目的とし，とくに賃金や労働時間といった重要な労働条件については書面で明示する必要がある（労働者が希望する場合には，SNSや電子メール等の電磁的方法での提供も認められる）。

こうした労働条件通知書（**図表４－１**）については，正社員とアルバイトといった雇用形態，あるいは企業規模の違いにかかわらず提供する義務がある（違反に対する罰則として，労基法120条）。他方，労働契約は**諾成契約**（口頭の合意のみで成立する契約）であり，仮に労働条件通知書が違法に提供されない場合であっても契約そのものは有効に成立する。

求人票の記載　労働条件を定める書面として，求人票の記載内容が問題となることがある。求人票が契約の内容となるかについて，裁判例では，「求人票は，求人者が労働条件を明示した上で求職者の雇用契約締結の申込みを誘引するもので，求職者は，当然に求職票記載の労働条件が雇用契約の内容となることを前提に雇用契約締結の申込みをするのであるから，求人票記載の労働条件は，当事者間においてこれと異なる別段の合意をするなどの特段の事情のない限り，雇用契

〔図表４－１〕労働条件通知書（記載例）

2020 年 4 月 1 日

労働　太郎　殿

事業場名称・所在地
〒420-0042　静岡市葵区駒形通一丁目 3-4
株式会社　ワークルール
代表取締役　本庄　淳志

契約期間	期間の定めなし・期間の定めあり（　年　月　日～　年　月　日） ※以下は、「契約期間」について「期間の定めあり」とした場合に記入 １．契約の更新の有無 〔自動的に更新する・更新する場合が有り得る・契約の更新はしない・その他（　）〕 ２．契約の更新は次により判断する。 ・契約期間満了時の業務量　・勤務成績、態度　・能力 ・会社の経営状況　・従事している業務の進捗状況 ・その他（　）
就業の場所	静岡市葵区駒形通一丁目 3-4
業務の内容	営業
始業・終業の時刻	●始業・終業の時刻等　9：00 ～ 18：00
休憩時間	●休憩時間　12：00 ～ 13：00
休日	●毎週土、日曜日、国民の祝日、その他会社で定める日
休暇	●年次有給休暇　雇入れの日から 6 ヵ月継続勤務した場合（10）日 時間単位有休　有（5）日・無 ●その他の休暇　有給（　） 無給（　）
所定外労働の有無	１．所定外労働をさせることが（有・無） ２．休日労働をさせることが（有・無）
賃金	基本給　140,000 円　職務手当　20,000 円 時間給　円　（営業）手当　円 通勤手当　10,000 円　（住宅）手当　円
	所定時間外 法定超（25）%、月 60 時間超（50）%、休日出勤（35）%
	１．賃金締切日　毎月 25 日 ２．賃金支払日　毎月末日 ３．昇　給〔有（時期等　毎年 4 月業績等を勘案の上決定）、無〕 ４．賞　与〔有（時期、金額等　業績、勤務成績等を勘案の上決定、毎年 6・12 月）、無〕 ５．退職金〔有（時期、金額等　基本給 × 勤続年数、退職後 1 ヵ月以内）、無〕
退職	１．定年制〔有（65 歳）、無〕 ２．自己都合退職の手続き（退職する 30 日以上前に届け出ること） ３．解雇の事由及び手続き （　） ※詳細は、就業規則第○条～第○条
その他	社会保険の加入状況〔厚生年金・健康保険・厚生年金基金・その他（　）〕 ・雇用保険の適用（有・無） ・その他 〔　〕

約の内容となると解するのが相当」としたものがある（デイサービスＡ社事件・京都地判平成29・３・30労判1164号44頁）。

しかし他方で，求人票は「採用者側からの申込みの誘因に過ぎず，求人票に記載された事項がそのまま労働条件になることを保障したものでない」（八州測量事件・東京高判昭和58・12・19労判421号33頁）。具体的な労働条件を確定するうえでは，やはり採用時に労働条件通知書を得ておくことが重要となる。

労働条件の理解促進等　以上のほか，使用者には労働者の労働条件への理解促進の義務がある（労契法４条）。使用者が労働者に誤解を生じさせるような情報を示すなか契約が締結されたケースなどでは，契約内容とまで認められない場合でも，契約締結上の過失や信義則違反として慰謝料の支払い等が問題となる（日新火災海上保険事件・東京高判平成12・４・19労判787号35頁）。

職安法等による規制　労働者の募集や採用に関しては，職安法による諸規制も及び，たとえば，求人広告を出す際には，「労働者に誤解を生じさせることのないように平易な表現を用いる等その的確な表示に努め」る義務（42条）などが課されている。同法では，とりわけ第三者を介した職業紹介事業や募集（委託募集）について厳格な規制があり，たとえば，人材サービス会社が有料で仕事のあっせんをする場合にも，事業の許可制や，求人企業および（例外的に認められる）求職者から手数料をとる場合の上限等が詳細に定められている。

また，求職者の個人情報の収集や管理に注意を要することはもちろん（５条の４），職安法制上は思想・信条に関わる情報収集なども原則的に禁止されるし（前掲の三菱樹脂事件と対比），たとえば，女性の応募者に対してのみ結婚の予定や子供が生まれた場合の継続就労の希望の有無等を質問することは，均等法違反となる（平成11・11・17労告141号，平成18・10・11厚労告614号など）。職安法をはじめとした諸規制に基づく行政指導では，たとえば，家族の職業に関する質問や尊敬する人物に関する質問なども不適切とされるなど，使用者には様々な配慮が求められている（詳細は，厚労省『公正な採用選考をめざして（令和２年度版）』）。

これらの諸規制は，使用者の採用の自由を主として手続面で規制するものであるが，採用の自由をより直接的に制約するものとして，次のような規制がある。

2　採用の自由の制約

(1)　差別禁止など従来の規制枠組み

使用者の採用の自由も，法律その他により制限される余地はある（前掲の三菱樹脂事件）。具体的な規制としては次のようなものがある。

性　別　均等法５条は，労働者の募集および採用について，性別にかかわりなく均等な機会を与えることを使用者に義務づけている（➡**第６章**）。たとえば女性のみ募集することも原則として均等法違反となる。

障　害　障害者雇用促進法43条では，使用者に一定割合の障害者の雇用を義務づけるという雇用率制度がある（➡**第６章**）。

年　齢　労働施策総合推進法９条では，募集および採用時に，年齢にかかわらず均等な機会を確保することを使用者に義務づけている。もっとも同条には広範な例外があり，たとえば定年退職制度を設けているケースや労働者を長期的に育成する観点から年齢を基準とすることは妨げられない（同法施行規則１条の３。➡**第７章**）。なお，募集・採用時にやむを得ない理由で一定年齢を下回ることを条件とするときは，使用者は理由を示すことも義務づけられている（高年法20条）。同じく年齢に関して，高年法９条は，希望者全員を65歳まで雇用継続すべき義務を使用者に課している。

労働組合　労組法７条は，労働組合の組合員であることや，労働組合の正当な行為をしたこと等を理由に，使用者が労働者（組合員）に対して不利益な取扱いをすることを不当労働行為として禁止する（➡**第14章**）。通常は採用後に問題となるが，たとえば組合活動への差別意図から資産をグループ内の別企業に全部譲渡したうえで労働者全員を解雇し，非組合員についてのみ譲渡先の企業で採用するといった特殊なケースでは，組合員の採用差別として問題となり得る（青山会事件・東京高判平成14・２・27労判824号17頁）。

⑵　採用の自由への制約の程度

もっとも，上の諸規制に採用の自由を制約する面があるとしても，その程度は必ずしも大きくない。たとえばある求職者が性別を理由に採用を拒否されたと立証できたとしよう（現実には，使用者に広範な採用の自由があるなか，この立証自体が困難なケースが多い）。こうしたケースは均等法５条違反であるが，その具体的な効果として，均等法で定める行政による助言・指導等の対象となるほかには，不法行為による慰謝料請求（民法709条）が問題となるにとどまる。使用者に契約の締結強制がされる（労働者の採用請求＝従業員としての地位確認請求が認められる）わけではないという意味で，抑制的な介入にとどまる。

⑶　近年の立法動向－契約の締結強制

こうしたなか，近年では使用者の採用の自由をより強く制約する立法も登場している。すなわち労契法18条（有期雇用のいわゆる無期転換ルール）や19条（いわゆる雇止め制限法理）といった有期労働者の保護に関する規制，および，派遣法40条の６（派遣労働者の派遣先での直接雇用を義務づける規制）がそれである（➡**第７章**）。これらの非典型雇用に関する諸規制は，特定の労働者の請求に基づいて使用者（派遣先）への**採用強制**まで認めており，採用の自由を強力に制約する点で，従来の規制とは一線を画している。

もっとも，こうした規制は，過去に特定の労働者と使用者の間で有期雇用が継続してきたケースや，特定の派遣先と派遣労働者との間で派遣関係が展開されてきたケースで問題となるもので，純然たる新規採用のケースでは問題とならない。立法による規制が拡大しつつあるとはいえ，使用者にはなお広範な採用の自由があることに変わりはない。

3　採用内定

(1)　労働契約の成立

求職者が実際に採用に至るプロセスは多様であるが，典型的な新卒採用のケースでは**図表４－２**のようになる。学生は在学中の就職活動を経て採用内定を獲得しつつ，実際に就職（入社）するのは卒業後となる。比較的に早い段階で内定を出す（得る）ことは，優秀な人材を早期に確保したい企業側と，卒業後の進路を早く確定させたい学生側の双方のニーズに沿う面がある。こうした就職活動のプロセスについて法的なルールがあるわけではないが，長期安定雇用を支えるシステムとして定着してきた。

〔図表４－２〕新卒定期採用の流れ

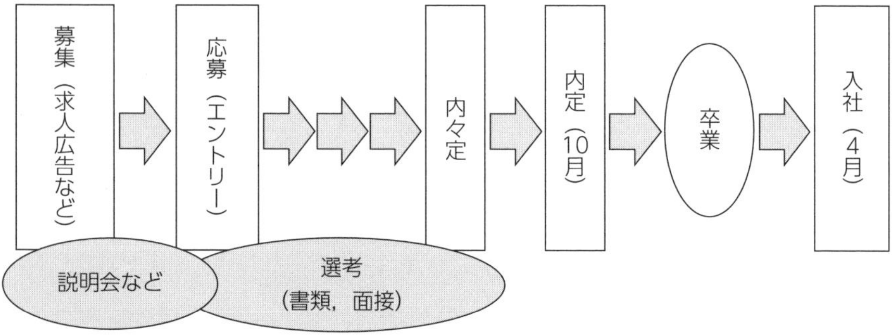

採用とは労働契約の締結を意味する。では，上の長期の就職活動のどの時点で労働契約が成立したと評価できるのだろうか。一般に，契約は，（申込みの誘引があり）一方当事者による申込みが行われ，それに対して他方当事者の承諾がなされた時点で成立する。

労働契約は**諾成契約**（56頁参照）の一種で口頭の合意のみで成立し，特別な様式は必要ない。そして，採用以前には使用者の「**採用の自由**」が広く及ぶ一方で，いったん採用された労働者との労働契約を解約することには**解雇規制**による保護があり（➡解雇規制の詳細は**第13章**），採用の前後で法的状況が一変する。そこで，どの時点で労働契約が成立したのかが極めて重要な問題となる。判例は次のような立場を示している。

(2)　採用内定の法的性質

case　大日本印刷事件・最判昭和54・７・20民集33巻５号582頁

〔事案の概要〕

Ｘは，Ｙ社の新卒求人に大学の推薦で応募した。選考後，Ｘは文書で採用内定の通知を受け，承諾書を提出した。Ｘの大学では，推薦で就職する場合は２社に制限し，一方に採用が内定すると他方の企業に対する推薦を取り消し，学生にも先に内定した企業に就職するよう指導する「二社制限，先決優先主義」がとられており，Ｙもこれを知っていた。

しかしＹは，入社２ヵ月前になって，Ｘの内定を取り消した。Ｘの内定取消の理由は，とくに示されなかったが，裁判において，ＹはＸのグルーミー（陰気）な印象等を取消理由として主張した。Ｘはこれを無効として従業員としての地位確認を求め提訴した。１審，原審ともにＸの請求を認容したためＹが上告した。

〔判旨〕上告棄却

最高裁は，まず，採用内定の実態は多様でその法的性質を一義的に論ずることは困難とし，具体的判断に際しては，当該企業の当該年度における採用内定の事実関係に即して検討すべきとする。本件では，「採用内定通知のほかには労働契約締結のための特段の意思表示をすることが予定されていなかったことを考慮するとき，Ｙからの募集（申込みの誘引）に対し，Ｘが応募したのは，労働契約の申込みであり，これに対するＹからの採用内定通知は，右申込みに対する承諾であって，Ｘの本件誓約書の提出とあいまって，これにより，ＸとＹの間にＸの就労の始期を…大学卒業直後とし，それまでの間，本件誓約書記載の…採用内定取消事由に基づく解約権を留保した労働契約が成立した」。

そして，「採用内定期間中の**留保解約権**の行使は，試用期間中の留保解約権の行使と同様に扱うべきであり，採用内定の取消事由は，採用内定当時知ることができず，また知ることが期待できないような事実であって，これを理由として採用内定を取消すことが解約権留保の趣旨，目的に照らして客観的に合理的と認められ社会通念上相当として是認することができるものに限られる」。しかし本件

> では，Xがグルーミーな印象であることは当初からわかっており，調査を尽くせば従業員としての適格性の有無を判断できたのに，不適格と思いながら採用を内定し，その後，不適格性を打ち消す材料がないとして内定を取り消すことは，「解約権留保の趣旨，目的に照らして社会通念上相当として是認」できず〔**解雇権の濫用**〕にあたるとして上告を棄却している（Xの地位確認請求を認容）。

要するに判例によると，①採用内定の法的性質は事案ごとにみるべきこと，②本件ではＹ社の内定通知が承諾の意思表示に該当し労働契約が成立したこと，③当該労働契約には特別な解約権が留保されるが，それは試用期間中の留保解約権の行使と同様に制約を受け，解約権留保の趣旨，目的に照らして社会通念上相当として是認できない場合には解雇権の濫用となること，④本件の内定取消事由は，採用内定当時知ることができず，また知ることが期待できないような事実でなく留保解約権の趣旨，目的に沿わないことが指摘されている。

こうして，あくまでケース・バイ・ケースの判断を要するものの，単なる労働契約の予約や契約の締結過程とは異なり（いずれも一方的な破棄のケースで損害賠償責任が問題となり得る），採用内定により労働契約が成立すると評価できることが多いであろう。そして，採用内定により労働契約がいったん成立すると，その後の一方的な内定取消に正当な理由がなければ，労働者は損害賠償にとどまらず従業員としての**地位確認請求**ができることとなる。ここに労働契約が成立したと評価することの最大の意義がある（なお，内定取消には解雇予告も必要となる）。

内々定　ところで，企業は正式な内定以前に「内々定」を出すことも少なくない。一般的には，内々定の段階では学生は就職活動を継続する意図を有し（当該の内々定先に就職する意思は固まっておらず），企業側も当該学生が就職することには懐疑的で，労働契約の成立（意思表示の合致）までは認めがたいであろう。ただ，この段階でも，たとえば企業が求職者に労働契約の成立を誤信させたにもかかわらず，正式内定の直前になって内々定を取り消すケースなどでは，期待権侵害として**損害賠償責任**が問題となる（コーセーアールイー〔第２〕事件・福岡高判平成23・３・10労判1020号82頁）。

留保解約権の行使　こうして個々の契約解釈によりいったん労働契約が成立したと評価されると，使用者の「採用の自由」が広く妥当する状況は一変する。当事者の合意による解約（それには特段の制限はない）を別にすると，使用者の一方的な内定取消は解雇（留保解約権の行使）と評価される。それが有効か否かは事案ごとに判断せざるを得ない。たとえば新卒定期採用の場合と，中途採用の場合（新卒採用と比べれば，就労経験や特定の技能に着目することが多いであろう）とでは，留保解約権の行使が有効と評価される余地は異なる。

新卒採用の場合には，上の判例の一般論からすると，留保解約権の行使が認められるのは，学生が卒業できない場合（留年）や在学中の事故等で就労能力を失った場合などを除くと限定的となる。具体的な判断は一般労働者を解雇するケースに準じ，経営悪化を理由とする内定取消であれば整理解雇の要件（要素）（➡**第13章**参照）に照らして判断される（インフォミックス事件・東京地決平成９・10・31労判726号37頁）。たとえば経歴詐称が判明したケースでも，内定取消が認められるのは職業能力と直接の関連性があり労使間の信頼関係を害すると評価される場合等に限られよう（日立製作所事件・横浜地判昭和49・６・19労民集25巻３号277頁）。

⑶　内定の辞退

一方，学生からの内定の辞退についても，一般の労働者の退職と同様の規制に服するところ，労働者の**退職の自由**は最大限に保障されている。すなわち内定辞退の場合，２週間前に予告さえすれば理由や時期を問わず自由に認められ（民法627条），たとえば当該内定先に就職する旨の誓約書等を出したり，誓約書のなかで辞退に際し長めの予告期間が定められたりしても，労働者は何ら拘束されない。２週間前の予告さえすれば，仮に内定辞退により使用者に損害が生じたとしても何ら責任を負わない（退職の自由が保障されることにつき**第13章**）。

なお，民法627条についてはこれを任意規定と解し，労基法20条（使用者の解雇予告期間）との均衡を考慮して労働者にも１ヵ月前の予告を求める程度であれば当該特約を有効（公序違反ともならない）とする立場も有力に主張されている。

いずれにしても，労働者としては，法的には比較的に短期間の予告のみで内定を自由に辞退できる。とはいえ，たとえば就労開始の２週間前に内定が辞退されると，後任の補充等に多大なコストがかかる。内定先に就職しないことを決めた場合には，早めに辞退することが円満な退職となり好ましいことは言うまでもない。

⑷　内定期間中の法律関係

採用内定の法的性質と同様に，内定期間中の法律関係についても主として契約解釈の問題となる。内定により労働契約が成立しても，当該契約には特別な解約権に加えて何らかの始期が付されていることが一般的である（**始期付解約権留保付労働契約**という）。問題は，いかなる始期が付されているかであるが，就労の始期が付された場合と，効力の始期が付された場合で大別される。前者であれば，契約の効力はすでに生じており就業規則の服務規律に関する規定も適用されるほか，たとえば，内定期間中の研修参加やレポート提出を使用者が命じることができる（この場合にも，学生生活との両立に配慮する信義則上の義務が問題となろう）。

もっとも，たとえば研修への参加義務があるか否かを契約解釈により判断し，それがあれば（すでに契約としての効力が発生した）**就労の始期付労働契約**と位置づけ，他方でそうした事情がなければ**効力始期付労働契約**と分類することに大した意味はない。たとえば，契約の一部の効力のみが発生している場合（中間的なケース）もあるだろう。こうした区分は一応のものであり，結局のところ，個々の採用内定でどのような義務づけがされているかをみる必要がある。

⑸　公務員の場合

上で述べた採用内定法理は公務員には妥当しない。意思表示の合致により労働契約が成立する民間企業の労働者とは異なり，公務員の任用による勤務関係の成立は辞令交付時であり（行政処分），採用内定は内部の事務手続（事実行為）に過ぎない（東京都建設局事件・最判昭和57・5・27民集36巻5号777頁）。理論的には，内定取消に対して期待権侵害による**損害賠償**請求ができるにとどまる。

4　試用期間

⑴　試用期間の実態

試用期間とは，使用者が労働者を本採用する前に試験的に雇用する期間である（**図表４－３**）。採用内定により労働契約が成立し，その後に就労を開始しても，約９割の企業では試用期間が設けられている。試用期間の長さは３ヵ月程度とする企業が多いが（約６割。概ね３ヵ月以内で設定する企業が約８割），６ヵ月程度の試用期間を定める例も２割近くある（公務員の条件付き採用期間も６ヵ月である）。新卒採用，中途採用の違いや産業別で大きな違いはみられない（JILPT『従業員の採用と退職に関する実態調査（2014年）』）。

〔図表４－３〕試用期間

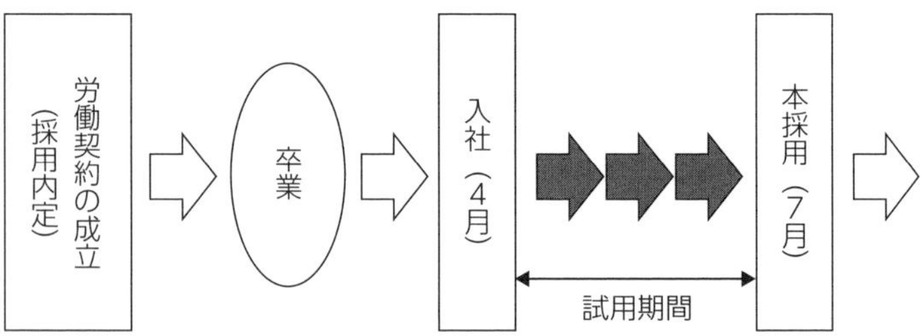

試用期間に関する規制　試用期間について実定法による規制はない（ただし，解雇予告については14日未満で「試の使用期間中の者」には不要とする例外がある。労基法21条）。試用期間の長さにも明確な制限はないが，試用期間中の労働者は不安定な地位にあることから，あまりの長期の試用期間は公序違反で無効となる（民法90条）。たとえばブラザー工業事件（名古屋地判昭和59・3・23労判439号64頁）では，中途採用の労働者が，見習社員終了後さらに試用社員として試用期間を設けられ結果的に1年以上不安定な立場におかれたケースで，試用期間の長さは合理的範囲を超え公序違反とされている。

(2)　試用期間の位置づけ

試用期間には，①試用としての側面のほか，②仕事の見習いや能力開発の期間としての側面もある。試用期間中の労働契約には，採用内定期間中と同じく特別な解約権が留保されている。

本採用拒否　もっとも，採用内定により労働契約が成立し試用期間中であっても解雇規制が当然に及ぶなか，本採用拒否（解雇）は容易でない。前掲・三菱樹脂事件は，試用期間中の留保解約権の行使について，通常の解雇の場合よりは広く認められるとしつつも，採用後の調査や試用中の勤務状態等により，「当初知ることができず，また知ることが期待できないような事実を知るに至つた場合に…その者を引き続き当該企業に雇傭しておくのが適当でないと判断することが…解約権留保の趣旨，目的に徴して，客観的に相当である」場合に限定している。

こうしたなか，企業は本採用を拒否する可能性は残しつつも，実際にこれを行うことはきわめてまれである（前掲・JILPT調査）。日本では試用期間は②の仕事の見習いや能力開発期間の側面が強いものとなり，主としてOJT（on the job training＝実際の仕事を通じた訓練）による研修や能力開発が積極的に行われている。こうした実務は，特定の職務遂行能力に着目せず，新規学卒者をいわば白無垢の状態で採用する雇用慣行と親和的といえよう。

中途採用の場合　もっとも，中途採用や専門職採用の場合などでは事情が異なってくる。応募者の就労経験や特定の技能に着目し，即戦力になるとの期待のもと中途採用したケースであれば，試用期間中に期待した能力に満たないことが判明すると，相対的には解雇の合理性が認められやすい。外資系企業などで専門職を採用する場合なども同様である。

(3)　有期雇用と試用期間

このように，試用期間については一部でまさに試用的な運用もみられるが，一般的には本採用拒否（解雇）のハードルは高い。こうしたなか，期間の定めのない労働契約で雇用する前に労働者の能力・適性を見極めるために有期雇用を利用することがある（前掲・JILPT調査では25％の企業で試用目的での有期雇用の活用実態があり，検討中を含めると４割程度となる）。

契約の存続期間と試用期間　最高裁は，神戸弘陵学園事件・最判平成２・６・５民集44巻４号668頁で，「使用者が労働者を新規に採用するに当たり，その雇用契約に期間を設けた場合において，その設けた趣旨・目的が労働者の適性を評価・判断するためのものであるときは，右期間の満了により右雇用契約が当然に終了する旨の明確な合意が当事者間に成立しているなどの特段の事情が認められる場合を除き，右期間は契約の存続期間ではなく，試用期間である」との一般論を示している。こうして，労働契約に何らかの期間が付された場合に，その設けた趣旨・目的が労働者の適性を評価・判断するものであるときには，原則として有期雇用としての（存続）期間ではなく無期雇用の一部（試用期間）と評価される。

トライアル雇用制度　一方，最高裁も，期間満了により契約が当然に終了する旨の明確な合意があるなど特段の事情がある場合に例外を認めている。その一例としてトライアル雇用制度がある。同制度は，職業経験，技能，知識等から安定的な就職が困難な求職者を対象に試験的な雇用を認めるものである。同制度のもと，ハローワーク等の紹介で一定期間試行雇用した場合には助成金が支払われる（原則３ヵ月の有期雇用であるが，終了後に無期の常用雇用としての採用を目指している）。同制度は求職者の適性や業務遂行能力を見極め，求職者および求人者の相互理解を促進すること等を通じて，早期就職の実現や雇用機会の創出を目指している。こうした制度趣旨は契約上の期間設定の趣旨・目的を探求するうえでも影響し，トライアル雇用後の本採用拒否は広く認められる。

＜第４章の復習＞

1．採用の自由とは何か。
2．採用の自由は，法的にどのように制約されているか。
3．採用内定の法的性質，およびどのような場合に内定取消が認められるか論じなさい。
4．試用期間後の本採用拒否はどのような場合に認められるか。

〈コラム〉 厳選採用なのにミスマッチ？

法律による制約があるとはいえ，使用者は経済活動の一環として契約締結の自由を有し，いかなる者を，いかなる条件で雇うかについて，採用の自由を広く認められる。その一方で，求人者（企業）と求職者（労働者）の間でひとたび労働契約が締結されると，使用者からの一方的な契約解消（解雇）には客観的で合理的な理由が求められる。新卒採用のケースであれば，採用内定により労働契約が締結されたと評価できることが多く，内定を得た学生は法的には手厚い保護が及ぶこととなる。

もっとも，こうした枠組みのもとでは，企業は内定を出すことに慎重とならざるを得ず，**就職活動期間の長期化**と並び，**雇用創出にもマイナス**な面がある。とくに，たまたま不況期に就職できなかった新卒者には，職業経験を積む機会がなく，長期にわたり多大な支障がある（いわゆる就職氷河期世代の問題はその一例である）。

のみならず，せっかくエネルギーを注いで就職しても，早期に離職する**ミスマッチ**の問題もあり，大卒では１年以内に１割，３年以内で３割が離職している。マッチングの精度を高めるには，まずは事前の情報提供が考えられるし，近年はこうした動きが積極的に支援されている（労働時間数や有休取得率，過去３年間の離職率や平均勤続年数などの開示促進。**厚労省「しょくばらぼ」「日本版O-NET」**など）。しかし，事前の情報開示だけでミスマッチを防ぐことには限界があり，試用期間の見直しをはじめ，入職段階での試用的雇用をどこまで許容するかが問題となる。企業が採用時に最重視するポイントはコミュニケーション能力とされ（経団連「2018年度 新卒採用に関するアンケート調査結果」），近年急速に拡大している短期のインターンシップは，これを探る意味もある。とはいえ，労働者の様々な能力や個性は，実際に採用してみないとわからない。

諸外国では，就職後の一定期間には比較的にゆるやかに解雇を認める例もある。もちろん，外国の制度を参考とするにしても，日本の新卒採用の特殊性（職業教育と切断された学校教育制度や，いわゆるメンバーシップ型の雇用を前提とする点など）は十分に考慮する必要がある。しかし，すでに現在でも労働者の転職への考え方に変化がみられ，新卒でも専門性を重視するケースが増加しつつある。さらに今後，AIの活用等をはじめ「第４次産業革命」の進行で働き方が大きく変貌することが確実ななかで，転職市場の整備（適切な規整と支援）と並び，採用内定や試用期間の位置づけも再考を迫られるであろう。

第5章 労働者の人権保障とハラスメントからの保護

はじめに

労基法において「労働条件は，労働者が人たるに値する生活を営むための必要を充たすべきものでなければならない」と定められている（1条)。労基法は，封建的な雇用慣行が残っていた労働契約関係における労働者の自由と人権の保護を図っている。人身拘束，監獄部屋，違約金・損害賠償の予定等，前近代的，封建的な労働慣行を排除する意図が強調された。

労基法を通じて保護しようとしているのは，労働者の人身の自由である。労基法上の規定に違反する場合には，民法上の不法行為が成立し，労働者が使用者に損害賠償を請求しうる場合がある。

現在でも，形こそ異なるが，いわゆるブラックバイトと呼ばれる問題があり，労働者の自由や人格を侵害する場合がみられる。商品の売り残しがある場合に違約金を定めたり，賃金が支払われなかったりする場合がある。

労働者の人格権を侵害するおそれのある，パワー・ハラスメント（略してパワハラ）の問題も深刻である。たとえば，上司による部下への非難や中傷行為である。嫌がらせなどを理由とする精神障害での労働災害の認定例や裁判例もふえつつある。過去にパワハラを受けたことがあると答えた人も，32.5％（厚労省「職場におけるパワー・ハラスメントに関する実態調査報告書」（平成28年度））にのぼっている。上司の持つ力を背景に行われ，企業組織のなかで個々人が尊重されないのも一因である。閉鎖的な人間関係のなかで，職場いじめが行われ，いまだにいわゆる村八分も生じやすいといわれる。憲法上の価値である自由が尊重されるべき社会であるはずなのに，雇用社会では，いまだにその実現も十分なものではない。

労働契約を締結する近代の契約社会になってもなお，企業組織のなかの個人の自由や人格が十分には尊重されない風潮がある。組織の論理が個人の自由や人権に優先されがちであり，近代的企業の建前とは異なる企業の実情があることにも関連している。ヨーロッパの重要な価値である市民の自由や人権が，アジアの一国，日本では，憲法上の価値として「タテマエ」として認知されていたとしても，社会のなかで，「ホンネ」の部分で十分深化されず，個人や企業において十分価値として根づいていない。

1　労働基準法における労働者の人権の擁護

労働者の人身の自由を保障する趣旨から，強制労働が禁止されるとともに，前借金の禁止，違約金・損害賠償の予定の禁止が定められる。

労働基準法上の人権の保護規定

⑴　均等処遇の原則（労基法３条）
⑵　男女同一賃金原則
⑶　強制労働の禁止（労基法５条）
⑷　中間搾取の禁止（労基法６条）
⑸　公民権行使の保障（労基法７条）
⑹　前借金相殺の禁止（労基法17条）
⑺　強制貯金の禁止（労基法18条）

⑴　均等処遇の原則

労基法３条で規定される均等処遇の原則は，使用者が，労働者の国籍，信条または社会的身分を理由として，賃金，労働時間その他の労働条件について，差別的取扱いをしてはならないというものである。ベルサイユ条約の労働憲章では，一切の労働者に対して衡平な経済的な処遇を保障する旨を定めていたため，この種の規定が必要とされた。

たとえば，政治的な思想は，労基法３条にいう「信条」に当たり，特定の政治思想を有することを理由として，他の従業員よりも賃金関係の処遇面で低い処遇をすることは許されない（東京電力事件・千葉地判平成６・５・23労判661号22頁）。

在日韓国人であることは，労基法３条にいう国籍に当たり，在日韓国人であることを理由とした採用内定取消は労基法３条に反し，許されない（日立製作所事件・横浜地判昭和49・６・19労民集25巻３号277頁）。

これに対して，在日韓国人の管理職試験受験を認めなかった東京都の取扱いを，最高裁判所大法廷は，憲法14条（法の下の平等），労基法３条には反しないと判断している。「国民主権の原理に基づき，国および普通地方公共団体による統治の在り方については日本国の統治者としての国民が最終的な責任を負うべきものであること（憲法１条・15条１項参照）に照らし，原則として日本の国籍を有する者が公権力行使等地方公務員に就任することが想定されているとみるべき」であると判断した（東京都管理職選考受験資格確認等請求事件・最大判平成17・１・26民集59巻１号128頁）。管理職は将来公権力の行使にあたるのであるから，国民主権の原理から，国民であることが必要であるというものである。

⑵ 中間搾取の禁止

労基法では中間搾取の禁止が規定される。つまり，「何人も…業として他人の就業に介入してはならない」(労基法6条)。賃金に関して第三者によるピンハネを禁止することにより，封建的労働慣行を払しょくし，人権を保護するためである。労働者派遣の分野では，派遣元と派遣労働者との間に労働契約関係があるので，労働関係の外にある第三者が就業に介入したのではなく，労基法6条の中間搾取にはあたらないとされる（昭和61・6・6基発333号)。

⑶ 公民権行使の保障

使用者は，労働者が労働時間中に選挙権や被選挙権など「公民としての権利」を行使し，または国会議員や裁判員としての職務など「公の職務」を執行するために必要な時間を請求した場合においては，それを拒んではならない（労基法7条)。選挙権・被選挙権，住民の直接請求権，労働委員会委員および審議会委員としての職務，検察審査員，あるいは，裁判所や労働委員会の証人としての出廷，選挙立会人の職務，労働審判員の職務，および，裁判員の職務などが挙げられる。ただし，権利行使は妨げてはいけないものの，賃金の支払いをしないことはできる。使用者は，権利の行使または公の職務の執行に妨げがない限り，請求された時刻を変更することはできる（労基法7条但書)。

⑷ 前借金相殺・強制貯金の禁止

戦前は，前借金をすることにより労働者の自由を拘束することが広く行われていたが，現在では「使用者は，前借金その他労働することを条件とする前貸の債権と賃金を相殺してはならない」と規定される（労基法17条)。酌婦（居酒屋などで酒の酌をする女性）としての稼働の結果を目当てとして，前借金によりお金を貸与した場合，その契約は無効である（預金返還請求事件・最判昭和30・10・7判時61号3頁)。

使用者は，労働契約に附随して，貯蓄の契約をさせ，または貯蓄金を管理する契約をしてはならない（労基法18条)。使用者自身が貯蓄金を管理する場合だけではなく，金融機関に貯金させたうえで通帳や印鑑を使用者が管理する場合も，労働者の逃亡を防止し労働者の自由を拘束することになるので禁止される。最近でも，使用者らによる通帳や印鑑の管理行為などが外国人の旅券の預かり行為とともに問題になったが，これらは労基法18条に該当するほか，（共同）不法行為に該当するものであり，許されない（プラスパアパレル協同組合〔外国人研修生〕事件・福岡高判平成22・９・13労判1013号６頁）。

⑸　違約金・損害賠償額予定の定め

使用者は，労働契約の不履行の場合に一定額の違約金を定め，または損害賠償額の予定をする契約をしてはならない（労基法16条）。その立法趣旨は，これらによる労働者の拘束・足止めを防止することにある。

お礼奉公　わが国では，企業が労働者の職業訓練や人材育成を行うが，その費用を使用者が貸したり（消費貸借契約という）負担したりするため，かかる費用の償還請求が労基法16条との関係で問題になった。会社からの美容指導を受けたにもかかわらず，会社を退社する場合には，入社月にさかのぼって美容指導に関する訓練諸経費として１ヵ月につき４万円の講習手数料を支払う契約が締結されていた事実において，本件美容講習が一般の新入社員講習とさしたる違いはなく，使用者として当然負担すべきものであるから，この契約は，実質的に労基法16条の立法趣旨に反するとして，無効と判断されている（サロン・ド・リリー事件・浦和地判昭和61・５・30労判489号85頁）。

最近でも，たとえば，看護学校の生徒の卒業後の病院への勤務を確保することを目的として，看護学校の費用を病院が支出し，修学させて資格を取らせ，卒業後は一定期間内に免許を取得させて一定期間の就労を約束させる場合がある。そして，万一学校をやめたり退職したりする場合に学費を返還させるという扱いは，一定期間の就労を約束させるというのが実質であるので，労基法16条に反する（和光会事件・大阪地判平成14・11・１労判840号32頁）。

留学費用の返還　留学費用の返還については，留学終了後５年以内に自己都合により退職したときは原則として留学に要した費用を全額返還させる旨の就業規則規定は，海外留学後の使用者への勤務を確保することを目的とし，留学終了後５年以内に自己都合により退職する者に対する制裁の実質を有するから，労基法16条に違反し，無効であると判断された（新日本証券事件・東京地判平成10・９・25労判746号７頁）。これに対して，野村證券事件（東京地判平成14・４・16労判827号40頁）では，留学先の決定や留学の内容等からして，当該留学に業務性がなく，留学費用の支出が「労働者に対する貸付たる実質を有」しているから，留学費の返還規定は，労基法16条に違反しないとする。具体的な判断は，留学先を使用者が決定したか否か，留学先での業務性の有無，留学費用のための使用者の貸与額，留学後の勤務期間（拘束期間）に基づいて判断されうる。

⑹ 労働者の損害賠償責任

労基法16条は，損害賠償額の予定の定めを禁止するのにとどまり，使用者が実際に損害賠償を労働者に請求することまで禁止するわけではない。

労働者が労働契約上の義務に違反して使用者に損害を発生させた場合には，使用者は労働者に対して債務不履行の損害賠償を請求することができる。

判例では，事業の性格，規模，施設の状況，業務の内容，労働条件，勤務態度，加害行為の態様，加害行為の予防，もしくは損害の分散についての使用者の配慮の程度その他諸般の事情に照らして，損害の公平な分担という見地から，信義則上相当と認められる限度において，賠償，または求償の請求を労働者に対してなしうる（茨石事件・最判昭和51年７月８日民集30巻７号689頁）。

2 労働者の人格権の保護

労働は，人たる労働者の人格（パーソナリティー）を表しこれに関わって，行われるものであるので，上司や同僚による労働者の人格の侵害も生じやすい。このため，近年，労働法では労働者の人格的価値の保護は，重要な意義を有している。

職場は，労働者相互のコミュニケーションの場であるが，それが労働者の人格の発展にも重要な役割を果たす。反面で，人格的な価値が損なわれ，名誉が棄損されることもある。また，職場で労働者が孤立化させられたり，上司や同僚からいじめを受けたり，様々なハラスメントを受けたりすることがある。このようにして，指揮命令を通じて労働者の人格を損ねることは，人格権や名誉を害し許されない（民法709条）。この場合，使用者にも信義則上の職場環境配慮義務があるといえる。かかる義務の違反がある場合，使用者の責任も問われる（民法715条。会社代表者による場合，会社法350条等）。

⑴ 人格権の保護

職場領域における人格権の保護 最高裁は，職場における孤立化・監視が，人格的利益を侵害し，ロッカーの写真撮影がプライバシー権を侵害すると説示した（関西電力事件・最判平成７・９・５労判680号28頁）。退職に追い込むための管理職の受付への配転（バンク・オブ・アメリカ・イリノイ事件・東京地判平成７・12・４労判685号17頁）も人格権を侵害し許されない。

労働過程で人格を損なって強要行為をすることは許されない。たとえば，研修会で美容部員の頭部にウサギの耳の形をしたカチューシャをつけた易者のコスチューム着用の強要（カネボウ化粧品販売事件・大分地判平成25・２・20労経速2181

号３頁）は不法行為であり，許されない。経営者が，労働者に対しその本名である韓国名を名乗るよう他の従業員の前で繰り返し求めた行為などは，人格的利益を侵害し，不法行為を成立させる（カンリ事件・東京高判平成27・10・14労働判例ジャーナル47号43頁）。

業務命令権の制限　業務命令権の行使は，業務命令の必要性と相当な合理的な範囲を超える場合，業務命令権の行使は濫用となり，無効となり得る。

日韓関係が悪化するさなか，日韓間海底線第２ケーブル第３区間の朝鮮海峡に出動を要請された海底線布設船の出航について，その航海および海底線修理作業に通常予想される危険と異なる軍事上の危険が伴う場合に，乗組員に対し出航を強制する業務命令を発することは，説得力ある措置とはいえず，かかる命令に違反した者への解雇は，無効である（千代田丸事件・最判昭和43・12・24民集22巻13号3050頁）。

組合のマーク入りのベルトの取外し命令に応じなかった組合員に対する就業規則全文の書き写し命令は，労働者に肉体的，精神的苦痛を与えてその人格権を侵害するものであるから，教育訓練に関する会社の裁量を逸脱して違法である（JR東日本〔本荘保線区〕事件・最判平成８・２・23労判690号12頁）。

営業所構内に積もった桜島降灰について，10日にわたり１人での当該降灰除去作業の命令は，過酷な業務とはいえず，不法行為にあたらないとされた例もある（国鉄鹿児島自動車営業所事件・最判平成５・６・11労判632号10頁）。

人格権に関わる領域には，以下のような私的領域に関わる問題がある。いわゆるプライバシー権である。

⑵　プライバシー権の保護

企業においては，個人と社会の区別が十分ではなく，プライバシー権や個人情報が十分保護されていなかった。いわゆる企業社会では，滅私奉公が重視される精神的風土がないわけではなく，個人の自由やプライバシー権等は企業組織の論理に埋没せざるを得なかった。しかし，企業の外側では，プライバシー権や個人情報の保護が図られようとしているのに，企業の内側では，これらが十分保護されないというのは，保護の均衡を欠いている。個人のプライバシー権は，企業においても尊重されなければならない。

プライバシー権の保護　プライバシー権とは，私的領域に関わる事柄であり，憲法13条により保護され，民法上もその侵害は不法行為となる（民法709条）。

外見に関する自己決定権も，労働者の私的領域に関わる限り，プライバシー権に関わる。私的領域において有するプライバシー権が，労働過程であるからといっても，その制限が常に許されるわけではない。労働者の人格や自由への制限措置は，企業の円滑な運営上必要かつ合理的な範囲内にとどまるものでなければならない。髪を派手な金髪に染めていた労働者に対し，会社が髪の色を黒く染めるよう指導し，労働者を解雇した場合は，解雇権の行使の濫用にあたる（東谷山家事件・福岡地小倉支決平成９・12・25労判732号53頁）。口髭・長髪を不可とする扱いも許されない（郵便事業〔身だしなみ基準〕事件・神戸地判平成22・３・26労判1006号49頁）。ひげを生やしたことを理由とした人事考課での不相当な評価は，人事考課における裁量権を逸脱・濫用したものであると判断し，慰謝料が認められている（大阪市交通局事件・大阪高判令和元・９・６労経速2372号17頁）。

職場における不倫関係が，会社全体の風紀や秩序を乱したとして，女性労働者に対する解雇が争われた事件において，裁判所は，不倫が社会的に非難される余地のある行為であるが，企業運営に具体的な影響を与えるものではなく，解雇は無効であるとした（繁機工設備事件・旭川地判平成元・12・27労判554号17頁）。

これらの裁判例では，プライバシー権という語が用いられたわけではないが，実質的にプライバシー権を保護しているといえる。

個人情報の保護　プライバシー権は，個人情報のコントロール権が重要な部分をなしている。個人情報保護法２条１項によれば，「個人情報」とは，「生存する個人に関する情報」であって，「当該情報に含まれる氏名，生年月日その他の記述等」により「特定の個人を識別することができるもの」を指す。同法15条は利用目的の特定を要求するが，16条は，個人の同意を得ないで，その特定された利用目的を超えた個人情報の取扱いを禁じる。同意原則と利用目的の制限が定められている。

本人の同意なく組合員の個人情報（性格，信条，家族関係等を含む）の収集，保管，使用行為は，プライパシー権の侵害であり，許されない（JAL労組ほか〔プライバシー侵害〕事件・東京地判平成22・10・28労判1017号14頁）。

健康情報や犯罪歴は，センシティブ情報と呼ばれ，原則的に，プライバシー権の範囲内で，保護に値する。

Ｂ型肝炎のウイルス検査は，検査を行う目的や必要性について何ら説明することなく，労働者の同意を得ないで行われたものである限り，労働者のプライバシー権を侵害し，不法行為が成立する（Ｂ金融公庫事件・東京地判平成15・６・20労判854号５頁）。

かつて，判例では，会社の指定した精密検査を受けるべき旨の業務命令を頸肩腕障害のある労働者が拒否したことが，業務の支障をもたらす場合に，就業規則の懲戒事由に該当し，懲戒処分が有効であると判断した（電電公社帯広局事件・

最判昭和61・3・13労判470号6頁)。しかし，個人の健康情報はプライバシー権の保護の範囲内に入るため，健康診断には労働契約法上労働者の同意が必要であるといえよう。

HIV感染については，看護師自身の勤務する病院が，HIV感染の事実を患者としての当該看護師に知らせた上で，「治療」のために収集したHIV感染の事実を，本人の意に反して「労務管理」のために病院内で情報を共有した場合，このような情報共有は，目的外の個人情報の使用として，病院の当該看護師に対する損害賠償責任が認められた（社会医療法人天神会事件・福岡高判平成27・1・29労判1112号5頁)。

企業内における社内ネットワークにおいて，個人情報やプライバシー権が保護されるか否かが，問題になる。使用者がLANのネットワークを設定し，パスワードを与え，メールアドレスを付与していることから，企業内のメール使用に際してプライバシー権の保護は一定程度制限を受ける（E-mail閲覧事件・東京地判平成13・12・3労判826号76頁)。誹謗中傷メールが送付された事件等について調査する過程で，私用メールを調査し，そして，個人ファイルを調査・保存する等の行為は，いずれも不法行為には該当しないと判断されている（日経クイック情報〔電子メール〕事件・東京地判平成14・2・26労判825号50頁)。

3　セクシュアル・ハラスメント

セクシュアル・ハラスメントとは，職場において行われる性的な言動に対する労働者の対応により当該労働者がその労働条件につき不利益を受け，または当該性的な言動により当該労働者の就業環境が害される行為である（均等法11条1項)。

セクシュアル・ハラスメントには，職場における性的言動に対する労働者の対応により労働者がその労働条件について不利益を受ける「**対価型**」と，性的言動により労働者の就業環境が害される「**環境型**」の二つの類型がある。

職場において，人は，労働を通じて，人間としての評価を得たり，価値を認めてもらう場であるにもかかわらず，男女関係という私生活や性生活，私情まで職場に持ち込まれる。女性が主に被害を受けることが圧倒的に多く，人としての価値を損なわれるばかりか，男女の平等等の理念も脅かされかねない。

case　福岡セクハラ事件・福岡地判平成4・4・16労判607号6頁

〔事案の概要〕

学生向けの情報雑誌等を発行してきたY_2社において，Xは，取材，執筆，編集に携わってきた女性である。Y_2の編集長であるY_1は，係長とＸとが職場関係以上の関係にあるかのような悪評をY_2関係者に述べたり，Y_2内でも，異性関係を含むＸの私生活について否定的評価をする発言をし，Ｘの異性関係がY_2の運営に支障を生じさせるとして専務がＸに対して退職を求めるに至った。Ｘは不法行為を理由として損害賠償をY_1，Y_2に請求した。

〔**判旨**〕一部認容

「Ｘの人格を損なってその感情を害し，Ｘにとって働きやすい職場環境のなかで働く利益を害するものであるから」，Y_1はＸに対して民法709条の不法行為責任を負う」。

「使用者も，職場が被用者にとって働きやすい環境を保つよう配慮する注意義務もあると解されるところ，被用者を選任監督する立場にある者が右注意義務を怠った場合には，右の立場にある者に被用者に対する不法行為が成立することがあり」，使用者も民法715条により不法行為責任を負うことがあると解するべきであると判断した。

女性であるＸの譲歩，犠牲において職場関係を調整しようとした点において不法行為性が認められるから，Y_2は，使用者責任を負うものとしたものである。

セクハラ行為であると認められた言動には，侮辱，からかい，中傷，風評の内容を含む言葉（岡山セクハラ事件・岡山地判平成14・５・15労判832号54頁等），身体への接触行為（三重セクハラ事件・津地判平成９・11・５労判729号54頁），性的な交渉の要求行為（前掲・岡山セクハラ事件等），わいせつ行為（青森セクハラ事件・青森地判平成16・12・24労判889号19頁），盗撮（京都セクハラ事件・京都地判平成９・４・17労判716号49頁，仙台セクハラ事件・仙台地判平成13・３・26労判808号13頁）などがある。

また，職場での優位する職制や人間関係の上下関係を利用して，うわさを流し女性を追い落とし職場に居づらくさせる行為，また，これにより退職まで追い込む行為も，違法とされる（前掲・福岡セクハラ事件）。

これらのセクハラ行為は，人格を損ね，働きやすい職場環境のなかで働く利益を害する。

職場のセクハラ行為には，勤務中の言動のみならず，職場での仮眠時（前掲・三重セクハラ事件），出張時（前掲・青森セクハラ事件等）や会社の懇親会時，帰宅途中の自宅来訪時（銀蔵事件・東京高判平成24・８・29労判1060号22頁）を含む。

均等法は，1997年の改正により，上記二類型のセクシュアル・ハラスメントに対して，これを防止するための雇用管理上必要な配慮義務を事業主に課す規定を置き，2006年の改正では，事業主は，セクシュアル・ハラスメントについて，男女労働者からの相談に応じ，適切に対応するために必要な体制の整備その他の雇用管理上の必要な措置を講じなければならないとして，配慮義務が措置義務とされた（11条１項）。

この措置の具体的な内容には，①セクシュアル・ハラスメントに関する事業主の方針の明確化およびその**周知・啓発**，②相談（苦情を含む）に応じ，適切に対応するために必要な**体制の整備**，③職場におけるセクシュアル・ハラスメントに係る**事後の迅速かつ適切な対応**がある（厚労省「事業主が職場における性的な言動に起因する問題に関して雇用管理上講ずべき措置についての指針」）。

使用者が，十分な調査や加害者に対する公正な処分を怠ると，使用者は，民法715条の使用者責任（損害賠償責任）を負うほか，信義則上の職場環境配慮義務による損害賠償責任（民法415条）を負う（前掲・三重セクハラ事件）。

4　パワー・ハラスメント

(1)　職場でのパワー・ハラスメントの定義

職場でのパワー・ハラスメント（パワハラ）を防ぐため，令和２年に施行される労働施策総合推進法改正法により，パワハラに関する定義規定等が設けられた。

パワー・ハラスメントとは，優越的な関係を背景に，業務上の適正な範囲を超えた言動で，労働者に対し，精神的・身体的苦痛を与えるまたは職場環境を悪化させる行為を指す（労働施策総合推進法30条の２第１項）。

これは，「事業主が職場における優越的な関係を背景とした言動に起因する問題に関して雇用管理上講ずべき措置等についての指針（令和２・１・15厚労告５号）」によれば，次のようなものである。

「優越的な関係を背景とした」言動とは，当該事業主の業務を遂行するに当たって，当該言動を受ける労働者が当該言動の行為者に対して「抵抗又は拒絶することができない蓋然性が高い関係を背景として行われるもの」を指す。たとえば，上司による言動のほか，同僚または部下による一定の言動も含まれる。

「業務上必要かつ相当な範囲を超えた」言動とは，社会通念に照らし，当該言動が明らかに当該事業主の業務上必要性がない，またはその態様が相当でないもの（たとえば，①業務上明らかに必要性のない言動，②業務の目的を大きく逸脱した言動，③業務を遂行するための手段として不適当な言動，④当該行為の回数，行為者の数等，その態様や手段が社会通念に照らして許容される範囲を超える言動）を指す。

「労働者の就業環境が害される」とは，「当該言動により労働者が身体的又は精神的に苦痛を与えられ，労働者の就業環境が不快なものとなったため，能力の発揮に重大な悪影響が生じる等当該労働者が就業する上で看過できない程度の支障が生じること」を指す。この判断にあたっては,「平均的な労働者」を基準とする。

指針によれば,この判断にあたっては,様々な要素(当該言動の目的,当該言動を受けた労働者の問題行動の有無や内容・程度を含む当該言動が行われた経緯や状況,業種・業態,業務の内容・性質,当該言動の態様・頻度・継続性,労働者の属性や心身の状況,行為者との関係性等)を総合的に考慮することが適当であるとされている。

また,指針は,職場のパワー・ハラスメントの行為類型を以下のように説明する。

(イ) 身体的な攻撃(暴行・傷害)

(ロ) 精神的な攻撃(脅迫・名誉棄損・侮辱・ひどい暴言等)

(ハ) 人間関係からの切り離し(隔離・仲間外し・無視)

(ニ) 過大な要求または過小な要求(過度に困難な量の仕事をさせること,あるいは業務上合理的理由なくかけ離れた程度の低い仕事を命じることや仕事を与えないこと)

(ホ) 個の侵害(私的なことに過度に立ち入ること)

前述のとおり,厚労省「職場におけるパワー・ハラスメントに関する実態調査報告書」(平成28年度)によれば,過去3年間にパワー・ハラスメントを受けた経験があると回答した人は32.5%,従業員向けの相談窓口の設置状況については,「社内に設置している」との回答は47.4%であった。パワー・ハラスメントに関する相談があった職場に当てはまる特徴としては,「上司と部下のコミュニケーションが少ない職場」と回答した企業の比率が45.8%でもっとも高く,「失敗が許されない/失敗への許容度が低い職場」(22.0%),「残業が多い／休みが取り難い職場」(21.0%)となっている。加害者に対する対応としては,「口頭指導」の比率が72.8%でもっとも高く,「配置転換」(44.8%),「書面による指導」(25.6%),「減給など,解雇以外の懲戒処分」(22.2%)となっている(「特に何もしなかった」は1.4%)。

⑵　パワー・ハラスメントをめぐる裁判例

case　ファーストリテイリング（ユニクロ店舗）事件・名古屋高判平成20・1・29労判967号62頁

〔事案の概要〕

Y_2は，Y_1社の店長であった。店長代行であったＸは，店において勤務中，従業員間の連絡事項等を記載する「店舗運営日誌」に，「店長へ」として，前日の陳列商品の整理，売上金の入金などに関するY_2の仕事上の不備を指摘する記載をし，その横に「処理しておきましたが，どういうことですか？　反省してください。Ｘ」と書き添えた。この記載を見たY_2は，Ｘにさらし者にされたと感じ，Ｘを休憩室に呼びつけ「これ，どういうこと」，「感情的になっていただけやろ」などと説明を求めた。そのうえで，Y_2は，このＸの態度に激高し，Ｘの胸倉を掴み，同人の背部を板壁に３回ほど打ち付けた上，ロッカーに同人の頭部や背部を３回ほど打ち付けた。

Ｘが，Y_2に詰め寄り，謝罪を求めたところ，Y_2は，Ｘに向かって「ご免なさい」と言って謝る素振りをしながら同人の顔面に１回頭突きをした。

管理部長であるY_3は，さらに，Ｘに対し「いいかげんにせいよ，お前。おー，何考えてるんかこりゃあ。ぶち殺そうかお前。調子に乗るなよ，お前。」と声を荒げながらＸの生命，身体に対して害悪を加える趣旨を含む発言をした。

Ｘは妄想性障害に罹患した。ＸはY_2らに対して不法行為に基づく損害賠償を求めた。

〔判旨〕一部取消・一部認容・一部棄却

本件事件においてY_2は，暴行を加えたというのであるから，その違法性は明らかであり，これによりＸが被った損害を賠償すべき責任を負う。

また，管理部長であるY_3の上記発言は違法であって，不法行為を構成するというべきである。

妄想性障害に起因するＸの損害は，それぞれ独立する不法行為である本件事件におけるY_2の暴行とその後のY_3の本件発言が順次競合したものといい得るから，かかる２個の不法行為は民法719条所定の共同不法行為に当たると解される。

Y_1は，Y_2およびY_3の使用者であり，本件事件および本件発言はその事業の執行につき行われたものであると認められるから，715条，719条に基づき，本件事件および本件発言によってＸが被った損害の全部について賠償責任を負う。

たとえば，「何でわからない馬鹿」等と非難する言動（サントリーホールディングス事件・東京高判平成27・1・28労経速2284号7頁)，「怒っている理由がありますか」「ぶっ殺すぞ」という留守電を残したこと等（ザ・ウィンザー・ホテルズインターナショナル事件・東京高判平成25・2・27労判1072号5頁）は不法行為となり，許されない。不相当な中傷行為，たとえば，前の会社でお金の使いこみがあったとの中傷（三洋電機コンシューマエレクトロニクス事件・広島高松山支判平成21・5・22労判987号29頁）も，これに当たる。また，乱暴な口調や解雇をちらつかせ命令したり（エフリレーション事件・大阪地判平成24・11・29労判1068号59頁等)，業務を一方的に非難・叱責し雇用継続させないと示唆したりする行為等（日本ファンド事件・東京地判平成22・7・27労判1016号35頁）の威圧的・脅迫的な言動も，不法行為となる。激高し，原告の胸倉を掴み，同人の背部を板壁に3回ほど打ち付けた行為も同様である（上記・ファーストリテイリング（ユニクロ店舗）事件)。

複数の上司による執拗かつ継続的ないじめや嫌がらせにより，精神的に追い詰められて自殺した場合，遺族への不法行為による損害賠償が認められている（川崎市水道局事件・東京高判平成15・3・25労判849号87頁)。

男性看護師に対して，①家の掃除等の家事に使用，②馬券購入などの私用に使用，③仕事中に屈辱的な内容のメールを送付する等した先輩看護師の行動については，加害者も不法行為責任があるとともに（民法709条)，いじめといじめを原因とする損害（うつ）を賠償する使用者の責任（民法415条）が認められた（誠昇会北本共済病院事件・さいたま地判平成16・9・24労判883号38頁)。

社会福祉法人の職員である労働者が，職場の施設で開催された職員会議において，同僚を中心とする職員らにより，組織ぐるみで誹謗・非難された結果，心因反応に罹患したうえ，PTSDを発症した事案では，同法人の使用者責任と同僚らの不法行為責任（共同不法行為）が認められている（U福祉会事件・名古屋地判平成17・4・27労判895号24頁)。

(3) 事業主に求められる雇用管理上の措置

事業主は，労働者からの相談に応じ，適切に対応するために必要な体制の整備その他の雇用管理上必要な措置を講じなければならない（労働施策総合推進法30条の2第1項)。

指針によれば，事業主は，次のような措置をとらなければならない。

① 事業主は，職場におけるパワー・ハラスメントに関する方針の明確化，労働者に対するその方針の周知・啓発として，措置（就業規則での禁止の方針規定化と周知，厳正に対処する旨の就業規則等での規定と周知，社内報・パンフレット等での禁止の方針の記載と配布，研修・講習の実施）を講じなければならない。

② 職場でパワハラを受けた労働者に対する相談体制を整備しなければならない。

③ 職場でのパワハラに対する事後の迅速かつ適切な対応をしなければならない（事実関係の確認，事後的な適正な措置，再発防止措置）。

事業主は，労働者が相談を行ったことまたは事業主による当該相談への対応に協力した際に事実を述べたことを理由として，当該労働者に対して解雇その他不利益な取扱いをしてはならない（同法30条の２第２項）。

⑷ パワハラを受けた労働者の事後的な救済

パワハラを受けた労働者は，都道府県労働局長に対して助言，指導，勧告を求めるため援助を求めたりすることができる。また，紛争調整委員会の調停に発展することがある。訴訟により，労働者は，加害者（多くは上司）に対して損害賠償を求めることもできる。さらに，使用者に対して，当該労働者は，信義則上の職場環境配慮義務（民法415条）あるいは使用者責任（民法715条）により，損害賠償を請求し得る。

5 マタニティー・ハラスメント

⑴ マタニティー・ハラスメント規定と判例

均等法９条および育児・介護休業法10条等では，婚姻，妊娠，出産等を理由とする不利益取扱いが禁止されている。

出勤率90％に満たないとき，賞与を不支給とする条項は，労基法65条および育児休業法〔現行：育介法〕10条の趣旨に照らし，育児休業等の権利の行使を抑制し，ひいては労基法等が上記権利等を保障した趣旨を実質的に失わせるものと認められる場合に限り，公序に反するが，しかし，勤務時間が短縮した分について賞与を減額する分には，公序に反するものでないとされた（東朋学園事件・最判平成15・12・４労判862号14頁）。

育児休業期間が勤続年数に算入されないことにより，定期昇給がなされなかった場合，育介法10条の不利益取扱いに当たる（学校法人近畿大学事件・大阪地判平成31・４・24労判1202号39頁）。

こうした不利益取扱いも，当該労働者が同意した場合には，問題はやや難しくなる。妊娠を理由とした軽易業務への転換，とくに，降職（判決では降格と呼んでいる）に対して労働者が十分な説明を受けず同意したケースが問題になっている。

case **広島中央保健生活協同組合事件・最判平成26・10・23民集68巻8号1270頁**

〔事案の概要〕

Xは，診療所等での勤務を経て，リハビリ科に配属され，平成16 年4月には，リハビリ科の副主任に任ぜられた。その頃に第1子を妊娠したXは，平成18年2月12日，産前産後の休業と育児休業を終えて職場復帰するとともに，病院リハビリチームから訪問リハビリチームに異動し，副主任として訪問リハビリ業務につき取りまとめを行うものとされた。7月1日から，訪問リハビリ業務を運営する訪問介護施設であるBに移管した。この移管により，Xは，リハビリ科の副主任からBの副主任となった。

Xは，平成20年2月，第2子を妊娠し，労基法65条3項に基づいて軽易な業務への転換を請求し，転換後の業務として，訪問リハビリ業務よりも身体的負担が小さいとされていた病院リハビリ業務を希望した。これを受けて，協同組合Yは，上記の請求に係る軽易な業務への転換として，同年3月1日，XをBから病院のリハビリ科に異動させた。その後，リハビリ科の科長を通じて，Xに再度その旨を説明して，副主任を免ずることについてその時点では渋々ながらもXの了解を得た。

上記のような経過を経て，Yは，平成20年4月2日，Xに対し，同年3月1日付けでリハビリ科に異動させるとともに副主任を免ずる旨の辞令を発した。Xは，Yに対し，副主任手当の支払いおよび不法行為等に基づく損害賠償等の支払いを求めて提訴した。

1審は，本件措置は，Xの同意を得たものであるとして，Xの請求を棄却した。控訴審も，1審の判断と同様の判断を下した。Xが上告。

〔判旨〕破棄・差戻し

「均等法の規定の文言や趣旨等に鑑みると，同法9条3項の規定は，上記の目的および基本的理念を実現するためにこれに反する事業主による措置を禁止する強行規定として設けられたものと解するのが相当であり，女性労働者につき，妊娠，出産，産前休業の請求，産前産後の休業又は軽易業務への転換等を理由として解雇その他不利益な取扱いをするは，同項に違反するものとして違法であり，無効であるというべきである」。

①「当該労働者が軽易業務への転換および上記措置により受ける有利・不利な影響の内容や程度，上記措置に係る事業主による説明の内容その他の経緯」…等に照らして，「当該労働者につき自由な意思に基づいて降格を承諾したものと認めるに足りる合理的な理由が客観的に存在するとき」，または②「業務上の必要性から支障がある場合」であって，上の措置につき「同項の趣旨および目的に実

質的に反しないものと認められる特段の事情が存在するときは，同項の禁止する取扱いにあたらない」。

「副主任を免ぜられることを渋々ながら受入れたにとどまるものであるから」，Ｘにつき「自由な意思に基づいて降格を承諾したものと認めるに足りる合理的な理由が客観的に存在するということはできないというべきである」。

業務上の必要性の有無およびその内容や程度が十分に明らかにされてはいない。

最高裁は，降格が，均等法９条３項に禁止される不利益取扱いに当たるかについて，以下の判断基準を示した。①労働者の「**自由な意思に基づいて降格を承諾したものと認めるに足りる合理的な理由が客観的に存在するとき**」，または②**業務上の必要性**があり，業務上の必要性の内容や程度および上記の有利または不利な影響の内容や程度に比べて，当該措置が**均等法の趣旨**および**目的に実質的に反しない**ものといえるときは，禁止する取扱いとはならない（①は，労基法24条違反が問われる退職金〔賃金〕の放棄に関わる，シンガー・ソーイング・メシーン事件・最判昭和48・１・19民集27巻１号27頁と同じ判断の基準を用いている）。つまり，管理職の激務では家庭生活・子育てとの両立が困難であるという事情から，労働者が自由な意思に基づいて降格を承諾したものといえるときは，均等法９条３項に反しないということになる。また，業務上の必要性があり，業務上の必要性の内容や程度および上記の有利または不利な影響の内容や程度に比べて，当該措置が均等法の趣旨および目的に実質的に反しないときも，同様に，均等法９条３項に反しないことになる。

いわゆるマタハラに関する他の裁判例には以下のようなものがある。ある年度の成果報酬を合理的に査定する代替的な方法を検討することなく，機械的にゼロと査定した場合，人事権の濫用として違法である（コナミデジタルエンタテインメント事件・東京高判平成23・12・27労判1042号15頁）。

男性看護師が３ヵ月の育休取得を請求したところ，職務給につき３ヵ月以上の育休取得者には昇給させないとの就業規則に基づき，昇給を受けられなかったのは，公序良俗に反するとして，不法行為責任が認められた（医療法人稲門会事件・大阪高判平成26・７・18労判1104号71頁）。

育児休業期間ののち，子どもの保育園が決まらず，週３日勤務の有期労働契約で復職したい旨を労働者が申し入れ，１年の有期労働契約を内容とする合意を使用者と取り交わした場合，１年の期間満了を理由とする雇止めは，均等法９条３項および育介法10条にいう不利益な取扱いに当たらないと判断された（ジャパンビジネスラボ事件・東京高判令和元・11・28労判1215号５頁）。

⑵ 改正均等法とマタハラの実態

厚労省「妊娠等を理由とする不利益取扱いに関する調査」（平成27年）によれば，不利益取扱いの内容としては「解雇」「雇止め」がそれぞれ約２割，約半数に「『迷惑』『辞めたら？』等，権利を取得しづらくする発言」を受けた経験ありとなっている。パートタイマーでは5.8％，契約社員では13.3％であるが，正社員では21.6％，派遣労働者では48.7％に上っている。

こうしたマタハラに関する判例の発展や実態を受けて，男女雇用機会均等法（➡**第６章１⑵**）が改正された。

事業主は，職場において行われるその雇用する女性労働者に対する当該女性労働者が妊娠したこと，出産したこと，労働基準法65条１項の規定による休業を請求し，または同項もしくは同条２項の規定による休業をしたことその他の妊娠または出産に関する事由であって厚生労働省令で定めるものに関する言動により当該女性労働者の就業環境が害されることのないよう，当該女性労働者からの相談に応じ，適切に対応するために必要な体制の整備その他の雇用管理上必要な措置を講じなければならない（均等法11条の３第１項）。

「事業主が職場における妊娠，出産等に関する言動に起因する問題に関して雇用管理上講ずべき措置についての指針（平成28年厚労告312号）」によれば，①事業主の方針の明確化およびその周知・啓発，②相談（苦情を含む）に応じ，適切に対応するために必要な体制の整備，③職場における妊娠，出産等に関するハラスメントにかかる事後の迅速かつ適切な対応が，事業主には求められている。

今後は，職業生活と家庭生活の両立を実現するためにも，育児休業からの復帰後の元の職場へ復帰できる権利（たとえば，ドイツ）の確立も必要であろう。

＜第５章の復習＞

1．病院が，看護師を養成するため，病院の所有する看護学校での一切の学費を免除する制度を有していた。しかし，この制度を利用した看護師が，国家試験を合格した後は，５年間この病院での勤務が予定されていた。看護学校で学んだ看護師がこの病院を退職した際には，学費の全額を病院に返還すべきであるとの規定がある。ある看護師が，この看護学校で学び，病院による学費免除制度を利用したが，５年以内に当該病院を退職した。病院は，看護師に対する学費の返還を請求した。かかる請求は認められるか。

2．女性看護師が病院で仮眠中，男性の看護師は，女性看護師を起こそうとする際，起こそうとする行為以上に女性看護師の体に触れた。女性看護師が上司である主任に相談すると，主任は病院の上層部に報告せず，病院は，啓蒙活動する以外には，この事件について調査はしなかった。女性看護師は，男性看護師と病院に対する損害賠償が認められるか。

3．上司が，ホテルに勤める部下の労働者の連絡ミスをあげつらい，「ぶっ殺すぞ」という留守電を残した。部下が上司の指示に従わず，夏休みを取ってしまったため，事前の調整が不十分であったため，取引先への説明がうまくいかなかったことをきっかけとしていた。さらに，その上司は，その部下がアルコールをほとんど飲めないのに，アルコールを強要した。これはパワハラと認められるか。

〈コラム〉　カスタマー・ハラスメント

サービス業や小売業などの職場で，顧客・取引先等からの悪質なハラスメント行為やクレームに，労働者がストレスから精神疾患になったりする，**カスタマー・ハラスメント**が，法的に問題になりつつある。離職を余儀なくされたりする人もいる。アルバイトをしている学生も被害をうけることがあるであろう。「混雑しているレジで，『レジが進まないのはおまえのせいだ』と怒られ続けた」「商品の案内をしていたら，お尻を触られ『年，いくつ？』などと聞かれた」などが報告されている（東京新聞2019年10月７日）。テレビ会社の取材記者に対する公務員のセクハラ行為が，報道されたこともある（朝日新聞2018年４月19日）。

ある調査によれば，このようなカスタマー・ハラスメントを受けたかどうかについて，「暴言」が27.5%，「何回も同じ内容を繰り返すクレーム」が16.3%，「権威的（説教）態度」が15.2%，「威嚇・脅迫」が14.8%，「長時間拘束」が11.1%，「セクハラ行為」が5.7%，「金品の要求」が3.4%，「暴力行為」が2.0%，「土下座の強要」が1.8%，「SNS・インターネット上での誹謗中傷」が0.5%となっている（UAゼンセン同盟流通部門「悪質クレーム対策（迷惑行為）アンケート調査結果」(2017年)）。

店舗従業員に対する顧客（公務員であった）の行為，カスタマー・ハラスメント行為が問題になった事件が重要である。かかる公務員の行為に対する市長による懲戒処分の相当性が問われた。当該公務員が，顧客として，コンビニエンスストアの女性従業員の手を自らの下半身に接触させる行為等が問題になった。最高裁は，客と店員の関係にあって拒絶が困難であることに乗じて行われた厳しく非難されるべき行為であって，「公務一般に対する住民の信頼を大きく損な」い，また，以前から同じ店舗で不適切な言動を行っていたなどから，「本件処分が重きに失するものとして社会観念上著しく妥当を欠くものであるとまではいえず，市長の上記判断が，懲戒権者に与えられた裁量権の範囲を逸脱し，又はこれを濫用したものということはできない」と判断した（加古川市事件・最判平成30・11・6判タ1459号25頁）。

顧客・取引先など第三者による労働者へのハラスメント行為は，労働者は，当該第三者に対して，損害（精神的損害等）の賠償を請求でき（民法709条），その第三者を雇用する使用者も使用者責任を負う（民法715条）。また，被害にあった当該労働者を雇用する使用者は，相談を受け，調査を行う必要がある。さらに，当該労働者を雇用する企業は，取引先企業に対して調査などを要求する等何らかの対応が求められるうえに，場合によっては，職務環境配慮義務（民法415条）を負う。

第6章 雇用平等とワーク・ライフ・バランス

はじめに

雇用平等法理の進展は近年著しいが，長い間，男性優位の日本社会において，女性が働き続けることは容易ではなかった。女性たちが裁判で苦闘することによって，少しずつ働く女性の権利が認められてきた。1981年の日産自動車事件最高裁判決（日産自動車〔男女定年差別〕事件・最判昭和56・3・24民集35巻2号300頁）は，男性60歳，女性55歳の定年を公序良俗（民法90条）違反で無効とした画期的な判決であった。セクシュアル・ハラスメント（➡**第5章3**）も，このような用語がまだ根付いていない時代に，裁判所によって，初めて違法であると認められた。また，男女雇用機会均等法の制定が，労働省（当時）の女性官僚の大変な努力の成果であったことは有名である。

今日では，超少子高齢化社会を迎え，女性の労働力参加を促すため，ワーク・ライフ・バランスの重要性が広く認識されている。2006年均等法改正によって，マタニティ・ハラスメント（➡**第5章5**）の禁止も強化された。しかし，女性が働きやすい社会になっているといえるであろうか。管理職に占める女性の割合は依然として少ない。ILOによれば，2018年において，管理職に占める女性の割合は世界で27.1％であるのに対し，日本は12％であり，2016年において，役員に占める女性の割合は，世界では約23％であるのに対して，日本は3.4％と，いずれもG7の7ヵ国で最下位である（日経新聞2019年3月8日夕刊）。管理職の女性を増やすために，2015年の女性活躍推進法は，従業員301人以上（2022年4月1日からは，101人以上）の企業に対して，女性の管理職比率を高めるための行動計画の作成を義務づけている。

新しい差別禁止規定として，2013年には障害を理由とする差別の禁止が障害者雇用促進法に導入された。しかし，日本では，欧米先進諸国で認められている年齢差別や性的指向を理由とする差別はまだ禁止されていない。また，間接差別も限定的にしか認められていない。今後，これらの欧米先進諸国と同様の差別禁止法理が日本に導入されるべきなのか議論が必要であろう。

日本で働く外国人の増加に伴い，国籍や信条を理由とする差別の禁止（労基法3条）の重要性もますます高まることであろう。

1　男女雇用平等の進展

(1)　男女同一賃金の原則（労基法４条）

男女同一賃金の原則　労基法３条は，「国籍」「信条」「社会的身分」を理由とする差別を禁止しているが，「性別」は含まれていない。男女差別の禁止は，1985年に均等法が制定されるまで，賃金についてのみ，労基法４条において，男女同一賃金の原則が定められていた。賃金についてのみ男女差別が禁止されていたことは，均等法制定以前は，女性については深夜業の禁止および残業の上限規制が労基法において定められており，かかる女性保護規定は男女平等の理念と相いれないと考えられたためであるといわれている。

労基法４条違反が認められた裁判例は，次のように整理することができる。

まず，女性労働者の職務内容が男性労働者のそれと同等ないしそれ以上であったにもかかわらず，男性よりも低い賃金が支払われていた場合である（日ソ図書事件・東京地判平成４・８・27労判611号10頁）。

次に，男性には賃金額の高い賃金表が，女性には賃金額の低い賃金表が適用されていた場合である（秋田相互銀行事件・秋田地判昭和50・４・10労民集26巻２号388頁，後掲・三陽物産事件，内山工業事件・広島高岡山支判平成16・10・28労判884号13頁，東和工業事件・名古屋高金沢支判平成28・４・27労経速2319号19頁）。

さらに，規程上は「世帯主たる行員」に家族手当・世帯手当が支給されることになっていたが，男性には，妻の所得額の大小にかかわらず，右手当が支給されていたところ，女性には，夫の所得が所得税法上の扶養控除対象限度額以下の場合にのみ右手当が支給されていた場合である（岩手銀行事件・仙台高判平成４・１・10労民集43巻１号１頁）。

賃金差別の救済方法　労基法４条違反が肯定された場合，次に，その効果が問題となる。この場合に，まず，労基法13条の類推適用により，男性労働者に適用される賃金規定が差別されていた女性労働者にも適用されることになり，差額賃金請求権が当該女性労働者に発生するという解釈が考えられる。これに対して，賃金請求権は発生せず，不法行為による損害賠償請求権が認められるにすぎないという見解もある。前者の難点は，そもそも明確な賃金規定が存在しない場合や使用者の査定が介在する場合には，賃金請求権の根拠があるとはいえないこと，また，労基法４条違反に対して労基法は刑事制裁しか規定しておらず（119条），男性と同等の賃金請求権の付与までは予定していないという解釈も成り立つことである。

いずれの法的構成をとるかは，当該事案に応じてより妥当なものを採用すべきであり，たとえば，２種類の賃金表が存在し，不利な方が女性，有利な方が男性に適用されていた場合には，賃金請求権と構成し，明確な賃金規定が存在しないような事案では，不法行為構成が適切であろう。

case　三陽物産事件・東京地判平成６・６・16労判651号15頁

〔事案の概要〕

Ｙ社では，「基本給」を構成する「本人給」について，「非世帯主」であり，かつ「勤務地限定」を希望した社員については，本人給を25歳（その後26歳）で据え置くことになっていた。Ｙでは，女性は全員「非世帯主」および「勤務地限定」であり，男性は，世帯主でなくても，全員「世帯主」および「勤務地非限定」であると扱われていた。

Ｘら（女性）は，男性に適用される賃金規程の適用を求めて提訴した。

〔判旨〕請求一部認容

1　⑴世帯主・非世帯主の基準の効力

「Ｙは，世帯主・非世帯主の基準を設けながら，実際には，男子従業員については，非世帯主又は独身の世帯主であっても，女子従業員とは扱いを異にし，一貫して実年齢に応じた本人給を支給してき」た。

「Ｙは，住民票上，女子の大多数が非世帯主又は独身の世帯主に該当するという社会的現実及びＹの従業員構成を認識しながら，世帯主・非世帯主の基準の適用の結果生じる効果が女子従業員に一方的に著しい不利益となることを容認して右基準を制定したものと推認することができ，…女子従業員に対し，女子であることを理由に賃金を差別したものというべきである。

よって，非世帯主及び独身の世帯主のＹの従業員に対して，25歳（昭和60年４月からは26歳）相当の本人給で据え置くという世帯主・非世帯主の基準は，労働基準法４条の男女同一賃金の原則に反し，無効であるというべきである。」

⑵　勤務地域限定・無限定の基準の効力

「Ｙは，平成元年９月以降，本人給支給に関し，従来の世帯主，非世帯主の基準に加えて，勤務地域限定・無限定の基準を制定したものである（。）…確かに，一般論として，…広域配転義務の存否により賃金に差異を設けることにはそれなりの合理性が認められ」る。

「Ｙは，…非世帯主又は独身の世帯主である男子従業員に対しては，営業職に過去又は現在実際に従事したかどうかを問わず，かつ，広域配転をしたかどうかにかかわらず，…実年齢による本人給を支給していた（。）…

> 結局，…Ｙは，中央労働基準監督署から世帯主・非世帯主の基準の運用について男女同一賃金の原則に違反する疑いがないように措置すべき旨の指導を受け，その検討を迫られていたが，…Ｙの本件給与規定による取扱いを正当化するため，…女子従業員は，…すべて営業職に従事しておらず，過去現在とも広域配転を経験したことがないこと，そして，女子従業員が一般に広域配転を希望しないことに着目し，女子従業員は勤務地域を限定しているとの前提のもとに，勤務地域限定・無限定の基準の適用の結果生じる効果が女子従業員に一方的に著しい不利益となることを容認し，右基準を新たに制定したものと推認されるのである」。
>
> 「…右基準は，…女子であることを理由に賃金を差別したものであるというべきであり，したがって，労働基準法４条の男女同一賃金の原則に反し，無効である」。
>
> 2「本件給与規定は，ａ原則として社員の年齢に応じ別表に定める額を支給する，ｂ適用年齢は実年齢25歳まではみなし年齢（学齢）とし，それ以降は実年齢をもって支給する，ｃ適用年齢は毎年４月１日をもって定める」と定めており，「各従業員に適用するに当たってこの上さらにＹの具体的な意思表示又は裁量が介在するものではないから，Ｘらの賃金請求権は，労働基準法４条，13条の趣旨に照らし，本件給与規定ａないしｃによって発生するものと解するのが相当である」。

三陽物産事件では，「世帯主・非世帯主」および「勤務地限定・非限定」という本人給の決定基準が，実際には，このとおりに運用されておらず，男女別に運用されていたことから，労基法４条違反であると判断された。そして，無効となった賃金規定に代わる賃金規定の内容が明確であったことから，差額賃金請求権が認められた。

⑵　男女雇用機会均等法の制定・改正

1985年均等法　1979年に国連において「女子に対するあらゆる形態の差別の撤廃に関する条約」が採択され，その批准のために，国内法を整備する必要が生じた。そして，1985年に均等法が制定されたが，同法は，女性に対する差別のみを禁止するという片面的な立法であり，また募集・採用，配置・昇進における差別の禁止が努力義務にとどまり，OJT（日常業務を通じた教育訓練）は適用除外であるという不十分な内容であった。紛争解決制度として，調停制度が定められたが，双方の合意に基づき開始されるというものであった。

1997年改正均等法　1997年の均等法の改正（施行は1999年４月１日）によって，努力義務であった募集・採用，配置・昇進における差別が禁止規定へと強化され，OJTにおける差別も禁止されることになった（均等法５条および６条）。片面性も原則として撤廃されることになったが，ポジティブ・アクションが認められることになった（均等法８条）。

均等法指針（「労働者に対する性別を理由とする差別の禁止等に関する規定に定める事項に関し，事業主が適切に対処するための指針」平成27・11・30厚労告458号第２の14）によれば，たとえば，女性労働者が男性労働者よりも相当程度少ない雇用管理区分において，採用の基準を満たす者の中から，女性を優先して採用することや，女性労働者が男性労働者よりも相当程度少ない役職において，昇進の基準を満たす者の中から，女性を優先的に昇進させることが，ポジティブ・アクションとして許容されている。

また，セクシュアル・ハラスメント（**➡第５章３**）を防止する措置義務が導入され（均等法11条），機会均等調停委員会による調停が当事者一方の申請でも開始できることになった（均等法18条）。

さらに，違反のうち悪質なケースについて，厚生労働大臣が企業名を公表できる旨の制裁が導入された（均等法30条）。

2006年改正均等法　2006年改正によって，片面性が完全に撤廃されるとともに，間接差別の禁止が導入された（均等法７条）。間接差別とは，一見，中立的な基準が，実際には一方のグループに不相当に不利に作用する場合に，使用者が当該基準の経営上の必要性を立証し得ない限り違法な差別とみなすという法理であり，欧米諸国ではすでに確立していた。しかし，日本では，省令によって間接差別に当たる措置が限定されることになった。すなわち，均等法施行規則２条に基づき，①募集または採用において，身長，体重または体力に関する事由を要件とする場合，②募集・採用，昇進または職種の変更において，労働者が住居の移転を伴う配置転換に応じることができることを要件とする場合，または③昇進において，労働者が勤務する事業場と異なる事業場に配置転換された経験があることを要件とする場合にのみ，間接差別が成立しうる。

また，妊娠・出産・産前産後休業の取得等を理由とする不利益取扱いの禁止規定が導入された（９条）。従来は，解雇のみが禁止されていたが，いわゆるマタニティ・ハラスメントからの保護（**➡第５章５**）が，同条によって強化されることになった。

女性活躍推進法　2015年に制定された女性活躍推進法は，従業員301人以上（2022年４月１日からは，101人以上）の企業に対して，女性の採用や管理職の比率および仕事と家庭の両立支援のための制度の利用について，数値目標を定める行動計画を作成し，それらの実績を公表する義務を課している。国は，女性の活躍の取組みに積極的に取り組んでいる優良な企業を，申請により認定（「えるぼし」認定）することができる。

女性活躍推進法は，企業の自主的な取組みを促すというソフトな手法を用いて，雇用における男女平等の一層の実現を目指すものである。

(3) その他の男女差別

男女別定年制　昔は，「結婚退職制」や「女子若年定年制」を設ける企業が多く，女性が長く働き続けることは困難であった。最高裁は，日産自動車（男女定年差別）事件（最判昭和56・3・24民集35巻2号300頁）において，「少なくとも60歳前後までは，男女とも通常の職務であれば企業経営上要求される職務遂行能力に欠けることはなく，各個人の労働能力の差異に応じた取扱がされるのは格別，一律に従業員として不適格とみて企業外へ排除するまでの理由はないことなど，Y社の企業経営上の観点から定年年齢において女子を差別しなければならない合理的理由は認められない」と述べた原審の判断を維持し，男性60歳，女性55歳の男女別定年制を公序良俗違反で無効とした。当時の厚生年金の受給開始年齢が男女で5歳の年齢差を設けていたことを考えると，最高裁の判断は画期的なものであった。

昇格差別　日本の多くの企業で用いられている賃金制度である**職能資格制度**（➡**第8章6(1)**）では，資格と役職は，対応関係にあるが，区別されている点が特徴であり，基本給は資格によって決定される。資格の上昇は**昇格**と呼ばれるが（これに対して，役職の上昇は**昇進**と呼ばれる），女性であることを理由に昇格しなかったことが違法となるかが問題となる。1997年改正均等法以前には，昇格差別を禁止する実定法の規範は存在しなかったが，裁判所は，昇格差別についても，労基法4条または民法90条違反を理由として，不法行為の成立を認めてきた（社会保険診療報酬支払基金事件・東京地判平成2・7・4労判565号7頁，昭和シェル石油〔賃金差別〕事件・東京高判平成19・6・28労判946号76頁等）。

case　芝信用金庫事件・東京高判平成12・12・22労判796号5頁

〔事案の概要〕

Y社では，職能資格制度が用いられており，従業員の職務遂行能力を職能資格等級（社員，主事，副参事，参事）によって区分しており，賃金は一般に職能資格等級（「資格」）に基づいて決められていた。昇格は，人事考課と学科・論文試験によって決定された。

昭和40年に入社した女性であるＸは，同期入社の男性は，入社後10年には全員が「主事」に昇格し，主事昇格後４，５年で「副参事」に昇格しているのに対し，女性で「副参事」に昇格した者はいないことを違法な差別であると主張し，「副参事」の地位確認と差額賃金を請求した。

１審は，Ｘらの請求を概ね認めた。Ｘ，Ｙの双方が控訴した。

〔判旨〕 原判決一部変更

裁判所は，労基法３条，４条，13条，93条およびＹの就業規則３条（「職員は，人種，思想，宗教，政治的信条，門地，性別または社会的身分等を理由として，労働条件について差別的取扱を受けることはない。」）の定めによれば，「使用者は，男女職員を能力に応じ，処遇面において平等に扱う義務を負っていることが明らか」であり，これらの規定に違反する賃金規定は無効であり，差別がなければ適用されたであろう賃金額が労働契約の内容となると述べたうえで，以下のように続けた。

「…本件は，女性であることを理由として，Ｘらの賃金について直接に差別したという事案ではなく，また，特定の資格を付与すべき基準が労働基準法にはもとより就業規則にも定められている訳ではないので，前記労働基準法ないし就業規則の規定が直接適用される場合には当たらない。しかしながら，…資格の付与が賃金額の増加に連動しており，かつ，資格を付与することと職位に付けることとが分離されている場合には，資格の付与における差別は，賃金の差別と同様に観念することができる。そして，特定の資格を付与すべき「基準」が定められていない場合であっても，右資格の付与につき差別があったものと判断される程度に，一定の限度を越えて資格の付与がされないときには，右の限度をもって「基準」に当たると解することが可能であるから，同法（注：労基法）13条ないし93条の類推適用により，右資格を付与されたものとして扱うことができると解するのが相当である。職員の昇格の適否は，経営責任，社会的責任を負担するＹの経営権の一部であって，高度な経営判断に属する面があるとしても，単に不法行為に基づく損害賠償請求権だけしか認められないものと解し，右のような法的効果を認め得ないとすれば，差別の根幹にある昇格についての法律関係が解消されず，男女の賃金格差は将来にわたって継続することとなり，根本的な是正措置がないことになるからである」。

芝信用金庫事件において，東京高裁は，昇格差別の救済として，不法行為に基づく損害賠償請求ではなく，職能資格制度において，資格は賃金額を決定しているという理由で，昇格差別は，賃金差別（労基法４条）であり，その救済として，差別がなければ昇格できたであろう「副参事」の地位確認および「副参事」の賃金との差額賃金の請求を認めた。同判決の判旨は，職能資格制度における昇格差別の事案に広く及びうると解される。

男女別コース制　男女別コース制とは，男性は，基幹的な仕事，女性は，補助的・定型的な仕事という異なる雇用管理区分において，募集・採用を行い，その後の配置も行うという制度である。女性の昇格が遅れることは，雇用管理区分が異なる結果として正当化される。

裁判所は，かかる男女別コース制は，募集・採用および配置・昇進の差別禁止が強行規定になった1997年改正均等法が施行されるまでは，公序に反して違法であるとまではいえないと判断した（野村證券事件・下記 case ）。そして，1997年改正均等法の施行後は均等法違反であるが，実効的な職種転換制度が設けられていれば，違法とはならないという判断枠組みが示された。

case　野村證券事件・東京地判平成14・２・20労判822号13頁

〔事案の概要〕

Ｙ社では，男性は幹部候補として，成約業務等の基幹的な業務に従事し，外国も含む全国転勤が予定されていたのに対し，女性は補助労働力として，定型的な業務に従事し，転勤もなかった。その後，昭和60年の均等法の制定を契機に，Ｙは，従来男性が行っていた業務を総合職，女性が行っていた業務を一般職としたうえで，一般職から総合職への転換制度も設けた。転換制度に応募するためには，上司の推薦が必要であった。

昭和40年に入社したＸは，Ｙの女性差別により，男性であれば入社後13年次には課長代理に昇格したのに，Ｘは課長代理に昇格していないとし，課長代理に昇格した地位確認およびそれを前提とする差額賃金，退職金および慰謝料を請求した。

〔判旨〕請求一部認容

1　⑴会社が社員の募集，採用について，男性については，主に処理の困難度の高い職務を担当し，将来幹部社員に昇進することを予定して，勤務地を限定せず，他方，女性については，主に処理の困難度の低い業務に従事することを予定し，勤務地を限定して，男女別に行ったことは，社員の募集，採用に関する条件は，労基法３条の定める労働条件ではなく，また，男女のコース別の採用，処遇が労基法４条に直接違反するともいえないこと，Ｘらの入社当時，旧均等法のような法律もなかったこと，企業には労働者の採用について広範な採用の自由があることからすれば，公序に反するとはいえない。

旧均等法は，男女で差別的取扱いをしないことを努力義務に止めているのであり，旧均等法の施行により，会社の男女のコース別の処遇が公序に反して違法になったとはいえない。

その後，平成９年に均等法が制定され，平成11年４月１日から施行されているところ，同法が定めた男女の差別的取扱い禁止は使用者の法的義務であるから，この時点以降は，男女のコース別の処遇を維持していることは，配置および昇進について，女性であることを理由として，男性と差別的取扱いをするものであり，均等法６条に違反するとともに，公序に反して違法である。

⑵　この間，会社は，昭和62年４月以降，女性社員の大半が属する一般職ないし一般職掌から男性社員の属する総合職ないし総合職掌への職種転換制度を設けたが，職種転換制度は，両職ないし両職掌の転換に互換性がなく，転換に当たっても，上司の推薦を必要とし，一定の試験に合格した者のみの転換を認めていることからすれば，職種転換制度の存在により，配置における男女の違いが正当化されるとすることはできない。

以上によれば，均等法の施行された平成11年４月１日以降は，同法６条違反および公序違反の不合理な差別が認められる。

２．裁判所は，公序違反の救済として，Ｘらの主張する「課長代理の地位」の確認，課長代理に昇格したものとして得られたであろう差額賃金の請求および差額賃金相当額の損害賠償の請求は認めず，人格権侵害に対する慰謝料のみを認めた。

野村證券事件では，上司の推薦を必要とする職種転換制度は不十分であり，男女別コース制は違法であるとされた。しかし，男女別コース制の下で，異なる処遇が行われた結果，男性社員と女性社員とでは，知識，経験に違いが生じたという理由で，差別がなければ到達したであろう地位の確認，差額賃金の請求および差額賃金相当額の損害賠償の請求を認めることは困難であるとして，救済内容は，慰謝料にとどまっている。

男女別コース制では，昇格における格差が雇用管理区分の違いによる場合に，1997年均等法が施行されるまでは性別による雇用管理区分の違いが違法であるとはいえないとされたが，雇用管理区分が異なることによって，仕事の内容が異なっているということが，この判断の前提となっている。男女別コース制の事案であっても，異なる雇用管理区分に属する男女が同一労働を行っていると認めれる場合には，労基法４条違反が成立する（兼松〔男女差別〕事件・東京高判平成20・１・31労経速2001号３頁）。

(4) ワーク・ライフ・バランス

女性の就業の特徴　日本の女性就業者数は，若年時には多いが，妊娠・育児期間になると減少し，育児が一段落すると再び上昇するというM字型カーブを描くことが特徴であるが，近年では，M字型の底は少しずつ上昇し，欧米先進諸国と同様の台形型に近づいている（**図表６－１**）。

人的資本理論に従えば，女性の高学歴化が進むほど，教育投資を回収するために，働き続ける女性が増えるはずである。しかしながら，妊娠・育児によって労働市場から退出せざるを得ない女性が多いと考えられ，ワーク・ライフ・バランスを実現するための制度の必要性が認識されている。

〔図表６－１〕女性の年齢階級別有業率の推移

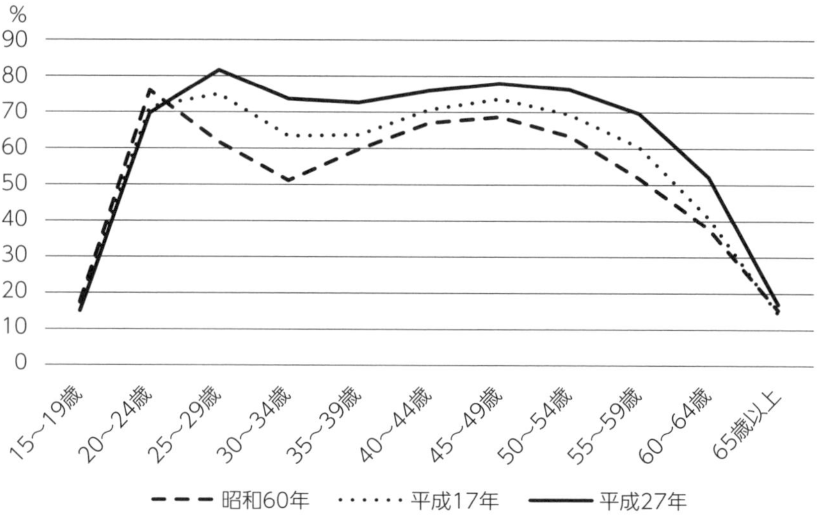

（国勢調査を基に作成）

労基法の母性保護規定　1997年の改正均等法によって，雇用における男女差別の禁止が強行規定となったことに伴い，労基法の女性保護規定（深夜業の禁止，残業時間の上限規制）は撤廃され，母性保護（妊産婦の保護）のみが労基法に残されることとなった。

労基法は，母性保護のため，産前６週間，産後８週間の就業禁止期間を定めている（労基法65条）。しかし，かかる就業禁止期間中において，有給であることは保障されていない。その他，労基法では，妊産婦の時間外労働・深夜労働の制限（労基法66条）および１日２回各30分の育児時間の請求（労基法67条）が認められている。

育児・介護休業法　1991年に育児休業法が制定され，原則として，子が１歳になるまでの育児休業を取得する権利が認められた。同法は，その後の改正を経て，90日間の介護休業が導入されたほか（育介法11条），小学校就学前の子を養育する労働者の時間外労働の制限（育介法17条），深夜業免除の請求権（育介法19条）および子１人について１年に５労働日まで（子が２人以上の場合には，10労働日まで）の看護休暇制度（育介法16条の２）が導入されている。また，３歳に満たない子を養育する労働者であって育児休業を取得していないものについて，所定労働時間を短縮するための措置を講じなければならない（育介法23条）。さらに，育児をすることが困難な事情が認められる場合には，子が２歳になるまで育児休業を延長することができることとなった（育介法５条４項）。

育児休業の申出または育児休業の取得を理由とした不利益取扱いは禁止されている（育介法10条）。権利行使を理由とする不利益取扱いは，子の看護休暇（育介法16条の４），介護休暇（育介法16条の７），時間外労働の制限（育介法18条の２），深夜業の制限（育介法20条の２）および勤務時間短縮措置（育介法23条の２）についても禁止されている。

また，使用者は，配転を命じる場合において，育児介護中の労働者に対して配慮をしなければならない（育介法26条）。

育児休業中は，有休は保障されていないが，雇用保険から休業開始前賃金額の67％（休業開始から６ヵ月経過後は50％）の育児休業給付金が支給される（数字は，2020年５月現在）。また，男性の育児休業の取得を促進するため，同一の子について配偶者が育児休業を申し出た場合，育児休業の期間が全体で２ヵ月間延長される（パパ・ママ育休プラス〔育介法９条の２〕）。

2　障害者雇用

(1)　障害者の雇用義務制度

雇用義務制度　障害者雇用促進法では，企業規模に応じて，従業員数の一定割合（民間企業では2.2％，2021年３月１日からは2.3％）の障害者を雇い入れる義務を事業主に課している。かかる雇用義務は，企業の採用の自由を制約するものであるが，障害者の社会的統合を実現するために必要な制度であるといえる。従業員100人超の企業では，雇用率を達成していない場合，不足する障害者数１人について月額５万円の障害者雇用納付金を支払う義務を負い，雇用率を超過して達成している場合，雇用率を超えて雇用している障害者数１人について月額２万7000円の障害者雇用調整金が支給される（数字は，2020年５月現在）。

2013年の改正障害者雇用促進法によって，雇用率の算定基礎の対象に，新たに精神障害者が含まれることになった。

(2) 障害を理由とする差別の禁止

新たな差別禁止事由　2006年に国連において障害者権利条約が採択され，その批准のために，2013年に，障害者差別解消法が制定されるとともに，障害者雇用促進法が改正され（施行はいずれも2016年４月１日），新たな差別禁止事由として，障害を理由とする差別の禁止が導入されることになった（障害者雇用促進法34条以下）。

合理的配慮　障害を理由とする差別の禁止では，合理的配慮の概念が重要である。使用者は，募集・採用について，「当該障害者の障害の特性に配慮した必要な措置を講じなければならない」（障害者雇用促進法36条の２）。また，「その雇用する障害者である労働者の障害の特性に配慮した職務の円滑な遂行に必要な施設の整備，援助を行う者の配置その他の必要な措置を講じなければならない」（障害者雇用促進法36条の３）。たとえば，車椅子で就労できるように机の高さを調整することが使用者に求められることになる。ただし，合理的配慮は，使用者にとって過重な負担を及ぼすことまでは要求されない（障害者雇用促進法36条の２但書・36条の３但書）。

3　外国人雇用

(1) 外国人労働者政策

原則　外国人は，出入国管理及び難民認定法（入管法）上の在留資格のうち，①外交，②公用，③教授，④芸術，⑤宗教，⑥報道，⑦高度専門職，⑧経営・管理，⑨法律・会計業務，⑩医療，⑪研究，⑫教育，⑬技術・人文知識・国際業務，⑭企業内転勤，⑮介護，⑯興行，⑰技能，⑱特定技能，⑲技能実習の資格に基づいて，日本で就労することができる。また，⑳永住者，㉑日本人の配偶者等，㉒永住者の配偶者等および㉓定住者の身分に基づく在留資格を有する者も就労することができる。

その他の在留資格として，文化活動，短期滞在，留学，就学，研修，家族滞在，特定活動がある。留学，就学および家族滞在では，入管の許可を受ければ短時間のアルバイトが許容される（１週間で28時間以内，長期休暇中は１日８時間以内）。

日本で就労する外国人は，2019年10月末時点で166万人を超え，100万人を超えた2016年から大幅に増加した。

日本では，単純労働力の受入れは一貫して否定されてきた。その理由は，①雇用機会が不足している高齢者等の就業機会を減少させるおそれがあること，②労働市場の二重構造化を生じさせるとともに，雇用管理の改善や労働生産性の向上の取組みを阻害し，ひいては産業構造の転換等の遅れをもたらすおそれがあること，③景気変動に伴い失業問題が生じやすいこと，④新たな社会的費用の負担（教育，医療・福祉，住宅等）を生じさせること，および⑤送出し国や外国人労働者本人にとり，人材の流出や日本社会への適応に伴う問題等影響も極めて大きいと予想されることがあげられてきた。

外国人技能実習制度　外国人技能実習制度（旧外国人研修制度）は，技能，技術または知識の国際移転を図るために，開発途上国の経済発展を担う人材育成に貢献するという目的で1981年に創設された。1990年の入管法改正を機に受入れに関する規制緩和が行われ，「団体監理型」が認められたことにより，受入れが増加した。中小企業が団体を経由すれば外国人研修生を受け入れることが可能になり，そうした手続を支援するために「国際研修協力機構」（JITCO）が設立された。

1993年に，在留資格「特定活動」の一類型として，技能実習制度が導入された。技能実習制度とは，１年間の研修期間の終了後，技能検定を受け，合格した外国人が，技能実習生として，企業と雇用契約を結び，働きながら実践的に技能等を習得する制度であり，技能実習生は「労働者」として，労働法が適用される。外国人技能実習生の受入れ枠は企業の規模によって異なり，原則的に常勤職員20名につき１名になっているが，団体監理型では，より多くの受入れが可能になっている（50人以下３人，51人～100人以下６人，101人～200人以下10人，201人～300人以下15人）。1997年には，外国人研修生と技能実習生の受入れ期間があわせて２年から３年に延びた。

技能実習生は「労働者」であるが，研修生は「労働者」ではないとされたため，労働法が適用されず，最低賃金を下回る手当しか支払われないことやパスポートを取り上げるなどの行為が問題となった。裁判例でも，外国人研修生について，労基法９条の労働者性を認める裁判例が数多く出された（三和サービス〔外国人研修生〕事件・名古屋高判平成22・３・25労判1003号５頁，デーバー加工サービス事件・東京地判平成23・12・６労判1044号21頁等）。そのため，2009年の入管法改正によって，来日直後の数週間の座学研修のみが「研修」と認められ，その後は，「技能実習Ｉ」として，労働法の適用を受けることとなった。また，これまで技能実習制度は入管法の在留資格は「特定活動」であったが，「技能実習１号・２

号」の在留資格が整備されることとなった（1年目が「技能実習1号」，2年目・3年目が「技能実習2号」の在留資格）。

2020年の東京オリンピックの開催に向けて，労働力不足が見込まれるため，2014年には，建設分野において，技能実習Ⅱを終了した者を「特定活動」で引き続き2年間就労可能とする制度が導入された。

そして，2016年11月には，外国人技能実習法が制定され，監理団体を許可制とし，優良な監理団体および実習先における2年間の「技能実習Ⅲ」が導入されることになった。パスポートを取り上げるなどの行為が明文で禁止されることとなり（同法48条），監督機関として新たな特殊法人「外国人技能実習機構」が創設された。また，同時に，介護職種が技能実習職種に追加されることになった。

「特定技能」の創設　外国人技能実習制度は，少しずつ拡大され，ようやく2016年の外国人技能実習法の制定により，基本法が整備され，外国人技能実習機構の監督の下，技能実習生が合計5年間日本で就労できる制度が整えられたが，2018年12月に，人手不足に対応するため，新たな在留資格「特定技能」が創設されることとなった。

「特定技能」は，14職種（①介護業，②ビルクリーニング業，③素形材産業，④産業機械製造業，⑤電気・電子情報関連産業，⑥建設業，⑦造船・船用工業，⑧自動車整備業，⑨航空業，⑩宿泊業，⑪農業，⑫漁業，⑬飲食料品製造業〔酒類を除く〕，⑭外食業）について，一定の日本語能力を要件として（「技能実習Ⅱ」を終了した者は日本語能力の試験は免除される），「特定技能Ⅰ」は，通算5年間在留でき，「特定技能Ⅱ」は，永住可能であり，家族の帯同も可能である。

⑵　外国人労働者への労働法規の適用

労働保護法・労働組合法　労基法等（労災保険も含む）の労働保護法および労働組合法は，合法就労か違法就労かを問わず適用される。

雇用保険　雇用保険の加入資格は，相当の期間求職活動ができ，反復継続して就労可能な在留資格をもつ外国人に限定され，ハローワークによる職業紹介・職業指導のサービスも，不法就労の外国人は受けられない。

国民健康保険・社会保険　厚生年金，健康保険などの被用者保険は，適法か違法な就労であるかを問わず，適用される（ただし，不法就労であることが判明した場合には，関係機関は出入国管理当局に通知しなければならない）。国民健康保険は，外国人でも，3ヵ月以上の滞在が見込まれる場合には適用される。

逸失利益の算定　外国人労働者，とくに不法就労外国人が，日本で被災した場合，その損害賠償額について，日本人と同様に算定すべきであるかが問題となる。

最高裁は，改進社事件において，日本で予想される就労期間については，日本の収入額を基礎とし，その後は，出身国の収入額を基礎とすべきであると判断した。

case　改進社事件・最判平成９・１・28民集51巻１号78頁

〔**事案の概要**〕

パキスタン国籍を有するＸは，昭和63年11月28日，同共和国から短期滞在（観光目的）の在留資格で日本に入国し，翌日からＹ社に雇用され，在留期間経過後も不法に残留し，継続してＹにおいて製本等の仕事に従事したが，平成２年３月30日に本件事故に被災して後遺障害を残す負傷をした。Ｘは，Ｙに対して，安全配慮義務違反に基づき，損害賠償を請求した。Ｘが日本で就労し続けることを想定して損害賠償額（逸失利益）を算定するべきなのかが争われた。

１，２審は，Ｘは，事故後３年間はＹで得ていた収入と同額の収入を得られるが，その後は67歳まで，パキスタンで来日前に得ていた収入と同額の収入（月額３万円）を得られるものとして，逸失利益を計算した。これに対して，Ｘは，上告した。

〔**判旨**〕上告棄却

1　「…一時的に我が国に滞在し将来出国が予定される外国人の逸失利益を算定するに当たっては，当該外国人がいつまで我が国に居住して就労するか，その後はどこの国に出国してどこに生活の本拠を置いて就労することになるか，などの点を証拠資料に基づき相当程度の蓋然性が認められる程度に予測し，将来のあり得べき収入状況を推定すべきことになる。そうすると，予測される我が国での就労可能期間ないし滞在可能期間内は我が国での収入等を基礎とし，その後は想定される出国先（多くは母国）での収入等を基礎として逸失利益を算定するのが合理的ということができる。そして，我が国における就労可能期間は，来日目的，事故の時点における本人の意思，在留資格の有無，在留資格の内容，在留期間，在留期間更新の実績及び蓋然性，就労資格の有無，就労の態様等の事実的及び規範的な諸要素を考慮して，これを認定するのが相当である」。

2　Ｘが，本件事故後に勤めた製本会社を退社した日の翌日から３年間は我が国においてＹから受けていた実収入額と同額の収入を，その後は来日前にパキスタンで得ていた収入程度の収入を得ることができたものと認めた原審の認定判断は，不合理とはいえない。

＜第６章の復習＞

1．労基法４条違反が成立する場合において認められる救済方法について説明しなさい。
2．間接差別とは何か。均等法上の間接差別の概念の特徴について説明しなさい。
3．違法な男女昇格差別の成立が認められた場合に，昇格したならば得られたであろう賃金額との差額賃金請求権は認められるか。
4．金融機関であるＡ社には，総合職と一般職の雇用管理区分が設けられ，採用も別々に行われている。総合職は，将来，課長以上の指導層に昇進することを前提として，海外も含めて，転勤もありうるが，一般職は，昇進の上限が課長であり，一定の地域内での勤務に限定されている。採用後，本人の希望または上司の推薦により，雇用管理区分を転換することは可能である。
将来のいろいろな可能性を考えて，Ｂさん（女子学生）は，一般職に応募して採用されたが，実際に入社すると，総合職は９割が男性で，一般職は全員女性であり，一般職から総合職に転換した女性社員はいないことがわかった。また，一般職で課長まで昇進した社員もいなかった。総合職では，ようやく，同期でもっとも遅れて，女性が初めて54歳で部長に昇進した（Ａ社では，役職定年制により，55歳で役職を退くことになっている）。総合職の女性は，結婚や出産を機に辞めた人も少なくなく，一般職に転換した人はいないということであった。
Ｂさんの同期入社の社員や年齢の近い先輩社員について，一般職と総合職との間で，とくに研修や仕事の内容に区別はない。賃金も，課長になるまでは，一般職と総合職との間でほとんど異ならないようである。Ｂさんは，Ａ社の雇用管理区分は，名目的なものにすぎず，違法な男女差別ではないかと考えている。この問題について，どのように考えたらよいか。
5．障害者に対する合理的配慮とは何か。
6．日本の外国人労働者の受入れ政策について説明しなさい。

〈コラム〉　日本の間接差別の禁止規定の特殊性

間接差別は，アメリカ合衆国では，差別的効果（disparate impact）と呼ばれ，業務内容と直接関連性の認められない学歴を必要とする応募条件が，黒人に不利に働くものとして，人種差別であると認められたGriggs事件（Griggs v. Duke Power Co., 401 U.S. 424［1971］）によって確立した。その後，この概念を受け入れたヨーロッパでは，パートタイム労働者には女性が多いことから，パートタイム労働者とフルタイム労働者の賃金格差が，間接性差別として，EU司法裁判所によって，男女同一賃金原則（EU運営条約157条）に反して，違法と認められるようになった。

たとえば，ジェンキンス事件（Jenkins v. Kingsgate（Clothing Productions）Ltd., Case 96/80, ECLI:EU:C:1981:80）では，婦人服製造業において，全員女性であるパートタイム労働者の時給がフルタイム労働者より10％低く設定されていたことについて，使用者は，パートタイム労働者の時給が低いのは，欠勤を抑制し，機械の稼働率を向上させるためであると主張したのに対し，EU司法裁判所は，男性よりも著しく低い割合の女性しか，フルタイムで勤務することができない場合，使用者の賃金政策が，性別に基づく差別以外の理由によって正当化されない限り，ローマ条約119条（現EU運営条約157条）に違反すると判断した。

また，ビルカデパート事件（Bilka Kaufhaus v Weber von Hartz, Case 170/84, ECLI:EU:C:1985:410）では，使用者が全額を拠出する事業所年金の受給が認められるためには，勤続年数20年のうち，15年間はフルタイムで勤務していなければならないという取扱いが，男性よりもはるかに多くの女性に影響を及ぼす場合には，使用者が，客観的な正当事由を立証できない限り，ローマ条約119条（現EU運営条約157条）に違反すると判断された。そして，EU司法裁判所は，賃金格差の正当事由の基準として，問題となった取扱いが，「企業の業務にとって真に必要であり，目的達成のために選択された手段がふさわしく，かつ不可欠である場合」という基準を示した。

日本では，EUのように，正規雇用と非正規雇用の賃金格差を間接性差別として違法とすることは時期尚早であるという政策判断によって，違法な間接差別の範囲が均等法施行規則で定めるものに限定されることになった。

〈コラム〉 男女雇用平等の実現

雇用における男女平等の実現のため，差別禁止法理とワーク・ライフ・バランスを支援するための法制度が欠かせないが，それでも，指導的立場における女性の割合は少なく，最近では，クォータ制度の導入という新たな法規制が採用されるようになっている。日本では，女性活躍推進法における行動計画の作成義務に止まっているが，ヨーロッパでは，指導層における女性の割合を一定以上とすることが義務化されており，たとえば，ドイツでは，株式会社の監査役会（意思決定機関）の構成員の３割を女性としなければ，監査役会の選出決議は無効となり，５割を女性とすることが努力義務となっている。

他方，ヨーロッパでは，かつて，ポジティブ・アクションが男性に対する逆差別に当たるかが争われ，EU司法裁判所は，ポジティブ・アクションの有効性を厳格に解してきた。すなわち，あるポストに応募した男女が同じ資格・適性を有する場合に，自動的に女性を起用することは違法であり，「男性の個人的事由が優っていない限り」という例外の余地を認めなければならないと述べていた（Case C-450/93, Kalanke, ECLI:EU:C:1995:322; Case C-409/95, Marschall, ECLI:EU:C:1997:533）。

近年のクォータ制が，かかる判例に抵触しないのかが気になるが，新たな男女雇用平等の実現手段として，積極的に活用されるようになったといえよう。

第７章　非典型雇用

はじめに

本章では，いわゆる**非正規雇用**（本書では非典型雇用という）をめぐる問題を扱う。非典型雇用であっても，たとえば労基法９条の**使用従属関係**が認められれば，正社員と同じく「労働者」として同法による保護が及ぶ点に変わりはない（**➡第２章**）。では，両者には法的にどのような違いがあるのか。本章では非典型雇用の実態，有期労働者の雇用保障に関する諸規制，いわゆる正社員との均衡処遇をはじめ処遇改善にかかる諸規制，労働者派遣，さらには高年齢者雇用の問題を扱う。

１　非典型雇用の実態

⑴　非典型雇用とは

日本では，労働者のなかでも，「正社員」と，それ以外のパートタイマー，アルバイト，契約社員，嘱託，派遣など，様々な名称の非典型雇用とで人事管理の仕方が大きく異なる（**➡第１章３⑷**）。法的には正社員について明確な定義はないが，①無期雇用の（労働契約に期間の定めがなく），②直接雇用された（派遣ではなく），③フルタイムの労働者を正社員とし，これらの一つでも満たさないものを非典型雇用として区別してきた。

⑵　非典型雇用の特徴

非典型雇用の約半数は女性パートであり，アルバイト，契約社員と続く。派遣の割合は低く，労働者全体の２％程度にとどまる（**図表７－１**）。

図表７－２は，正社員と非典型雇用とでいずれもフルタイムで就労する者の賃金（月額）を年齢階層別でみたものである。非典型雇用の賃金がほぼフラットであるのに対し正社員の賃金には年齢による変化がみられる。非典型雇用の月額賃金は，平均で正社員の約６割程度にとどまる。

月額の賃金以外でも，賞与（ボーナス）や退職金制度等の有無など様々な違いがあり（**図表７－３**），これらは企業規模が大きいほど拡大する傾向がある。

労働者のうち非典型雇用の割合は，1984年には15％であったものが最近では40％近くにまで増加している。直近10年でみると，増加した非典型雇用の７割は

〔図表７－１〕非典型雇用の内訳

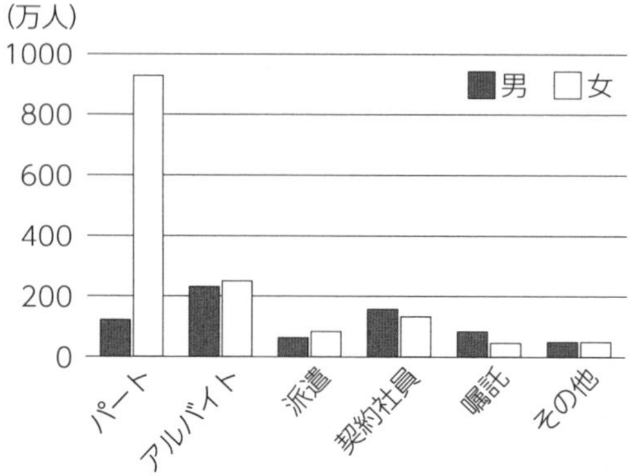

総務省「労働力調査」(令和元年)

〔図表７－２〕賃金格差（フルタイム）

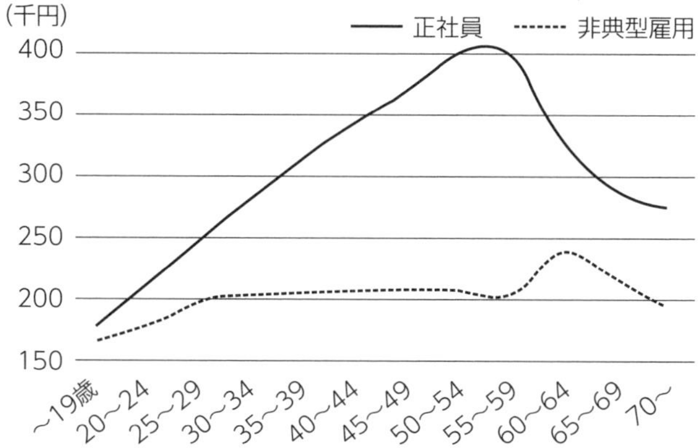

厚労省「賃金構造基本統計調査」(令和元年)

〔図表７－３〕各種制度の適用状況別労働者割合

	賞与	退職金	福利厚生施設等	厚生年金	企業年金
正社員	86%	81%	54%	99%	30%
非典型雇用	31%	10%	24%	52%	5%

厚労省「就業形態の多様化に関する総合実態調査」(平成26年)

〔図表7－4〕増加する非典型雇用

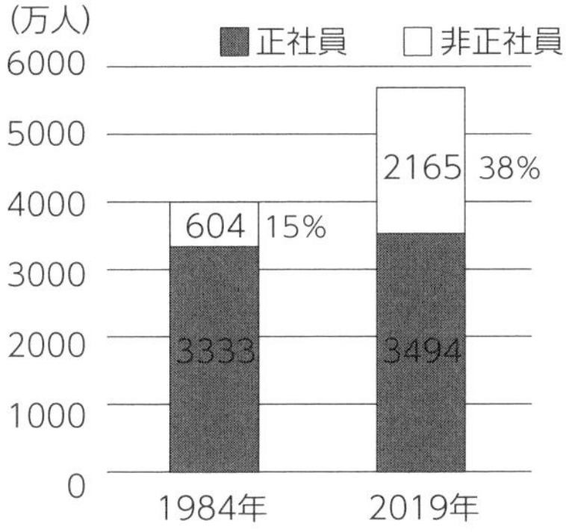

総務省「労働力調査」(令和元年)

60歳上の高年齢者で，残る3割の大部分は59歳以下の女性である。すべての人がフルタイムの正社員としての就労を希望するわけでなく，家庭の事情で非典型雇用を選ぶ割合が高い。反対に，正社員になれなかったために非典型雇用を選んだ者は，非典型雇用の1割程度にとどまる。こうした**不本意非正規**は，非典型雇用のなかでは賃金の高い契約社員や派遣に集まる傾向がある。

非典型雇用は一般に正社員と比べて地位が不安定で，労働条件が低いことが問題となっている。以下ではこれらに対する法規制をみる。

2　雇用保障のあり方

(1)　労働契約の期間

労働契約には，期間の定めのない無期雇用と，たとえば3ヵ月や1年といった期間を定めた有期雇用とがある。諸外国では，無期雇用を原則とし，正当な理由がなければ有期雇用の利用を認めない例もある。しかし日本では，労働契約に期間を定めるか否かは契約自由であり，たとえば業務が継続的に存在する場合に，労働者を短期間の有期で雇用することも制限されない。無期雇用と有期雇用は法的にどのように異なるのか。

無期雇用　無期雇用の場合，当事者が契約の解消を申し出たり消滅（死亡や倒産など）しないかぎり，労働契約は定年まで存続する。定年がない場合もある。日本ではとくに使用者からの労働契約の一方的な解消（解雇）に合理性がなければ無効となり，従業員としての地位の確認請求により雇用の存続保護が図られる（労契法16条。➡**第13章**）。前述のように，「正社員」の要素の一つは無期雇用であることであった。

有期雇用　一方，全労働者の３割程度の労働契約には期間の定めがあり，非典型雇用の多くが有期雇用である。有期雇用には，契約期間内の拘束機能と，期間満了による当然終了という二つの側面がある。

⑵　期間中の拘束と期間制限

まず，労働契約に期間を定めた場合，期間途中の一方的な解約には「やむを得ない事由」が必要となる（民法628条，労契法17条。例外として民法626条参照）。中途解約の「やむを得ない事由」は労使双方で問題となる。使用者からの中途解約の「やむを得ない事由」は，無期雇用の場合に解雇が認められる「客観的に合理的な理由」（労契法16条）よりも厳格で，期間中における労働者の雇用保障という面がある。しかし他方で，有期雇用の期間中は労働者も拘束される。歴史的にみれば，比較的長期の有期雇用とあわせ労働者からの中途解約に高額の違約金を課すことで，不当な人身拘束が問題となってきた（年季奉公など）。

そこで労基法では，労働契約の不履行について違約金の定め等を禁止するとともに（16条。➡**第13章**），契約期間の上限を定めている。すなわち労働契約の期間の定めは，一定の事業の完了に必要な期間を定めるもの（有期の建設工事での雇用など）のほかは原則３年以内に制限される。労基法の制定時には契約期間の上限は１年であったが，2003年の改正で規制緩和されている。もっとも同年の改正後にも当面の措置として，労働者の側からは１年経過後には解約の自由が認められている（労基法137条。有期プロジェクト業務は除く）。

そのうえで労基法は，例外として，専門的知識や技術，経験を有する労働者が当該高度の専門的知識等を必要とする業務に就く場合や，満60歳以上の労働者との間に締結される労働契約については，契約期間の上限は５年まで認めている（14条各号）。前者は交渉力が高く不当な人身拘束のおそれは低いとの考え方によるが，その対象は，博士の学位を有する者や有資格者（公認会計士，医師，薬剤師，弁護士など），発明者，いわゆる高度プロフェッショナル制度の対象者など限定的である。一方，後者の例外は高年齢者の雇用促進の観点から認められている。

期間制限に違反する場合，労基法13条の強行的・直律的効力により契約期間は３年（例外に該当する場合には５年）に修正される（平成15・10・13基発1022001号）。

なお，労基法が規制するのは，ある単一の契約期間の上限にとどまり，更新による延長は含まない。有期雇用は期間が満了すれば特段の理由や予告がなくても終了し，その更新には両当事者の合意が必要である以上，契約関係から自由に離脱でき不当な人身拘束のおそれはないからである。

〔図表７－５〕期間満了による雇止め

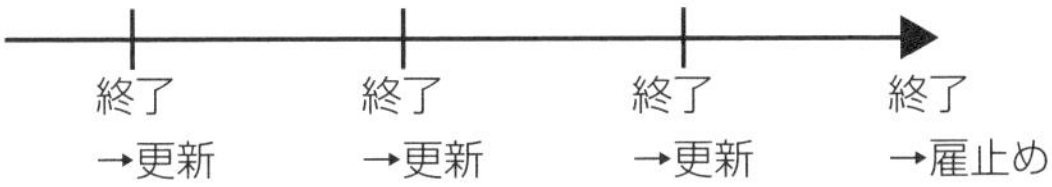

⑶　期間満了による終了と雇止めの制限

前述のように，日本では労働契約に期間の定めをするか否かは自由であり，期間の長さが規制されるにとどまる。そこで，比較的短期の有期雇用を反復更新したのちに，使用者の方が更新を拒絶する「**雇止め**」が問題となる。とくに日本では解雇制限があるなかで，有期雇用の雇止めを自由に認めることはバランスを欠く。

この点，労契法17条２項は，有期労働者の使用目的に照らし，短期間での契約の反復更新をしない配慮を使用者に求めている。また，使用者は，採用時に更新の有無等につき書面で明示することや（労基則５条），一定の要件を満たす有期雇用では雇止めの予告や理由の明示等まで要請されるなど（平成15・10・22厚労告357号，平成20・１・23厚労告12号），予期せぬ雇止めを制限するための施策が講じられている。もっとも，こうした諸規制にただちに私法上の効力はない。雇止めの問題に対しては，二つの判例法理による救済が図られてきたものが，現在では労契法19条として整理されている。

実質無期のケース　まず，有期雇用の反覆継続により実質的に無期雇用と異ならないと評価できる場合である（労契法19条１号）。先例である東芝柳町工場事件（最判昭和49・７・22民集28巻５号927頁）は，契約期間２ヵ月の臨時工らが，５～23回の契約更新後に雇止めされたケースであった。

最高裁は，「本件各労働契約は，当事者双方ともいずれかから格別の意思表示がなければ当然更新される意思であったものと解するのが相当であり，期間の満了毎に当然更新を重ねてあたかも期間の定めのない契約と実質的に異ならない状態」とする。そして本件雇止めは実質的には解雇の意思表示にあたり解雇に関する法理を類推すべきところ，「期間満了を理由として雇止めをすることは，信義則上からも許されない」としたうえで，使用者による雇止めの合理的理由の立証を欠くなかで，契約の更新があったのと同じ効果を認めている。

もっとも，こうした判決が登場すると，その後の人事管理としては有期雇用と無期雇用が同視されることのないよう，更新手続の厳格化などが進み労働者が救済される例は少なくなる。

雇用継続の合理的期待があるケース　こうしたなかで登場したのが日立メディコ事件・最判昭和61・12・4労判486号6頁である（現在の労契法19条2号）。同事件では，契約期間2ヵ月の労働契約が5回更新された臨時員について，不況に伴う業務上の都合による雇止めが問題となった。

最高裁は，同事案を実質無期型のケースではないとしつつ，当該工場の「臨時員は，季節的労務や特定物の製作のような臨時的作業のために雇用されるものではなく，その雇用関係はある程度の継続が期待」され，現に5回の更新がなされたことを指摘する。そのうえで，「このような労働者を契約期間満了によって雇止めするに当たっては，解雇に関する法理が類推され，解雇であれば解雇権の濫用，信義則違反または不当労働行為などに該当して解雇無効とされるような事実関係の下に使用者が新契約を締結しなかったとするならば，期間満了後における使用者と労働者間の法律関係は従前の労働契約が更新されたのと同様の法律関係となる」とした。

もっとも，続けて最高裁は，「臨時員の雇用関係は比較的簡易な採用手続で締結された短期的有期契約を前提とするものである以上，雇止めの効力を判断すべき基準は，いわゆる終身雇用の期待の下に期間の定めのない労働契約を締結しているいわゆる本工を解雇する場合とはおのずから合理的な差異がある」とする。そして結論として，本件雇止めには合理的理由があり適法とした。

合理的期待の判断要素　雇止めが争われたその後の裁判例では，前述の実質無期型ではなく，雇用継続の合理的期待の有無が問題となる例が大勢である。合理的期待について，ある裁判例では，他の労働者につき自己都合のほかは例外なく更新されてきたケースで，初回の更新時であっても期待の合理性を認めている（龍神タクシー事件・大阪高判平成3・1・16労判581号36頁）。考慮事項は多様であるが，裁判例をふまえた労契法19条の施行通達では，当該雇用の臨時性・常用性，更新の回数，雇用の通算期間，契約期間管理の状況，雇用継続の期待をもたせる使用者の言動の有無などを総合考慮して，個々の事案ごとに判断すべきと整理されている（平成24・8・10基発0810第2号）。

不更新特約・更新上限の定めと合理的期待　期待の合理性は総合考慮で判断されるところ，当初から更新の上限（回数や期間）を定めるケース，または契約が反復更新するなかで使用者が更新の上限を一方的に通知し，もしくは契約更新時に次回の更新はしない旨を明示するケースが問題となる。裁判例では，当初から労働者が更新の上限を認識していた場合はもちろん（北海道大学〔契約職員・雇止め〕事件・札幌地判平成26・2・20労判1099号78頁［上告不受理］，ダイキン工業事件・大阪地判平成24・11・1労判1070号142頁），契約が反復継続するなかで不更新特約が設けられた場合でも，使用者が十分な説明をなし，労働者も契約更新がないことを理解している場合には，雇止め制限法理の適用が否定されている（本田技研工業事件・東京高判平成24・９・20労経速2162号３頁［上告不受理］）。

(4) 雇止め制限法理の特徴

従前の判例法理には，雇止めが違法だとして，なぜ更新という効果が生じるのかという理論的問題があった。労契法19条はこれを立法的に解決し，労働契約における合意原則との調和から，労働者による契約更新の申込みに対する使用者の承諾の「みなし」という形式をとりつつ，規制の中核については判例法理を踏襲している。すなわち労契法19条によると，(1)①有期雇用が反復継続し，使用者による雇止めが無期雇用における解雇の意思表示と同視できる場合（同条１号），②または，有期労働契約の契約期間の満了時に，労働者が当該契約が更新されると期待することに合理的な理由がある場合において（同条２号），(2)労働者が期間満了日までの間または満了後遅滞なく有期労働契約の更新（締結）の申込みをした場合に，(3)当該申込みを使用者が拒絶することが，客観的に合理的な理由を欠き，社会通念上相当であると認められないときは，(4)使用者は，従前の有期労働契約の内容である労働条件と同一の労働条件で当該申込みを承諾したものとみなされる。もっとも，雇止め制限法理には解雇規制と比べ次のように手薄な点がある。

第一は適用要件の違いで，労契法19条の保護が及ぶのは，①有期雇用の更新拒絶が実質的に無期雇用における解雇と異ならないと評価できるか（同条１号），②労働者に雇用継続への合理的期待が認められる場合（同２号）に限られる。とくに，いわゆる不更新条項（特約）や更新上限がある場合など，これらが認められるハードルは高い。有期雇用はあくまで期間満了により終了することが原則であり，無期雇用の解雇であれば，あらゆる場合に合理性が求められるのとは大きく異なる。

第二に，仮に第一の点が認められ，雇止めの合理性が問題となるとしても，前掲・日立メディコ事件が指摘するように，その判断は一般の解雇と比べて緩やかとなる可能性がある。そもそも判例は，正社員を整理解雇するケースで，解雇よりも先に非典型雇用の雇止めをすることを「解雇回避努力義務」の一環として重視してきた面もある（ただし今後は，パート・有期法８条，９条との関係が問題となる）。

第三は，仮に第一の要件を満たし，第二の雇止めの合理性審査もクリアした場合の効果面の違いである。解雇であれば合理性がなければ無効となり雇用が継続するのに対して，雇止めが違法となっても従前と同様の契約更新が認められるにすぎない。

(5) 無期転換ルール

こうしたなか，雇止め制限法理の立法化と同時に，労契法18条では一定の場合に有期雇用を無期雇用へと転換する無期転換ルールが創設された。無期転換の対象となるのは，有期雇用が通算５年を超えて反復継続し，契約期間内に労働者が申し出た場合である。５年内に一定の空白期間（クーリング期間）があれば前後の期間は通算されない。クーリング期間の定めは労働契約の期間によって異なり，たとえば契約期間が１年であればクーリング期間は６ヵ月となる。

無期転換の意義　以上の要件を満たすと，無期転換を希望する労働者の申込みに対して，使用者は承諾したものとみなされる（労契法18条）。新たな労働契約には期間の定めはなく，労働契約の使用者からの一方的な解消に対しては解雇規制がそのまま適用される。他方，労契法が求めるのはあくまで無期転換にとどまり，転換後の労働条件については合意や就業規則等で決まり，それらがない場合には従前の契約内容が維持される。たとえば勤務地や職務内容を限定して採用された有期労働者が無期転換するからといって，当然に「正社員」となるわけではない（限定正社員と呼ばれることがある）。

無期転換ルール（労契法18条）の創設により，今後，雇止め制限法理（労契法19条）が問題となるのは，①５年以内の期間で有期雇用が反復更新するケース，および②例外的に５年を超え反復継続しているが，労働者の希望やクーリング期間の設定など何らかの理由で無期転換はしないケースでの雇止めが中心となる。

特例措置　無期転換ルールは，①高度専門職かつ年収1075万円以上の有期労働者で，５年を超える一定期間内に完了する業務（プロジェクト）に就く者，②定年後に同一使用者との間で有期労働者として継続雇用する場合（所轄の労働局長の特例認定が必要）には適用されない。また，③大学や研究開発法人の研究者等については，無期転換申込権が発生するまでの期間は10年とされる。

3　パート・有期法による諸規制

(1) 規制の概要

次に非典型雇用をめぐる雇用保障以外の労働条件に関しては，パート・有期法による特別な規制がある。同法は，短時間労働者（パートタイマー）や有期雇用労働者の果たす役割の重要性をふまえ，その適正な労働条件の確保，雇用管理の改善，通常の労働者（典型的には正社員）への転換の推進により，通常の労働者との均衡のとれた待遇の確保を図ること等を目的に（１条），旧パートタイム労働法の名称を変更して2020年４月から施行されている。

同法が対象とするのは，有期雇用の労働者，および短時間労働者である。後者は，１週間の所定労働時間が同一使用者に雇用される通常の労働者の所定労働時間に比べ短い労働者をいう。したがって，パートと呼ばれつつフルタイムで就労するいわゆる「疑似パート」については，無期雇用の場合には同法は適用されない。

同法は使用者に対して，労基法15条に加え，昇給の有無，退職手当の有無，賞与の有無，相談窓口等を，採用時に書面で短時間・有期雇用労働者に明示することや（６条），正社員等への転換促進を求めるほか（13条），雇用管理の改善に向けた種々の公法的な規制を課している。これらは当初は努力義務であったものが強化されているが，さらに近年大きく変化しているのが処遇の均等・均衡に関する規制である。

⑵　処遇の均等・均衡をめぐる規制

労働契約は労働者が使用者の指揮命令にしたがった労務の提供をし，使用者がそれに対して賃金を支払うことを内容とする有償の双務契約である。資本主義経済体制下においては，どのような労働（仕事）に対して，どのような対価（賃金）を支払うかは，労働市場をとりまく諸事情をふまえつつ，原則として契約自由の範疇にある。これに対する例外として最賃法による規制があるほか（➡**第８章**），一定の差別的取扱いも法で明確に禁止される。では，それに加えて，一般的に労働者間で処遇のバランス（均衡）を考慮すべきであろうか。

従来の裁判例　この問題に対しては長らく立法がないなかで，裁判例の立場はわかれていた。法の下の平等（憲法14条）や労基法３条・４条といった差別禁止規制の根底には「均等待遇の理念」があり，正社員とパートタイマーとの処遇格差が著しい場合には公序違反として（民法90条），差額賃金の一部に相当する損害賠償の支払いを認めた例として，丸子警報器事件（長野地上田支判平成８・３・15労判690号32頁）がある。同事件は，工場でのライン作業に従事する女性正社員と女性パートとで，実際の労働時間は正社員とほぼ同じであるにもかかわらず，同一の勤続期間の労働者間で約４割の賃金格差が生じていたケースで，このうち２割を超える格差が違法とされた。

しかし他方で，同じく正社員と非典型雇用とで類似の業務に従事しているにもかかわらず，４割程度の賃金格差が問題となった日本郵便逓送事件（大阪地判平成14・５・22労判830号22頁）では，両者の採用手続等の違いや契約自由を尊重する立場から格差が容認された。同事件では，「労働の価値が同一か否かは，職種が異なる場合はもちろん，同様の職種においても，雇用形態が異なれば，これを客観的に判断することは困難であるうえ，賃金が労働の対価であるといっても，必ずしも一定の賃金支払期間だけの労働の量に応じてこれが支払われるものではなく，年齢，学歴，勤続年数，企業貢献度，勤労意欲を期待する企業の思惑などが考慮され，純粋に労働の価値のみによって決定されるものではない」と指摘されており，同様の観点から救済を否定するのが裁判例の趨勢であった。

パート・有期法９条（差別的取扱いの禁止） もっとも，その後，非典型雇用の増大とともに正社員との処遇格差が大きな社会問題となるなかで，旧パートタイム労働法や労契法が相次いで改正される。現在では従前の労契法20条とパートタイム労働法とが統合され，パート・有期法８条および９条で整理されている（2020年４月施行）。

パート・有期法９条によると，使用者は，職務の内容が通常の労働者（一般的には正社員を指す）と同一の短時間・有期雇用労働者で，当該事業所における慣行その他の事情からみて，当該事業主との雇用関係が終了するまでの全期間において，職務内容および配置が正社員のそれと同一範囲で変更されると見込まれるものについては，基本給，賞与その他の待遇について差別的取扱いをしてはならない。

この規制は，あらゆる労働条件についてパートや有期労働者といわゆる正社員との間での均等待遇を求めるものであるが，その対象となる労働者は，職務内容および配置の変更の範囲が同じであることが必要で，同条が問題となるケースはまれである。

パート・有期法８条（均衡処遇，不合理な格差の禁止） 一方，同法８条では，使用者は，その雇用する短時間・有期雇用労働者の基本給，賞与その他の待遇につき，通常の労働者（一般的には正社員を指す）の待遇との間において，①業務の内容および当該業務に伴う責任の程度（職務内容），②職務内容および配置の変更の範囲，③その他の事情のうち，当該待遇の性質および当該待遇を行う目的に照らして適切と認められるものを考慮して，不合理と認められる相違を設けてはならないと規定する。同一の使用者に雇用される正社員とパートや有期労働者との間で労働条件が異なる場合を広く対象としつつ，不合理でないかぎり格差を許容する点で（均衡処遇），前述の９条（差別的取扱いの禁止＝均等待遇）とは大きく異なる。

これらに違反する法律行為は無効となるが，労基法13条のような明示の直律効を欠くなかで，ただちに「通常の労働者」の労働条件の内容で補充されるわけではない。ただし，法違反は不法行為の違法性を基礎づけるほか，就業規則等の規定の仕方によってはその（合理的）解釈を通じて契約内容が補充される余地はある（平成31・1・30基発0130第1号）。

不合理性の判断　格差が不合理であるか否かは，①職務内容（責任の程度を含む），②職務内容や配置の変更の範囲，③その他の事情を総合考慮して判断される。この点，労働条件は本来はパッケージであるが，格差の不合理性については労働条件ごとに判断され，たとえば諸手当の不支給が問題となるケースであれば，各手当の趣旨・目的に応じて個別に検討される。ただし，労働条件全体での格差も「その他の事情」として考慮され得る。なお，雇用形態等により賃金の決定基準等が異なること自体は，ただちに不合理とみないことが前提となっている。不合理性の判断については**指針**（ガイドライン）がある（平成30・12・28厚労告430号）。

いわゆる正社員の働き方も多様化するなかで，格差の不合理性を検討する比較対象をどのように画定するかも問題となり，施行通達では「通常の労働者」の詳細な解釈指針がある。この点，メトロコマース事件・東京高判平成31・2・20労判1198号5頁は，労契法旧20条をめぐり，「比較対象とする無期契約労働者を具体的にどの範囲の者とするかについては，その労働条件の相違が…不合理と認められると主張する有期契約労働者において特定して主張すべきものであり，裁判所はその主張に沿って」判断するとしており参考となる。

case　ハマキョウレックス事件・最判平成30・6・1民集72巻2号88頁

〔事案の概要〕

Xは，Y社のトラック運転手として，6ヵ月の有期労働契約を反復更新してきた。契約社員であるXと正社員とを比較すると，①無事故手当，②作業手当，③給食手当，④住宅手当，⑤皆勤手当，⑥家族手当，⑦賞与，⑧退職金の支給がなく，⑨定期昇給も原則としてないとの相違があり，また，⑩通勤手当の支給額が2000円少ない時期があった。Yにおけるトラック運転手について，契約社員と正社員との間で業務内容や当該業務に伴う責任の程度に相違はない一方，正社員には出向を含む全国での異動の可能性があるが，契約社員では就業場所の変更や出向は予定されていない。

Xは上記①～⑩の相違が労契法20条（当時）違反であると主張して，Yに対し，⑴労働契約に基づき正社員と同一の権利を有する地位にあることの確認とともに，⑵主位的には労働契約に基づき差額賃金の支払いを求め，⑶予備的に，不法行為に基づき差額相当額の損害賠償を求めた。

第１審がＸの請求のうち，⑩通勤手当に相当する額の損害賠償請求のみ認容したのに対して，控訴審では，それに加えて，①無事故手当，②作業手当，③給食手当に相当する額の損害賠償請求を認容しその余を棄却したので，Ｙが上告しＸも附帯上告した。

〔判旨〕上告棄却（皆勤手当に係る部分は差戻し）

労契法20条は「有期契約労働者と無期契約労働者との間で労働条件に相違があり得ることを前提に…職務の内容等の違いに応じた均衡のとれた処遇を求める規定である」。「有期労働契約のうち同条に違反する労働条件の相違を設ける部分は無効となる」が，同条は違反の効果として無期契約労働者の労働条件と同一となる旨を定めていない。また，Ｙでは正社員と契約社員とで異なる就業規則が適用されるところ，就業規則の合理的解釈としてＸに本件正社員給与規程が適用されると解することも困難であり，Ｘの確認請求および差額賃金請求には理由がない。

そのうえで，Ｘの損害賠償請求について，本件諸手当の相違は，契約社員と正社員とで異なる就業規則が適用されることで生じており，労契法20条にいう期間の定めがあることにより相違している場合に当たるとする。そして，「両者の労働条件の相違が不合理であるか否かの判断は規範的評価を伴うものであるから，当該相違が不合理であるとの評価を基礎付ける事実については当該相違が同条に違反することを主張する者が，当該相違が不合理であるとの評価を妨げる事実については当該相違が同条に違反することを争う者が，それぞれ主張立証責任を負う」としたうえで，個々の相違が不合理か否かを検討する。

まず，住宅手当は，「従業員の住宅に要する費用を補助する趣旨で支給されるものと解されるところ，契約社員については就業場所の変更が予定されていないのに対し，正社員については，転居を伴う配転が予定されているため，契約社員と比較して住宅に要する費用が多額となり得る」として，格差は不合理でないとする。

次に，皆勤手当は，「会社が運送業務を円滑に進めるには実際に出勤するトラック運転手を一定数確保する必要があることから，皆勤を奨励する趣旨」であるところ，契約社員と正社員の職務内容は異ならず，契約社員では原則昇給がないうえ，皆勤の事実を考慮して昇給が行われた事実もないこと等を指摘して，格差を不合理としたうえで，Ｘが支給要件を満たしているか否か等の審理のために原審に差し戻した。

一方，原審でも格差が不合理とされた諸手当についても個々に検討し，たとえば，①無事故手当は「優良ドライバーの育成や安全な輸送による顧客の信頼の獲得を目的として支給されるものである」ところ，事故防止等の必要性については，職務の内容によって両者の間に差異が生ずるものではないこと，②作業手当は「特定の作業を行った対価として支給されるものであり，作業そのものを金銭的に評価して支給される性質の賃金」であるところ，契約社員と正社員の職務内容は異ならず，行った作業に対する金銭的評価が異なるものではないこと，③給食手当は，「従業員の食事に係る補助として支給されるものであるから，勤務時間中に食事を取ることを要する労働者に対して支給することがその趣旨にかなう」ところ，契約社員と正社員の職務内容は異ならないうえ，勤務形態に違いがある等の事情もないとして，いずれも原判決の立場を支持している。

パート・有期法８条（改正前の労契法20条など）をめぐっては，基本給（救済否定例として長澤運輸事件・最判平成30・６・１民集72巻２号202頁，日本ビューホテル事件・東京地判平成30・11・21労判1197号55頁，肯定例として産業医科大学事件・福岡高判平成30・11・29労判1198号63頁），賞与（救済否定例としてメトロコマース事件・最判令和２・10・13労判1229号90頁，大阪医科薬科大学事件・最判令和２・10・13労判1229号77頁，井関松山ファクトリー事件・最判令和３・１・19判例集未登載，肯定例として大阪医科薬科大学事件の控訴審），退職金（救済否定例として前掲・メトロコマース事件，肯定例として同控訴審），諸手当（たとえば住宅手当の不支給につき救済否定例として前掲・長澤運輸事件，前掲・ハマキョウレックス事件〔前掲 case 〕，肯定例として前掲・井関松山ファクトリー事件），夏季冬期休暇等（救済肯定例として日本郵便事件・最判令和２・10・15労判1229号58頁）のそれぞれについて多数の裁判例がある。

パート・有期法８条のもとで無数の裁判例が登場するなかで，実務的には処遇の均衡化に向けた取組みが加速している。今後は，賃金，賞与・退職金制度全体の見直し，手当の廃止などにより均衡を確保することの適否が問題となる。主として就業規則の不利益変更の問題であるが，均衡処遇の推進目的（場合によっては違法状態の是正）による変更のケースで，たとえば労契法10条における「労働条件の変更の必要性，変更後の就業規則の内容の相当性，労働組合等との交渉の状況その他の就業規則の変更に係る事情」をどのように考慮するかが検討課題となろう。

待遇差の説明義務など　以上のほか，2020年施行のパート・有期法では，通常の労働者との待遇差に関する説明義務や行政による裁判外紛争処理手続（ADR）

〔図表７－６〕待遇差の説明義務

採用時	・昇給・一時金・退職金の有無，相談窓口の文書明示（６条）。 ・賃金の決定方法，教育訓練の実施，福利厚生施設の利用など雇用管理改善措置の説明（14条１項）。
労働者が求めた場合	・通常の労働者との待遇差の内容，理由の説明義務（14条２項）。 ・説明を求めたことを理由とする不利益取扱いの禁止（同３項）。

が創設されている。説明義務は採用時と労働者が求めた場合とで区別される（**図表７－６**）。説明義務に違反した場合にも，私法上ただちに何らかの効果が生じるわけではないが，実務的には，①格差が不合理でないと説明のつく労働条件設定（見直し）のインセンティブと，②合意を促進する機能がある（説明義務の私法的効力とは別に，不合理性の判断のなかで説明・合意の評価が問題となる）。

パート・有期法８条の規制は，**裁判規範**としては不明確な部分が多いが，こうした説明義務や，行政による助言・指導，さらには紛争解決手続としても民事裁判より柔軟な行政ADRを活用することにより，人事制度の見直しが図られるという意味で，**行為規範**としては重要な役割を果たし得る。

4　労働者派遣

(1)　労働者派遣とは

〔図表７－７〕派遣労働関係

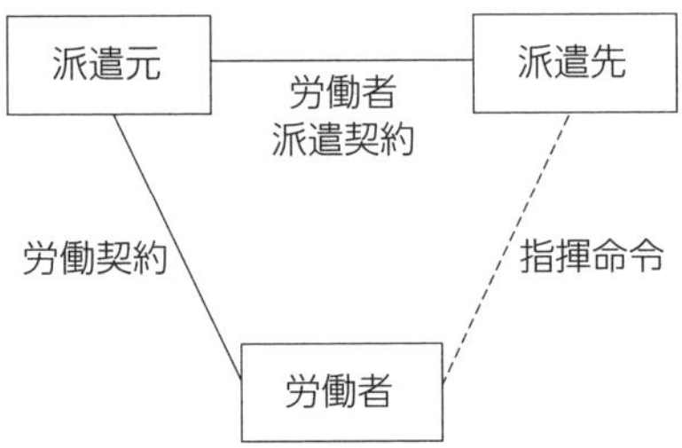

労働契約には，契約の当事者と指揮命令関係の当事者とが一致する直接雇用と，両者が分離する間接雇用がある。後者の典型が派遣で労働者全体の2%程度にとどまるが，不安定な雇用として厳しい批判がある。派遣労働関係では，派遣元（派遣会社）と派遣先との間で**労働者派遣契約**があり，労働者は派遣元（派遣会社）との間で労働契約（派遣労働契約）に基づき賃金を支払われる等の雇用関係があるが，日々の指揮命令を行うのは派遣先であり，派遣先と労働者との間では契約

関係がない点に特徴がある（**図表7－7**）。

労働者派遣と同様に三者間での就労が問題となるケースとして，**（在籍）出向**や**業務処理請負**がある。出向や業務処理請負に特段の規制がない一方，派遣では派遣法の厳格な規制を受けるため，その区別が重要となる。この点，出向では出向労働者に対して出向先が指揮命令を行うが，出向元に加え，労働者と出向先との間でも部分的とはいえ労働契約関係がある点で派遣と区別される（派遣法２条１号参照）。一方，業務処理請負では，たとえば別企業（発注企業）の事業所で就労するケースでも，労働者に対する指揮命令はあくまで請負企業（労働契約の相手方）が行う点で派遣と一応は区別される。もっともこれらは実態で判断され，たとえば業務処理請負と称していても，発注元から労働者への指揮命令があれば**「偽装請負」**となり派遣法の規制は免れない。

⑵　規制の変遷

終戦直後に制定された職業安定法は，民営の職業紹介事業のほか，派遣を含む**労働者供給事業**を原則的に禁止した（44条等）。労基法６条が他人の就業に業として介入することを禁止するのも，第三者が雇用に介入しピンハネが生じることを防止すること，さらには雇用関係は二当事者間で展開することを理想とする考え方がある。

こうして全面禁止された派遣的就労は，1985年の派遣法制定で解禁される。もっとも，当時，長期安定的な日本型雇用が高く評価されるなかで，派遣により良好な雇用慣行が損なわれることが懸念され（常用代替防止という），派遣に対しては労働大臣（当時）の許可や届出をはじめ，**派遣対象業務**の限定（当初は13業務。後に16業務，26業務と拡大）など細かな事業規制が展開された。

その後，派遣法は規制緩和を続け，とくに1999年改正では対象業務が原則自由化される。ただし，新たに派遣先での受入期間が厳格に制限された（原則１年）。この期間制限は，派遣労働者が交代しても通算されるなど前述の常用代替防止目的に沿う一方で，個々の労働者が継続的な就労を希望することは派遣法の趣旨から妨げられた。すなわち裁判例では，13年以上にわたり有期労働契約を更新して同一の派遣先へ違法に派遣されていた労働者が，派遣先から労働者派遣契約を解消されたことに伴い派遣元から雇止めされたケースで，**常用代替防止**という派遣法の立法目的から，雇止め制限法理における雇用継続への期待の合理性が否定されていた（伊予銀行・いよぎんスタッフサービス事件・最決平成21・３・27労判991号14頁）。

民主党政権のもと，2012年改正で派遣法は規制強化に転じ，労働契約が30日以内の日雇い派遣の原則禁止，グループ企業内での派遣の制限，マージン率（派遣先から得た派遣料金と賃金との差額等）の公開，一定の違法派遣のケースでの派遣先での直用化の推進が図られる。

政権交代を経て，さらに直後の2015年にも派遣法は改正され，許可制度への一本化，期間制限の見直し，派遣元でのキャリアアップ措置等が強化された。さらに2020年４月からは，不合理な格差是正（均衡処遇など），待遇に関する説明義務の強化などが図られている。

⑶　現行法の内容

事業法としての派遣法　労働者派遣事業を行うためには，厚生労働大臣の**許可**が必要である（５条）。派遣対象の業務は**原則自由化**されたが，警備業，建設業，港湾運送業のほか，医療関係業務や弁護士，土地家屋調査士などの「士業」など派遣が禁止される業務も少なくない。派遣法では労働者個人の権利義務（私法的な面）も拡大しつつあるが，公法的な事業法としての性格が強い。

期間制限　現在，派遣期間については，①個人単位（派遣労働者個人の派遣期間）による制限と，②派遣先の事業所単位での受入期間の制限とが併存する（いずれも原則３年）。前述のように，期間制限は2015年に大改正され，②については，派遣先が派遣先の過半数代表から意見を聴取すれば延長ができる（①の個人単位の期間制限は残る）。一方，①についても，派遣先の受入部署（**組織単位**という）を変更する場合には通算されない。また，これらの期間制限は，そもそも無期雇用の派遣労働者や60歳以上の派遣労働者には適用がない。要するに，同一の派遣先での長期間の派遣就労も可能となっており，前述の常用代替防止目的は大幅に後退している。

雇用保障等　派遣労働者の雇用保障に関して，派遣労働者についても，直接雇用の場合と同様に，無期雇用であれば解雇規制の（労契法16条等），有期雇用であれば無期転換ルールや雇止め制限法理（労契法18条，19条）等の適用がある。たとえば派遣労働契約が有期である場合に，派遣元が派遣先から労働者派遣契約を打ち切られ，それに応じて派遣元が労働者を解雇（中途解約）する場合には，労契法17条の「やむを得ない事由」は厳格に判断される（プレミアライン事件・宇都宮地栃木支決平成21・４・28労判982号５頁）。

他方で，とりわけ派遣期間と労働契約の期間を一致させる**登録型**の派遣において，期間が満了した場合には派遣労働者の地位は不安定となりやすい。そこで，派遣法では，一定要件を満たす場合に，派遣先への直接雇用の依頼や新たな派遣先の確保など，派遣労働者の雇用安定措置を講じることを派遣元に求めている

(30条)。

派遣先での直用化　派遣労働関係をめぐっては，とくに派遣法に違反して派遣的就労が続き，派遣先から受入れを打ち切られたのを機に雇用を失った場合などで，派遣先との間での**黙示の労働契約**の成否も問題となるが，これを認める裁判例はまれである（➡**第２章２**）。一方，派遣法は，一定の場合に派遣労働者に対して直接雇用の申込みをすることを派遣先に義務づけてきた。この申込み義務は当初は公法上の義務であったが，2012年の改正により，直接雇用の申込み「みなし」規定となり私法的効力がある。

申込みみなしの対象となり得るのは，①派遣禁止業務での派遣受入，②無許可での派遣，③期間制限の違反，④派遣法の規制を免れる目的で請負等の形式を利用し，労働者派遣契約を定めずに派遣を受け入れた場合である（派遣法40条の６）。これらに該当し派遣労働者が承諾をすれば，派遣先が善意無過失の場合を除き，派遣時の労働条件と同一内容で，派遣労働者と派遣先との間で直接の労働契約が成立する。

以上とは別に，派遣法では，派遣と派遣先への職業紹介（直用化）を兼ねる紹介予定派遣（２条４号）に関して，派遣期間などで特別な規制がある。

不合理な待遇差の改善　派遣労働条件の改善をめぐり，派遣法では従前から賃金決定等における均衡考慮などの規定があったが，実効性のないものであった。パート・有期法をはじめ正社員と非典型雇用との**不合理な格差**を解消する立法改正に対応して，2020年に派遣法でも規制が新設された。もっとも，派遣労働関係において，同一派遣元に雇用される派遣労働者といえども，派遣先（現実の就労先）が異なることも多く，また，派遣元と派遣先とは企業としてまったく別の存在である。こうしたなか，労働条件の水準について，派遣元の労働者間で比較することも，あるいは派遣先で直接雇用される同種の労働者との均衡確保を強力に推進することにも課題が多い。そこで派遣法では，①派遣先で直接雇用される同種の労働者との均等・均衡処遇を求めつつ，②派遣元が過半数代表との間で一定の水準を満たす労使協定を締結した場合に①の規制を免れる余地を残し，実務的には②が浸透している。

さらに，手続的にも，派遣労働者と比較対象となる労働者との待遇の相違の内容・理由や，待遇決定にあたって考慮した事項の説明，昇給・退職手当・賞与の有無など労働条件に関する事項の明示などを派遣元に義務づけている（31条の２）。関連して，派遣先も，派遣先で比較対象となる労働者の待遇等に関する情報を派遣元に提供しなければならない（40条５項）。

5　高年齢者雇用

⑴　高年齢者雇用をとりまく状況

高年齢者の定義は法律により異なるが，高年法では55歳以上を高年齢者とする（高年法２条１項，同法施行規則１条）。少子高齢化の著しい日本では，女性や障害者等とあわせ，高年齢者の活躍促進も重要な課題である。高齢者世帯は他の世帯と比べて所得が低いものの，経済的な暮らし向きに心配ないと感じる割合も高い。これは貯蓄率が高いことによるが，それによる格差も大きい。

高年齢者の約８割は70歳以上までの就業希望をもっており，正社員として働く者も少なくないが（とくに男性），65歳を超えると非典型雇用が著しく増加する（内閣府「高齢社会白書（2020）」）。就業率でみると，60～64歳で７割，65～69歳でも５割が自営も含め何らかの就業をしている。前述のように非典型雇用が増加する一因は，定年後などに非典型雇用として就労する高年齢者が増えていることにあり，非典型雇用の３割は55歳以上の労働者である。

⑵　募集・採用時の年齢差別の禁止

そもそも雇用管理において年齢を基準とすることは許されるのであろうか。この点，日本では年齢による差別を明確に禁止する法律はない。ただし，労働施策総合推進法９条では，労働者の募集・採用について，年齢に関わりなく均等な機会の付与を使用者に求めている。同条には広範な例外があり，たとえば長期勤続によるキャリア形成を図る観点から，若年者等を無期雇用で募集・採用することなど（典型的には正社員の新卒採用）は許容される（同法施行規則１条の３）。とはいえ，例外に該当しないかぎり，募集・採用に関しては年齢を基準としないことが原則となる。

⑶　高年法による規制

高年法は，定年の引上げ，継続雇用制度の導入等による高年齢者の安定した雇用確保の促進，再就職の促進，就業機会の確保等の措置を総合的に講じ，高年齢者等の職業の安定その他福祉の増進を図ること等を目的とする（１条）。同法では高年齢者の雇用促進等について国の責務を定めるとともに，使用者に対しても公法上の様々な義務を課しており，定年に関する規制など一部には私法的な効力もある。

定年制の意義・役割　定年とは一定年齢に達した労働者を退職扱いとする制度である。就業規則等の規定の仕方により，厳密には定年退職制度（自動的に退職扱いとなる）と定年解雇制度（一定年齢に達すると解雇する制度）とがあり，後者には解雇に関する規制が一応適用される。

このような定年制は，とくに新卒定期（一括）採用の慣行や年功的な処遇と密接に関係する（**➡第１章３**）。定年制には，解雇が規制されるなかで，一定年齢に達した労働者を一律に退職させ，人材の新陳代謝を図り，賃金コストなど使用者にとっての経済的な予測可能性を高める役割がある。また，労働者（国民）の老後の所得保障のあり方とも関係する。具体的な定年年齢については，60歳とする企業が大多数であるが，65歳以上（約20％）や定年制のない企業（約３％）も増加しつつある（厚労省「高年齢者の雇用状況（令和元年）」）。

定年に関わる法規制　1986年の高年法制定（旧法からの名称変更）で定年に関する努力義務が規定されるまでは，立法上は定年に関する規制はなく，実務的には男女別定年制や55歳定年制などがみられた。前者については均等法の施行以前にも公序違反とする判例法理が確立する（日産自動車〔男女定年差別〕事件・最判昭和56・３・24民集35巻２号300頁）。一方後者については，高年法の制定後も，努力義務に違反する55歳定年制が公序（民法90条）違反かどうかが争われたケースで，裁判例はこれを否定していた（アール・エフ・ラジオ事件・東京地判平成12・７・13労判790号15頁）。

1994年の改正により，現在では定年を設ける場合には60歳以上であることが義務化され（高年法８条），実務上もこれが定着している。

65歳までの雇用確保　現在，公的年金の支給開始年齢は原則65歳以上であり，60歳定年後の５年間の収入確保が問題となる。2004年改正による高年法９条では，定年が65歳未満である場合にも，65歳までの高年齢者雇用確保措置を講じることを使用者に義務づけている。具体的には，①定年の延長（引上げ），②継続雇用制度の導入，③定年の撤廃のいずれかの措置を講じる義務がある。①と②は主として労働条件の面で違いがあり，①の勤務延長であれば従前のものが原則として維持されるのに対して，②は労働者をいったんは定年退職扱いとし，直後に嘱託など非典型雇用として再雇用することで，仕事内容の変化とともに労働条件も大幅に低下することが多い。なお，継続雇用や60歳以上の労働者を対象とする場合に，無期転換ルール（労契法18条）や期間制限（労基法14条），派遣期間の例外があることは前述した。

さらに，2020年の高年法改正では，努力義務ではあるが，70歳までの就業機会の確保が使用者に義務づけられた。具体的には，65歳から70歳までの高年齢者就業確保措置として，使用者は，①定年の引上げ，②継続雇用制度の導入，③定年廃止，④労使合意による雇用以外の措置（継続的に業務委託契約する制度，社会貢献活動に継続的に従事できる制度）の導入のいずれかの措置を講ずる努力義務がある。雇用確保措置等のあり方は，今後も段階的に強化されることが見込まれる。

継続雇用をめぐる問題　高年法９条が求める三つの措置を使用者が一切講じていない場合に，私法上どのような問題が生じるかなど，同条には判然としない部分もある。裁判例は，当初は同条の私法的効力および継続雇用の成立を否定するものがあったが（NTT西日本〔高齢者雇用・第１〕事件・大阪高判平成21・11・27労判1004号112頁など），近年では，65歳を上限に継続雇用を認める企業が増えるなか，制度の導入自体が争われるケースはまれである。

むしろ，高年法９条が，当初は過半数代表との労使協定等により対象者を選定することを認めていたなかで，対象から外れた労働者との間で多数の紛争が生じた。裁判例には，労使協定による選別につき，解雇権濫用法理（労契法16条）の類推適用などにより制限を加えるものがある（東京大学出版会事件・東京地判平成22・８・26労判1013号15頁）。最高裁も，契約解釈に加え高年法の趣旨等から労働者を除外することには否定的で，所定の継続雇用基準を満たすケースで，原告労働者が嘱託雇用契約の終了後も雇用が継続されると期待することに合理的な理由があり，他方で被告会社による再雇用の拒否には客観的に合理的な理由がなく社会通念上相当とは認められないなどとして継続雇用を認めた例がある（津田電気計器事件・最判平成 24・11・29労判1064号13頁）。そこでは雇止め制限法理（現在の労契法19条）が意識されている。

その後，この問題に対しては，2013年の改正で労使協定等による例外が撤廃され，原則として希望者全員を対象とすべきこととなり，大部分で立法的な解決が図られている。なお，高年法の指針では，心身の故障や勤務状況が著しく不良である等の就業規則の解雇事由等に該当する場合には，継続雇用をしないことが認められている。

継続雇用をめぐっては，定年の前後で労働条件が著しく低下することが多く，有期雇用と無期雇用との「不合理な労働条件格差」等を禁止するパート・有期法８条および９条との関係も問題となる。とくに定年前後で業務内容自体に変化がない場合には紛争が生じやすい。最高裁は，定年前後で職務内容，職務内容および配置の変更の範囲がほぼ変わらず，賃金が20～24％減額されたケースで，同法８条（当時の労契法20条）を適用し，定年後の継続雇用時における労働条件の引下げを当然には認めていない。ただ，同条の，①職務内容，②当該職務の内容および配置の変更の範囲，③その他の事情のうち，定年後再雇用という事情も③として総合考慮の対象には含めている（長澤運輸事件・最判平成30・６・１民集72巻２号202頁）。

以上は継続雇用後の労働条件の低下が問題となっているが，使用者が労働者に対して定年前と比べて著しく低い労働条件を提示したために，労働者が再雇用を希望しないこともある。この点，裁判例には，継続雇用制度のもとでの労働条件の決定（新契約の提示）は原則として使用者の合理的裁量に委ねられるとしつつ，パート勤務で定年前の賃金の25％という賃金額を提示され労働者が継続雇用を希望しなかったケースで，会社の不法行為責任（慰謝料）を認めた例がある。そこでは，定年前後での労働条件は継続性・連続性を一定程度確保する必要があり，会社が本件提案に終始したことは，継続雇用制度の導入の趣旨に反し，裁量権を逸脱または濫用したものと評価されている（九州惣菜事件・福岡高判平成29・9・7労判1167号49頁［上告不受理］）。

シルバー人材センター　シルバー人材センターとは，概ね60歳以上の定年退職者を対象に地域ごとに設置される自主的な団体で，臨時的・短期的または軽易な業務を，請負・委任の形式で行う公益法人である（高年法37条以下）。同センターと各会員（全国で約72万人）との間に雇用関係はないことが原則で，労基法や最賃法，労災保険法等の適用もない。ただし，実際の就業先との関係で労基法９条の定義を満たせば（➡**第２章**），同法をはじめ多くの労働関係法規が適用される（労災保険法の適用を認めた例として，西脇労基署長事件・神戸地判平成22・9・17労判1015号34頁）。

シルバー人材センターは，高年齢者が働くことを通じて生きがいを得ることや地域貢献等を目的とするが，低廉な報酬（配分金）などによる民業圧迫との批判もあるほか，理論的にみても，職業紹介事業や労働者派遣事業を行うことも想定されるなど一貫しない面がある（派遣であればセンターとの間に雇用関係があることが前提となる）。

＜第７章の復習＞

1. 有期雇用と無期雇用は法的にどのように異なるか論じなさい。
2. 有期労働契約の契約期間について，どのような規制があるか論じなさい。
3. 雇止め制限法理とはどのようなものか論じなさい。
4. 無期転換ルールとはどのようなものか論じなさい。
5. 同一使用者に雇用される正社員と非典型雇用とで，処遇の均衡確保に関しどのような法規制があるか論じなさい。
6. 労働者派遣には法的にどのような特徴があるか論じなさい。
7. 定年や65歳までの雇用確保をめぐり，どのような法規制があるか論じなさい。

〈コラム〉 均衡処遇の進め方

正社員と非典型雇用との処遇格差が問題となっている。同じ価値の労働に対しては同じ賃金を支払うべきということに，理念のうえで反対するものは少ないし，人事管理の面でも処遇の納得性を高めるうえで重要となる。問題は価値の計り方をどうするかである。

正社員について**内部労働市場型**の，他方で非典型雇用については**外部労働市場型**の人事管理が浸透してきたなかで（➡第１章３），処遇の一部分を切り出して，格差をどこまで許容できるかは難問かつ多様な価値判断があり得る。パート・有期法８条をめぐる裁判例が混迷した状況にあるのも当然であろう。とくに，退職手当，住宅手当，家族手当については指針でも基本原則や具体例の言及がなく裁判例も流動的である。また，基本給について争われた事案の多くは，退職後の再雇用で，しかも職務内容等の比較が容易だという特殊性がある。典型的なホワイトカラーのケースで裁判例のスタンスは判然としない（前掲・メトロコマース事件や大阪医科薬科大学事件の最高裁判決からすると，基本的には契約自由を尊重する方向であろう）。さらには派遣での均衡処遇のようなグロテスクな規制で，一体誰が得をするのか。

もっとも，前掲・ハマキョウレックス事件や日本郵便事件で認められたように，たしかに説明のつけがたい**不合理な格差**もある。それは，正社員について，職能資格制度を中心とし，時間外労働の割増賃金や賞与，退職金などと連動しやすい基本給をできるだけ抑えつつ，諸手当や賞与などで総額を補填してきた「ツケ」ともいえる（➡第９章および第８章６）。

ただ，これを法で是正しようとしても無用な混乱が生じることは避けられない。同じく非典型雇用をめぐる問題でも，雇用保障について，すでに実務的にも定着した解雇規制とのバランスから雇止めを制限したこととは次元が違う。また，均衡処遇の推進が労働者全体にとって幸せとも限らない。原資が限られるなかで，均衡を進めるうえで正社員の労働条件には引下げの圧力がかかることとなる。そもそも正社員間でも労働条件の決め方にはファジーな部分があり，そこを無視して非典型雇用との処遇の均衡を進めることに無理がある。

こうした現状では，まずは明らかに不合理な格差にターゲットを絞って是正していくことが不毛な混乱を最小限にするうえで重要となるし，それでも十分に大きな一歩といえるのではないか。スピードの出し過ぎには注意が必要だ。

第8章　賃　金

はじめに

労働契約は，労働者が使用者に使用されて労働し，使用者がこれに対して賃金を支払うことについて，労働者および使用者が合意することで成立する（労契法6条）。賃金は労働の対価としてもっとも重要な労働条件といえる。働く目的を尋ねるアンケートでは，高収入よりも安定収入を理想とし，世代により違いはあるが「お金を得るために働く」労働者が圧倒的に多い（内閣府「国民生活に関する世論調査（2019年）」）。本章では，賃金に関する法規制を扱う。

1　賃金の意義

(1)　労働の対価としての賃金

賃金は労働の対価であるところ，労働者が賃金を請求できるのは，**債務の本旨**に従った履行（労務提供）をした場合である（民法493条。支払時期について同624条も参照）。労働契約は使用者の指揮命令に従って労務を提供することを目的とし（手段債務），仕事の完成を目的とする請負（結果債務）とは異なる。では，たとえば病気などで軽易な業務にしか従事できない場合に，賃金請求は認められるだろうか。この点，最高裁は，片山組事件において，労働者が職種や業務内容を特定しないで労働契約を締結したケースで，債務の本旨を広く解釈する立場を示している。

case　**片山組事件・最判平成10・4・9労判736号15頁**

〔事案の概要〕

Xは Y社に雇用され，本社の工事部に配属され約21年にわたり工事現場での監督業務に従事していたが，労働契約上，職種や業務内容が現場監督業務に限定されてはいなかった。あるときXは業務外でバセドウ病にり患した。Xは当初は通院治療を受けながら現場監督を続けたが，その後，次の監督業務が生ずるまでの間，臨時的，一時的業務としてYの工務管理部で図面作成などの事務作業に従事した。YはXに現場監督業務に従事すべき旨の業務命令を発したが，Xは診断書の提出とともに，病気のため現場作業に従事できないこと等を申し出た。Yは，

Xに対し当分の間自宅で病気治療すべき旨の命令を発した。一方，Xは「デスクワーク程度の労働が適切」とする主治医の診断書とともに，事務作業を行う旨申し出たがYは応じず，Xを欠勤扱いとして賃金を支給しなかった。

Xが当該期間中の賃金の支払い等を求めたところ，第1審はXの請求を認容したが，原判決は「労働者が労務の一部のみの提供が可能であるという場合は…債務の本旨に従った履行の提供とはいえない」としてYの控訴を認容した。そこでXが上告した。

〔判旨〕 破棄・差戻し

「労働者が職種や業務内容を特定しないで労働契約を締結した場合，実際に就業を命じられた特定の業務について労務の提供が完全にはできないとしても，労働者の能力，経験，地位，企業の規模，業種，労働者の配置・異動の実情や難易度等に照らして，その労働者を配置する現実的可能性があると認められる他の業務について労務の提供をすることができ，かつ，その提供を申し出ているならば，労働契約に従った労務の提供をしていると解される」。

このように債務の本旨を緩やかに解する理由として，最高裁は，「そのように解さないと，同一の企業における同様の労働契約を締結した労働者の提供し得る労務の範囲に同様の身体的原因による制約が生じた場合に，その能力，経験，地位等にかかわりなく，現に就業を命じられている業務によって，労務の提供が債務の本旨に従ったものになるか否か，賃金請求権を取得するか否かが左右されることになり，不合理である」ことを指摘したうえで，Xが配置される現実的可能性のある業務が他にあったかどうかの判断のために原審に差し戻した（差戻審では賃金請求が認められた）。

こうして債務の本旨に従った労務提供により発生する賃金は，法的にはどのように保護されるのだろうか。

(2) 賃金の定義

法的な意味での賃金の定義として，労基法11条によると，「この法律で賃金とは，賃金，給料，手当，賞与その他名称の如何を問わず，労働の対償として使用者が労働者に支払うすべてのものをいう」。

労働の対償とは，労働の対価であることが明らかな基本給や職務手当のほか，たとえば，ボーナス，家族手当や住宅手当などを広く含む。一方，使用者が労働者に支払う金銭のうち，任意的・恩恵的給付や福利厚生給付は賃金でない可能性がある（たとえば結婚祝金弔慰金）。ただし，こうした給付も，就業規則等で制度化されている場合には賃金として法的保護の対象となる（昭和22・9・13発基17号）。

これに対して，たとえば，顧客から渡されたチップについては，使用者が支払うものでないため賃金ではない。ただし，チップをいったんは使用者が回収し，他の従業員も含め再配分するようなケースでは賃金となる。

労基法では賃金の支払方法等について規制があるが，その対象となる「賃金」を広く定義することで法的保護を広く与えている。

賃金に関する規制 賃金に関する立法上の規制としては，主として，①賃金水準に関するもの，②支払方法に関するもの，③休業手当，④その他の諸規制がある。また，賃金の決定，計算および支払方法，賃金の締切りおよび支払時期，昇給に関する事項は就業規則の絶対的必要記載事項である（労基法89条。➡**第3章**）。

平均賃金 労基法では，たとえば，休業手当や解雇予告手当，年休期間中の賃金を算定する便宜上，平均賃金という概念がある（12条）。平均賃金とは，算定事由の発生した日の直近3ヵ月間にその労働者に対し支払われた賃金総額を，その期間の総日数で除した金額を指す（ただし，当該期間に賞与等の臨時的な賃金支払いがある場合は控除する）。

2 賃金水準に関する規制（最賃法ほか）

賃金の水準については，原則として契約自由が広く妥当する。資本主義経済体制の下では，労働の対価としての賃金水準は市場で決まり，具体的な額について当事者が合意することで契約内容となる。もっとも，賃金額について労働者と使用者との自由交渉に完全に委ねてしまうと，労使の交渉力格差から，とくに弱い立場の労働者で賃金額が極めて低い水準となりかねない。そのことは，単に個々の労働者の生活が困難になるというだけでなく，当該地域や産業での公正競争という観点からも問題がある。

(1) 最低賃金法による規制

こうして多くの国では，契約自由に対する例外として賃金の最低額が設定され，日本でも最賃法による規制がある。すなわち，使用者は労働者に対し最低賃金額以上の賃金を支払わなければならず，最低賃金額に達しない賃金を定める労働契約はその部分については無効となり，最低賃金と同様の定めをしたものとみなされる（最賃法4条）。労基法13条と同様に，最低賃金について強行的直律的効力を規定したものである。

減額特例 例外として，たとえば，試用期間中の労働者や障害者などで，一般の労働者よりも労働能力が著しく劣り，最賃額を適用するとかえって雇用機会を狭める可能性がある場合には，最賃額を下回る賃金設定が許される場合がある。ただし，この減額特例は，都道府県労働局長の許可がある場合に限り認められる。事実上，試用期間中の労働者で認められることはない。

地域別最賃と特定最賃　具体的な最賃額（時間額）は，都道府県ごとに，全産業を対象とする地域別最低賃金と，労使当事者の求めに応じ定める特定最低賃金がある。地域別最低賃金は，各都道府県で公益委員（大学教員，弁護士など），労働者委員，使用者委員の三者で構成される審議会で，①労働者の生計費，②類似の労働者の賃金，③通常の事業の支払能力をふまえ毎年改定される（最賃法３条等）。一方，特定最賃は，地域別最低賃金を上回ることを前提として，当該産業における公正競争確保等の観点から，都道府県ごとに様々な業種で設定されている。

(2)　差別禁止立法，均衡処遇との関係

以上のほか，賃金水準に関しては，各種の差別禁止規制（労基法３条，４条など）で差別が禁止され同一賃金の支払いが求められるほかは，長らく法的規制の対象から除かれていた。最賃額を上回る部分については企業ごとに様々な賃金制度が発展し，いわゆる正社員と非典型雇用との格差が拡大した。こうして近年では，有期雇用やパートタイマー，派遣労働者の賃金水準（均衡処遇）のあり方にも法的な介入が広がりつつある（**➡第７章**）。

3　賃金支払いの五原則

賃金は，通貨で，直接労働者に，その全額を，毎月１回以上，一定の期日を定めて支払わなければならない（労基法24条。賃金支払いの五原則）。賃金の全額が，確実に労働者自身の手に渡ること（所得保障）を狙いとしており，違反には罰則もある（同120条）。

(1)　通貨払いの原則

通貨払いの原則は，現物支給による労働者の換金の手間や価格変動による不安を防ぐもので，現物給付はもちろん，外国通貨や小切手，ストックオプション等による支払いも禁止される。ただし，法令や労働協約に別段の定めがある場合，または，確実な支払方法として厚生労働省令で定める場合には例外が認められる（労基法24条１項後段）。

労基法の制定以来，法令による例外はない。一方，労働協約による例としては，

たとえば，通勤費について定期券で現物支給することなどがある。また，省令による例外として銀行振込等が認められるが，本人の同意のほか詳細な要件がある（労基則7条の2）。労基法は，当初は「通貨で直接」に支払うこと，すなわち現金の手渡しを想定していたが，その後の状況変化に対応したものである。さらに現在，賃金を電子マネーで支払うことの可否が検討されている。

(2) 直接払いの原則

直接払いの原則は，中間搾取（ピンハネ）を防止し，労働者の所得保障を目的とする。同原則に例外はなく，たとえば労働者の代理人に対して賃金を支払うことも許されない。一方，自己の意思で主体的に行動しない単なる「使者」に対して賃金を支払うことは同原則に違反しないが，これに該当するケースはまれである。なお，労働者が未成年の場合に親権者等に賃金を支払うことは，同原則に違反するとともに，労基法59条でも明文で禁止されている。

(3) 全額払いの原則

全額払いの原則も，直接払いの原則と同様に，中間搾取を防止し，労働者の所得保障を目的とする。全額払いの原則のもとでは，賃金の全部，または一部であってもその不払いは違法となる。ただし例外として，①法令による場合，または②労使協定（**➡第3章6**）による場合が認められている（労基法24条1項後段）。法令による例外として，たとえば所得税や各種の社会保険料の賃金からの**控除**（天引き）が認められている。一方，労使協定による例としては，組合費の天引き（チェック・オフという。**➡第14章**）や旅行積立金の控除などがある。賃金の総支給額からこれらを控除した金額が，労働者の手取額（差引支給額）となる（**図表8－1**も参照）。

全額払いの原則に関連して，欠勤・遅刻等による賃金カットの可否や，使用者が有する金銭債権との相殺の可否が問題となる。

遅刻等による賃金カット　労基法24条が定める全額払いの原則は，あくまで賃金として確定した金銭の全額払いを義務づけるにとどまり，賃金の決定方法にまで介入するものではない。たとえば，遅刻・欠勤がある場合に賃金の一部を減額できるかどうかは契約自由の範疇にあり，就業規則等の規定によることとなる。完全月給制のような制度もあれば，反対に，時給制の場合には遅刻・欠勤分について賃金が発生しないことが通常である。基本的には契約解釈の問題であるが，判然としない場合には，いわゆるノーワーク・ノーペイの原則が妥当する（民法624条も参照）。同様に，たとえば就業規則の不利益変更等により賃金額が適法に

〔図表８－１〕給与明細（記入例）

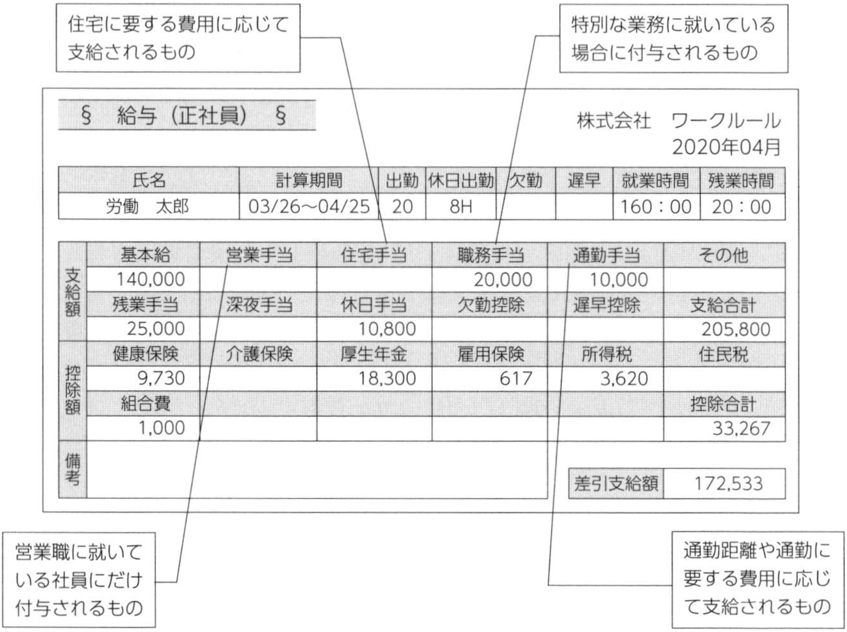

§　給与（正社員）　§

株式会社　ワークルール
2020年04月

氏名	計算期間	出勤	休日出勤	欠勤	遅早	就業時間	残業時間
労働　太郎	03/26～04/25	20	8H			160：00	20：00

支給額	基本給	営業手当	住宅手当	職務手当	通勤手当	その他
	140,000			20,000	10,000	
	残業手当	深夜手当	休日手当	欠勤控除	遅早控除	支給合計
	25,000		10,800			205,800
控除額	健康保険	介護保険	厚生年金	雇用保険	所得税	住民税
	9,730		18,300	617	3,620	
	組合費					控除合計
	1,000					33,267
備考					差引支給額	172,533

引き下げられた場合に，その分の賃金を支払わないことは全額払いの問題ではない。

相殺との関係　民法505条によると，当事者が相殺を禁止または制限する合意等をした場合を除き，二人が互いに同種の目的を有する債務を負担する場合において，双方の債務が弁済期にあるときは，各債務者は，相殺により対当額の債務を免れることができる。そこで，使用者が労働者に対し何らかの金銭債権を有する場合に（たとえば賃金の過払いがあった場合や，労働者の横領で不当利得が生じている場合），相当額を賃金から一方的に差し引くことの適否が問題となる。

判例は，労働者が賃金を確実に受領し生活の不安をなくすことの重要性を指摘し，労基法24条の全額払いの原則は賃金債権の相殺を禁止する趣旨も含むとする（日本勧業経済会事件・最大判昭和36・５・31民集15巻５号1482頁）。こうして，使用者が一方的に賃金と相殺（控除）をすることは禁止される。とくに，使用者は，前借金その他労働することを条件とする前貸の債権と賃金を相殺することは明文で禁止される（労基法17条）。

調整的相殺　もっとも，判例は，賃金の過払いがあるケースでの調整的相殺は例外的に認めている。賃金の過払いは単純なミスのときもある。しかし，たとえば日給月給制（月額で賃金を定めつつ欠勤分の賃金は発生しない制度）で賃金の計算期間は月末までだが，月の中途で当月分の賃金を支払う制度の場合には，支払後の期間分は前払いとなる。この期間に労働者が欠勤した場合にも賃金の過払いが生じる。

最高裁は，こうした過払いが不可避的に生じることや，実質的には労働者に賃金全額が支払われていることをふまえ，①過払いのあった時期と合理的に接着した時期に，②金額や予告の有無等の点でも労働者の経済生活の安定をおびやかすおそれのないことを要件に認めている（福島県教組事件・最判昭和44・12・18民集23巻12号2495頁）。

合意相殺 問題は，前借金とは異なる金銭債務について，労働者が個別に同意している場合にまで相殺が禁止されるかどうかである。この点，民法505条（単独行為としての相殺）とは別に，**相殺合意**（契約）により相殺することも契約自由の範疇にある一方で，労基法が強行法規であることをふまえれば，いわゆる合意相殺も当然禁止されそうである。

しかし最高裁は，労働者による賃金債権の「放棄」を認めた先例（シンガー・ソーイング・メシーン事件・最判昭和48・1・19民集27巻1号27頁では，ライバル企業への転職が判明している労働者に在職中の不審な経費使用があったケースで，退職金債権の放棄が認められた）をふまえつつ，相殺の同意が労働者の**自由な意思**に基づいてされたものであると認めるに足りる**合理的な理由が客観的に存在**するときには，全額払いの原則に反しないとしている（日新製鋼事件・下記 case ）。自由意思の認定は慎重になされ，強要等がないことはもちろん，労働者に利益があること等がポイントとなる。

同判決には，強行法規と同意の関係をめぐり，理論的に明快でない部分がある。とはいえ，労働者が真に同意をしている場合にまで国家が後見的な規制を課すことも，労基法が労働条件の対等決定を理想とする（2条1項）趣旨にはそぐわない。同判決の見方を変えれば，全額払い原則と相殺という問題にとどまらず，「合意（同意）」による労働法規制からの逸脱の可否という大きな問題（可能性）を提起している（➡第3章コラム）。

case 日新製鋼事件・最判平成2・11・26民集44巻8号1085頁

〔事案の概要〕

Aは1審被告Y社在職中に，Y，B銀行，C労働金庫から住宅資金の借入れをした。各借入金に抵当権の設定はされず，低利かつ長期の分割弁済の約定で，利子の一部はYが負担した。各借入金の返済は毎月の賃金および年2回の賞与から控除して行われ，ＡがＹを退職する際には退職金等から全額返済する約定で，Ａはその事務手続をＹに委任していた。

その後，Ａは交際費等で借財を重ね破産宣告を受けた。ＡはＹに退職を申し出るとともに，残債務を返済しなければＹや連帯保証人である同僚に迷惑がかかると考え，Ｙに対し，各借入金の残債務を退職金等で返済する手続を依頼した。Ｙは前記各約定の趣旨をＡに再確認し，個別同意を得たうえで，返済費用を控除した退職金額をＡに支払った。

Ａの破産管財人Ｘは，この控除が労基法24条違反であるとして未払いの退職金の支払いを求めた。第１審はＸの否認権の行使を認め請求の一部を認容したが，原審は否認権の対象でなく第１審を取り消した。労基法24条違反でもないとしてＸが上告した。

〔判旨〕上告棄却

労基法24条の賃金全額払いの原則は，「使用者が一方的に賃金を控除することを禁止し，もって労働者に賃金の全額を確実に受領させ，労働者の経済生活を脅かすことのないようにしてその保護を図ろうとするものというべきであるから，使用者が労働者に対して有する債権をもって労働者の賃金債権と相殺することを禁止する趣旨をも包含するものであるが，労働者がその自由な意思に基づき右相殺に同意した場合においては，右同意が労働者の自由な意思に基づいてされたものであると認めるに足りる合理的な理由が客観的に存在するときは，右同意を得てした相殺は右規定に違反するものとはいえない」として，労働者による賃金債権の「放棄」を認めた前掲・シンガー・ソーイング・メシーン事件を参照する。もっとも最高裁は，「右全額払の原則の趣旨にかんがみると，右同意が労働者の自由な意思に基づくものであるとの認定判断は，厳格かつ慎重に行われなければならないことはいうまでもない」とする。

そして本件では，借入金の残債務を退職金等で返済するようＡがＹに自発的に依頼し，委任状の作成・提出の過程でも強要にわたるような事情は全くうかがえないこと，清算処理手続が終了した後にもＹの担当者の求めに異議なく応じ，退職金計算書，給与等の領収書に署名押印をしていること，本件各借入金はＹによる利子の一部の支払いなどＡの利益になっており，Ａも各借入金の性質および退職するときには退職金等によりその残債務を一括返済する旨の各約定を十分認識していた点に照らすと，「本件相殺におけるＡの同意は，同人の自由な意思に基づいてされたものであると認めるに足りる合理的な理由が客観的に存在していたものというべき」とし原審の判断を正当とした。

(4) 毎月1回以上，定期払いの原則

賃金は，毎月１回以上，一定の期日を定めて定期的に支払わなければならない（労基法24条２項）。契約自由の原則のもとでは，対価をいつ支払うかも合意の問題となる（合意がない場合につき民法624条も参照）。しかし，賃金の支払間隔が長すぎたり支払日が一定でないと，労働者の生活が不安定になることから，こうした特別な規制が設けられている。

これらの原則のもとでは，結果として毎月１回以上の賃金支払いがあれば良いわけでなく，あくまで定期的な支払期日での支払いが必要となる。たとえば毎月第４金曜日という支払いも同原則違反となる（月初の曜日次第でばらつきがあるため）。また，同原則のもとでは，いわゆる**年俸制**（報酬を年単位で成果等に応じて設定する）が適用される労働者であっても，年俸額を按分するなどして毎月１回以上，定期的な賃金支払いが必要となる。

ただし例外として，労基法が広く賃金として定義するもののうち，臨時に支払われる賞与や退職金，精勤手当などで厚生労働省令で定める賃金については，上の原則と異なる扱いが許容される（同項但書）。

4 休業手当

労働者の賃金請求権は，労働者が債務の本旨に従った労務提供をすることで生じる（前述）。では，反対に使用者側の事情により労務の提供ができない場合に，賃金の請求はできるだろうか。

危険負担　この点，債権者の責めに帰すべき事由によって債務を履行することができなくなったときは，債権者は反対給付の履行を拒むことができない。ただし，債務者が自己の債務を免れたことによって利益を得たときは，これを債権者に償還しなければならない（民法536条２項）。たとえば不当に解雇された労働者は（解雇無効），同条のもとで解雇期間中の賃金（バック・ペイという）の請求権があるが，当該期間に他企業で新たに就労し収入を得た場合には，中間収入として賃金額から控除される（**➡第13章**）。

もっとも，同条は任意規定であり契約の不履行時の危険負担のあり方は契約自由の範疇にある。しかし，労使の当事者の交渉に委ねた場合，使用者が不当に賃金支払い義務を免れることになりかねない。

休業手当の意義　そこで労基法では，「使用者の責に帰すべき事由」により休業する場合に，当該期間について，平均賃金の６割以上の休業手当を使用者が労働者に支払うことを義務づけている（26条）。休業手当は労働者の生活保障を目的とし，同条は強行規定であるとともに，違反に対しては罰則の適用や付加金

（労基法114条）の支払いも規定されている。使用者は少なくとも平均賃金の６割の支払いを義務づけられる結果，前述の中間収入の控除についても，平均賃金の４割以内の範囲でのみ認められる（いずみ福祉会事件・最判平成18・３・28労判933号12頁）。

さらに，帰責事由の範囲についても，労基法26条で定める「使用者の責に帰すべき事由」は，民法536条２項の「債権者の責めに帰すべき事由」より広い。すなわち，民法が当事者双方の責めに帰することができない事由（536条１項）との対比で債権者有責のケースでの危険負担（同２項）を定めるのに対して，労基法26条では，不可抗力を除き，使用者側に起因する経営・管理上の障害が広く含まれる。たとえば，取引先の事情により原材料が調達できず休業する場合にも，使用者には少なくとも休業手当の支払い義務がある。一方，ストライキで休業を余儀なくされた場合について，ストライキは労働組合の主体的判断とその責任に基づき行われるものであることから，少なくとも当該ストライキを実施した労働組合の組合員に対しては，ストに不参加でも使用者に休業手当の支払い義務はない（ノースウエスト航空事件・最判昭和62・７・17民集41巻５号1283頁，260頁 case）。

5　その他の立法上の規制

賃金に関する立法上の規制としては，以上のほかに次のものがある。

非常時払い　労働者が出産，疾病，災害その他厚生労働省令で定める非常時の費用に充てるために請求する場合には，支払期日前であっても，使用者は既往の労働に対する賃金を支払う義務がある（労基法25条）。

出来高払制の保障給　使用者は，出来高払制その他の請負制で使用する労働者について，労働時間に応じ一定額の賃金を保障しなければならない（労基法27条）。たとえば完全出来高制については同条違反となる。この場合，具体額の定めがない以上労働者が同条に基づく補償給の請求ができるわけではないが，実際の労働時間に応じて最低賃金の支払いは必要となる。

立替払い　企業の倒産時等において労働者の生活の安定に資することを目的として，賃金の支払いの確保等に関する法律により，賃金の立替払いの制度がある。

6　賃金制度の概観

(1)　日本の賃金制度の特徴

前述の諸規制に違反しない限り，賃金制度をどのように設計するかは契約自由の範疇にある。賃金制度の設計は企業競争力の源泉として人事施策の要である。産業別で労働組合が組織され，職務ごとの賃金の最低水準についても産業横断的な枠組みがある国とは異なり，日本では労働組合が企業別に組織されていることも加わり，企業ごとに賃金制度のバリエーションは相当に広い。一般的には次のような特徴がある（➡**第１章３**も参照）。

職能資格制度　まず，いわゆる正社員の賃金について，基本給の決定要素としては（複数回答），職務・職種など仕事の内容（77％），職務遂行能力（65％），業績・成果（40％），学歴・年齢・勤続年数など（62％）がある。近年の変化として，諸手当の廃止・縮小とならび，基本給部分について学歴や年功的な要素を縮小する一方，職務内容や職務遂行能力，業績・成果に対応する部分が拡大している

〔図表８－２〕職能資格制度の例（小売業）

職階	資格等級	職位	資格要件
上級職	10等級	部長	経営計画を策定し，目標に向けたマネジメントを行い全社の利益に貢献できる。
	9等級	部長／部長代理	会社の経営方針に基づき，部またはそれに準じる組織の運営を統括できる。
	8等級	部長代理	経営戦略を理解し，部またはそれに準じる組織の業務について部長を補佐して企画・運営できる。
中級職	7等級	課長／エリアマネージャー	課またはそれに準じる組織を統括し，中期的な目標を策定・実現ができる。
	6等級	課長／エリアマネージャー，係長／店長	担当エリアの目標達成に向けて部下を統率できる。
	5等級	係長／店長	専門的な知識・経験に基づき，店舗での業務について主導的に企画・運営できる。
	4等級	係長／店長，主任／マネージャー	店舗の管理および部下の育成指導ができる。
一般職	3等級	主任／マネージャー，一般社員	専門的な知識・経験に基づく的確な判断により，店舗で発生するイレギュラーな業務に責任者として対応できる。
	2等級	一般社員	経験に基づく的確な判断により，店舗で発生するイレギュラーな業務に上司の指示のもと対応できる。
	1等級	一般社員	上司の具体的な指示や定められた手順に従い，定型的ないし日常一般的な作業を遂行できる。

３等級

号俸	評価				
	S	A	B	C	D
1号俸	-	-	150,000	-	-
2号俸	157,000	155,000	153,000	151,000	149,000
3号俸	160,000	158,000	156,000	154,000	152,000
4号俸	163,000	161,000	159,000	157,000	155,000
・・・・・					

（平成29年度「就労条件総合調査」）。

基本給の決定要素は様々であるが，日本の賃金制度の特徴として，企業内部で独自に設定された資格等級制度のもと，職務遂行「能力」という属人的な要素を中核に決まる傾向にある（職能資格制度。**図表８－２**）。

こうした制度は就業規則で一方的に適用（または変更）されるが，労働組合があれば団体交渉を通じて決定されることもある。職能資格制度のもとでは，現に従事する職務というよりは，労働者の潜在能力をふまえた資格等級が賃金額に大きく影響し，結果として勤続年数とも相関が生じやすい。また，たとえば配転により職務内容が変化しても，能力自体に大幅な変化（低下）がない以上，基本的な賃金水準は維持される。使用者が職能資格や等級を一方的に引き下げるためには，就業規則などで降格・降給に関する規定が必要であるし（アーク証券事件・東京地判平成12・１・31労判785号45頁），権利濫用による制限も当然及ぶ。

諸手当等の充実　以上のほか，正社員では諸手当が充実している点にも特徴がある。手当の内容は様々で，職務に関連する手当（役職手当，資格手当，精皆勤手当など）と，労働者の居住地や家族構成といった属人的な要素に着目した手当（通勤手当，住宅手当，家族・扶養手当，単身赴任手当など）がある。後者が充実していると，職務内容と賃金との相関はさらに弱くなる。

また，正社員の８割以上で賞与（ボーナス）や退職金の制度が適用され，金額面でも賃金総額に占める割合が高いこと，これらは企業規模が大きいほど顕著となるという特徴も指摘できる。

賃金制度の変化　もっとも，近年では，年功型から**成果主義**的な人事制度へのシフトがみられる。裁判例では，賃金原資の大枠が維持され，人事評価制度の合理性があり，一定の激変緩和措置が講じられ，労働組合との交渉をふまえた制度設計がなされたケースで，個々の労働者にとって不利益な面があるとしても就業規則の変更の合理性が肯定されている（東京商工会議所事件・東京地判平成29・５・８労判1187号70頁）。

同様に，職能資格制度の見直しにより，職務内容や業績・成果との対応部分を拡大する動きもみられる。こうした変更について，一般的な制度として不合理といえない場合にも，代償措置等がなく，能力評価制を導入しなければ企業存亡の危機にある等の高度の必要性がないとして否定されることがある（前掲・アーク証券事件。肯定例として三晃印刷事件・東京地判平成24・３・19労経速2171号３頁）。

それと同時に，職務内容と賃金との相関が強くなるなかで，たとえば従前よりも低い水準の職務に配転されると，賃金が大きく減る可能性が高まっているが，こうした**降格的配転**には，就業規則等の根拠規定に加え，降格の客観的合理性が必要となる（日本ガイダント事件・仙台地決平成14・11・14労判842号56頁。降格の肯定例としてファイザー事件・東京高判平成28・11・16労経速2298号22頁）。

また，非典型雇用との格差是正を背景に，とくに職務との関連性が弱い手当については，今後は廃止・縮小も含め大きく見直される可能性が高い（➡**第7章**）。

さらに，とくに上級管理職や裁量労働に従事する者，いわゆる高度プロフェッショナル制度の適用対象者など，労働時間の長さと仕事の成果との相関が低く時間外労働に対する割増賃金の支払いを要さない労働者等では，**年俸制**も広がりつつある。年俸制は，前年度の成果（目標の達成度）等をふまえ賃金を1年単位で決定するものである。年俸額の決定時には労使で合意することが基本であるが，合意に至らない場合でも，就業規則等において年俸額決定のための成果・業績評価基準，決定手続，減額の限界の有無，不服申立手続等が制度化され，その内容が公正な場合には，使用者に評価決定権がある（日本システム開発研究所事件・東京高判平成20・4・9労判959号6頁）。

〔発展〕職能資格制度のメリット・デメリット

賃金制度の設計は人事管理の要諦である。とくに企業規模が大きくなるほど，労働者間で公平な（納得できる）制度のあり方が問われる。フラット化が進みつつあるとはいえ，企業組織はピラミッド型の構造となっているが，職能資格制度は，労働者の育成（限られたポストのなかでも昇格の動機づけができる）と組織内部での選抜機能を果たしてきた。そこには長期的な視点がある。新卒者を一括採用する一方，解雇が容易ではないなかで，労働者の育成は使用者にとっても重要となる。職能資格制度に基づく収入の安定は，内部労働市場における使用者の広範な人事権を正当化する一因ともなってきた（➡第1章3）。とはいえ，職能資格制度には年功的な一面があり，社員の高年齢化への対応や，若手の抜擢，外部労働市場から専門職を高賃金で取り込む際などで深刻な課題が生じる。

他方で，**職務給**制度のように，職務と賃金を一致させること（典型的には職務等級制度）も万能ではない。そもそも職務評価にコストがかかるほか，労働をとりまく環境が激変するなかで，とりわけホワイトカラーで職務内容はある程度概括的にならざるを得ない。また，職務による固定化は人事の柔軟性を制約するだけでなく，職務の価値が市場横断的に評価されることで，優秀な労働者の転職（流失）リスクが高まる。一方で同一職務であるかぎり処遇の上限が限られるなか，どのように労働者に能力開発を促すかも，とくに非定型的な業務で労働者が滞留する場合に課題となる。

万能な賃金制度などなく，様々なバリュエーションのある制度が，個々の産業・企業をとりまく環境変化のなかで常に改革されている。近年に比較的多く見られる，若手では職能資格を中核としつつ，最低滞留年数（現等級に最低限とどまる期間）の短縮により早期抜擢を可能とする一方，管理職や専門職に対しては，概括的に求められる役割（ミッション）で評価する役割等級制度を用いるといった変化もその一例である。

非正社員の賃金決定　一方，非正社員（非典型雇用）については，属人的な要素には着目せず，職務に応じて地域の相場で概ねの賃金水準が決まり，就業規則等を通じて一方的に決定されている。長期的な育成（能力開発）という視点は希薄である。このような**職務給制度**のもとでは，同一労働に対して同一額の賃金を支払うことが合理的となり，職務内容が同一であるかぎり勤続による昇給には馴染みにくい。また，基本給以外について，賞与や退職金，諸手当の面でも正社員に大きく劣る傾向にある（**➡第７章**）。

⑵　賞与（ボーナス）

賞与は本来は任意的な制度であり，制度を作るか作らないか，その支給対象者や基準をどのように設計するかは自由である（なお，賞与を制度化する場合には就業規則の**相対的必要記載事項**である。**➡第３章**）。したがって賞与の性格は個々の制度ごとに様々であるが，概ね，①賃金（労働の対償）としての側面と，②将来の勤務への期待という側面がある。

賞与の請求権について，就業規則に大枠の規定がある（たとえば年２回支給する旨の規定や抽象的な支給基準）だけでは具体的には発生せず，一般的には，使用者による査定（人事考課等）により，支給額や時期が確定してはじめて請求権が発生する。

賞与をめぐる法的問題として，前述の毎月１回以上，定期払い原則に対する例外のほか，賞与の支給要件を支給日に在籍していることとすること（支給日在籍要件）の適否がある。

〔図表８－３〕賞与の支給日在籍要件

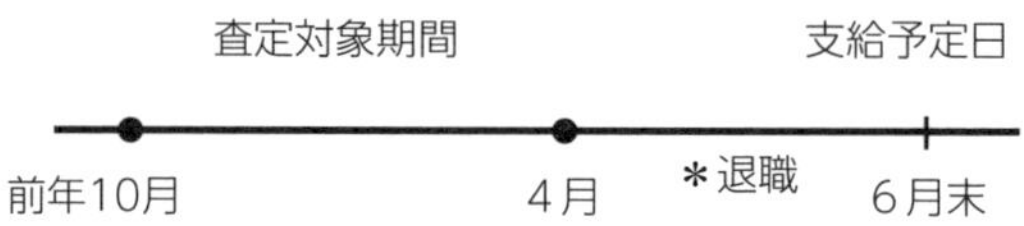

支給日在籍要件　賞与は一般的には使用者の査定を前提とするところ，当該の査定対象期間には在籍していたものの，その後，支給日までに労働者が退職した場合に問題となる（**図表8－3**）。判例は賞与が本来的には任意的な制度であること，および将来の勤務への期待という賞与の性格を指摘し，支給日在籍要件も有効（したがって支給日以前に退職した労働者には賞与請求権がない）としている（大和銀行事件・最判昭和57・10・7労判399号11頁）。なお，下級審では，整理解雇のケースで支給日在籍要件の定めを公序違反としたものがある（リーマン・ブラザーズ証券事件・東京地判平成24・4・10労判1055号8頁）。

⑶　退職金

退職金も，賞与と同じく本来は任意的な制度であり，その法的性質についても制度設計による。一般的には，①**賃金の後払い的な側面**，②**功労報償**の側面，③退職後の**生活保障**としての側面がある。賞与が比較的に短期間での業績や個人成績を反映し，使用者の査定により具体額が確定されることと比べれば，退職金の支給基準では定型的な算定式があることが多い。

退職金の支給基準について，一般的には，一定期間の在職を支給要件とするほか，退職事由によって支給基準を異ならせ，定年退職や会社都合による退職の場合と比べて，労働者の自己都合による退職（辞職）の場合には支給額を減らすことが多い（**➡第1章3**）。

退職金の不支給・減額　とくに懲戒解雇の場合には，退職金の不支給・減額規程があることが一般的であるが，それがない場合には不支給・減額は認められない。退職後の競業避止義務があり，それに違反するケースも同様である（自己都合退職による場合のさらに半額分の支給のみ認めた例として，三晃社事件・最判昭和52・8・9労経速958号25頁）。退職金の制度設計によるところが大きいが，一般的には，退職金に賃金後払い的な性格や退職後の生活保障的な役割があることをふまえれば，労働者にとって予期せぬ不支給・減額が認められるのは，在職中の功労を抹消するような顕著な背信性がある場合に限定される（中部日本広告社事件・名古屋高判平成2・8・31労判569号37頁など）。

＜第8章の復習＞

1．労基法上の賃金とはどのような概念か。

2．賃金の支払い方法に関して法的にどのような規制があるか。

3．休業手当と民法上の危険負担とはどのように異なるのか。

4．労働契約で職種や業務内容が特定されていないケースで，私傷病等で従前の職務に十分に従事できない場合に賃金請求権はあるか。

5．賞与や退職金にはどのような性格があるか。退職金の減額はどのような場合に認められるか。

〈コラム〉 人事考課（査定）の公正性をいかに確保するか

近年，年齢や勤続年数よりも，職務内容や役割を重視する賃金制度へのシフトが加速している。後者においては仕事の内容や使用者の評価により，労働者間，さらには年度ごとに処遇が大きく異なることになる。こうした変化の背景には，①生産性を高め，労働者間の公正（納得性）を確保するとともに，社員の年齢構成の高まりによる賃金負担の増加を改めたいという企業側のニーズや，②能力発揮の機会を重視する，あるいは低位な水準での平等よりは仕事による差別化を望む労働者の増加等がある。新卒定期採用の見直し（採用の個別化）も相まって，こうした個別的な人事管理は今後も拡大していくことが見込まれる。

個別的な人事管理においては，労働者に対する評価（人事考課／査定）のあり方が重要となる。一般に人事考課では，①潜在的なものも含めた能力，②成果（仕事の結果），③情意（モラル）が評価項目に含まれるところ，近年では②が拡大し③は縮小する傾向にある。

人事考課のあり方をめぐり，裁判例は，差別禁止等の強行法規違反や恣意的な評価の場合に**裁量権の濫用**として違法となる余地を認めつつも，基本的には使用者に広範な裁量を認める傾向にある（ソニー，ソニーコンピュータサイエンス研究所事件・東京地判平成15・11・17労経速1859号23頁）。一方，学説では，人事考課の公正さについて，①**合理的な評価基準の設定・開示**，②**適正な評価**，③**評価結果の開示と苦情処理等**を求めるものが多い。

この点，日本では，新卒で採用された労働者を中心に，企業組織内で能力開発し，キャリア形成を図ることが浸透してきた。こうしたなかでは，人事考課についても使用者の裁量を広く認めざるを得ず，客観性・透明性を確保することにも自ずと限界がある。そこで重要な視点は，目標管理など本人と事前にすり合わせて納得性を高める仕組みや，考課結果のフィードバック，異議申立をはじめ企業内での紛争処理制度の整備，考課者（管理職）の訓練など，考課の内容そのものでなく，**手続面での公正**さをいかに担保できるかであろう。それらは，人事考課の法的な正統性を高めるだけでなく，労働者の納得性や評価制度への信頼を高める点で人事管理上も重要となるし，実際，こうした改革をする企業も少なくない。

さらに，今後，採用や人事管理のあり方が変化し，いわゆるジョブ型での雇用に接近していく場合には，能力評価の合理性が失われるとともに，企業横断的な職務を基軸とした輪郭ができ，人事考課における使用者の裁量も縮小することになろう。

第９章　労働時間と休日・休暇

はじめに

労基法は，32条から41条の２で労働時間や休憩・休日等について規定する。膨大な通達を含め非常に複雑な規制であるが，これは労働をとりまく環境が大きく変化するなかで，たとえば１週の法定労働時間の短縮（48時間→40時間，1987年），変形労働時間制やみなし労働時間制（1987年），企画業務型裁量労働制の導入（1998年）など度重なる法改正の影響である。今日でも，いわゆるサービス残業や，場合によっては過労死にもつながる長時間労働を是正する観点から，労働時間規制の厳格化が求められ，他方で，多様な働き方に対応するための柔軟化も課題となっている。2019年の働き方改革関連法でも，時間外労働の抑制や有給休暇の取得促進に向け大きな改正がある。

労働時間に関しては労基法のほか次のような規制もある。労安衛法では時間外・休日労働が月80時間を超える労働者等を対象に，医師による面接指導を使用者に義務づけている。労働時間等設定改善法では，労働時間の設定等につき，労働者の健康や生活への配慮，多様な働き方に対応するよう改善を求めるほか，取引先の労働者との間でも一定の配慮をする努力義務等がある。同法では労働時間等設定改善委員会を設置する努力義務も規定され，一定の要件を満たせば労基法上の労使協定（➡第３章６）への代替が認められる。

労基法の規制だけをみても，たとえば労使協定に記載すべき事項など実務的には重要かつ相当に細かなルールがあるが，まずは原則について正確に理解し，例外的にどのような制度があるのか鳥瞰することが重要である。本章では労働時間のほか，法定休日，有給休暇に関する規制を扱う。

1　労働時間の原則と例外

(1)　法定労働時間

使用者は，労働者に，１週間に40時間を超えて労働させてはならない。また，１週間の各日については１日に８時間を超えて労働させてはならない（労基法32条）。労基法は，１日８時間，１週40時間を労働時間の上限と定めており，これを法定労働時間という。労基法の制定時には週の法定労働時間は48時間であった。しかし，欧米先進国の実態をふまえ，年間の総労働時間を1800時間程度とすることを目標に40時間へと短縮され（1987年改正），結果的に週休２日制が普及することとなった。

諸外国の例をみると，たとえば労働時間が一定の長さを超える場合に高額の割増賃金規制を課しつつ，罰則付きの上限をとくに定めず，さらにホワイトカラー労働者については比較的幅広く労働時間規制の適用除外を認めるアメリカのような例もあれば，反対に，厳格な上限規制を前提としつつ，その範囲内では割増賃金のあり方等を含め労働協約（労使自治）に広く委ねるEU諸国の例もある。これに対して，労働組合の影響力が小さい日本においては，法律による規制が実質的にも重要となり，労基法は罰則付きで法定労働時間等を規定している。

特例措置対象事業場　１週の法定労働時間については特例があり，商業，映画・演劇業，保健衛生業，接客娯楽業において，事業場で常時使用する労働者が10人未満の場合には，法定労働時間は44時間となる（労基法40条，労基則25条の２）。

所定労働時間　使用者は始・終業時刻をはじめ労働時間を就業規則に記載しなければならないが（労基法89条１号），このような労働契約で義務づけられた労働時間は所定労働時間と呼ばれ，労基法の法定労働時間と区別される。

⑵　休　憩

労基法は労働時間が６時間を超える場合に45分以上，８時間を超える場合に60分以上の休憩を，労働時間の途中に与えることを使用者に義務づけている（34条）。休憩を分割して付与することもできる。

休憩時間は労働からの解放が保障されていることはもちろん，労働者に自由に利用させなければならない（自由利用の原則）。また，休憩は原則として労働者に一斉に付与しなければならない（一斉付与の原則）。一斉付与の原則には，運輸交通業や接客娯楽業などで例外が認められるほか，その他の業種でも労使協定を締結すれば例外が許容される。

なお，日本では休憩を含めた拘束時間の長さについて特段の規制はなく，たとえば休憩時間を長く取らせることで割増賃金なしに労働者を長時間拘束することができる。その一方で，労働時間等設定改善法の改正により，2019年からは，前日の終業時刻から翌日の始業時刻の間に一定時間の休息を確保することが使用者の努力義務となっている（勤務間インターバル）。

⑶　法定休日

使用者は１週間のうち１日以上，または４週間で４日以上の休日（労働義務のない日）を労働者に与えなければならない。これを法定休日といい，それ以外の法定外休日と区別される。日本では祝日が多いこと等もあり，労働者１人平均での年間休日は115日程度である（厚労省「就労条件総合調査」)。

法定休日について曜日はとくに問われない。４週４日以上の変形休日制の場合には，就業規則等で変形期間の起算日を定める必要がある。使用者が法定休日に労働させることは原則として違法であるが，労使協定の締結・届出と割増賃金（35％以上）の支払い等の要件を満たせば例外的に認められる（後述)。

休日振替と代休　割増賃金の支払い等を要するのは使用者が休日労働をさせた場合である。これに対して，就業規則等の労働契約上の根拠に基づき，予め休日と定められていた日を労働日とし，代わりに他の労働日を休日とする休日振替については，振替日が休日となるため，当初休日とされた日に労働をさせても休日労働とはならない。一方，これと類似するが，事前の振り替えなしに休日労働をさせ，事後的に労働者に代休を与えても休日労働をさせたことに変わりはなく，割増賃金の支払い等が必要となる（なお，労基法上は代休を与えなくてもよい)。

(4)　労基法の労働時間

労働時間の計算をめぐり，そもそも労働時間とはどのような時間を指すかについて労基法に定義はない。この点，最高裁は次のように判断している。

case　**三菱重工長崎造船所事件・最判平成12・3・9民集54巻3号801頁**

〔事案の概要〕

Ｙ社の造船所における就業規則では，Ｘらの労働時間を８～12時および13～17時まで，休憩時間を12～13時までと定めるとともに，始業に間に合うよう更衣等を完了して作業場に到着し，所定の始業時刻に作業場において実作業を開始し，所定の終業時刻に実作業を終了し，終業後に更衣等を行うものと定めていた。また，始終業の勤怠は，更衣を済ませ始業時に体操をすべく所定の場所にいるか否か，終業時に作業場にいるか否かを基準とする旨定めていた。

Ｘらは，所定の更衣所等において，作業服のほか保護具，工具等の装着を義務づけられ，これを怠ると懲戒処分や成績考課により賃金が減る場合があった。Ｘらのなかには，材料庫等からの副資材や消耗品等の受出しを午前ないし午後の始業時刻前に行うことを義務づけられ，また，粉じん防止のため始業時刻前に散水をすることを義務づけられる者がいた。以上のほか，Ｘらには，実作業の終了後の手洗い，洗面，洗身，入浴後に通勤服を着用する時間，入退場門から更衣所まで移動する時間等があった。

本件はＹが就業規則に定める所定労働時間をもって労働時間として管理していたのに対し，Ｘらが上の各時間等についても労働時間に該当し，８時間を超える時間外労働については割増賃金の請求をした事案で，原審ではＸらの主張が一部認容されたため双方が上告した事案である。

〔判旨〕上告棄却

労基法32条の労働時間とは「労働者が使用者の指揮命令下に置かれている時間をいい…労働者の行為が使用者の指揮命令下に置かれたものと評価することができるか否かにより客観的に定まるものであって，労働契約，就業規則，労働協約等の定めのいかんにより決定されるべきものではない」。そして，「労働者が，就業を命じられた業務の準備行為等を事業所内において行うことを使用者から義務付けられ，又はこれを余儀なくされたときは，当該行為を所定労働時間外において行うものとされている場合であっても…特段の事情のない限り，使用者の指揮命令下に置かれたものと評価することができ，当該行為に要した時間は，それが社会通念上必要と認められるものである限り」労基法上の労働時間に該当する。

こうした枠組みのもとで，最高裁は，作業服や保護具等の装着を義務づけられ，また，装着を所定の更衣所等で行うものとされていたことから，これらの装着および更衣所等から準備体操場までの移動時間，資材等の受出しおよび散水の時間，実作業の終了後における更衣所等において作業服および保護具等の脱離等を終えるまでの時間について労働時間に該当するとした。その一方で，作業終了後の洗身についてはとくに義務づけがなく，これがなければ通勤が著しく困難ともいえないとし，これに引き続いてされた通勤服の着用時間も含め労働時間とはいえないとする。また，休憩時間中における作業服の着脱等についても，「使用者は，休憩時間中，労働者を就業を命じた業務から解放して社会通念上休憩時間を自由に利用できる状態に置けば足りる」とし，着脱等の時間は，特段の事情のないかぎり労基法上の労働時間に該当しないとした。

このように，最高裁は，労基法上の労働時間か否かについては，就業規則等に規定される所定労働時間によらず，使用者の指揮命令の下にあるかどうかで客観的に判断する立場を支持している（**指揮命令下説**）。その結果，たとえば作業用の着替え時間等のほか，形式的には休憩時間とされていても，接客応対の義務づけがあるなど労働からの実質的な解放がなければ労働時間に該当する。

同様に，ビル管理会社の従業員が泊まり込みで24時間の勤務をしつつ，その間に合計２時間の休憩時間とは別に連続８時間の仮眠が認められていたケースでも，最高裁は，当該時間において役務提供の義務づけがあり，労働からの解放が保障されていない場合には，使用者の指揮命令下にあるとする。同事件では，仮眠時間中にも仮眠室での待機と警報や電話等に対して直ちに対応することを義務づけられていることや，実作業への従事が限定的でも，その必要が生じることが皆無に等しいなど実質的に上記の義務づけがないと認め得る事情も存しないとして，仮眠時間は全体として労働からの解放が保障されておらず，使用者の指揮命令下にあり労働時間に該当すると評価された（大星ビル管理事件・最判平成14・2・28民集56巻2号361頁）。

なお，労働時間は1分単位で計算することが原則であり，端数の切り捨てが認められないのはもちろん，1日単位での切り上げ・切り捨ても認められない。ただし，事務を簡便にするため，ある月における時間外の総労働時間数に30分未満の端数がある場合にこれを切り捨て，それ以上の端数がある場合に1時間に切り上げること等は例外的に認められる（昭和63・3・14基発150号）。

⑸ 時間外・休日労働

使用者が法定労働時間を超えて労働者に時間外労働をさせることは，罰則つきで禁止される（労基法119条）。しかしこれに対しては，災害時等に労働基準監督署長の許可を得た場合に時間外労働が認められる（同33条）。さらに，使用者は，当該事業場の過半数代表と労使協定（➡**第3章**も参照）を締結し，労働基準監督署長に届け出た場合には，当該協定の定めにより，労働者に時間外または休日労働をさせることができる（労基法36条）。同条に基づく協定を三六協定と呼ぶ。

時間外労働の上限　三六協定には，①時間外労働をさせる具体的事由，②業務の種類，③労働者数，④1日および1ヵ月の延長時間数等を定める必要がある。この延長時間には限度があり，原則として1ヵ月で45時間以内，1年間で360時間以内である（労基法36条4項以下）。この限度の基準は従来は大臣告示にとどまっていたものが，2019年から法律に格上げされている。この点，従来は，特別な事情があれば上限を超えるという「特別条項」が三六協定にある場合に，限度基準を超えることが認められ，この場合の上限がないなかで長時間労働が問題となってきた。しかし，法改正により，例外的に時間外労働が月45時間を超える場合でも，年間720時間以内かつ年6回（6ヵ月）以内に限定される（同条5項）。さらに，1ヵ月で100時間未満，複数月の平均で80時間以内であることも必要で，この違反に対しては罰則がある（同条6項，119条）。

労使協定の締結・届出のほか，割増賃金の支払い（後述）があれば，使用者が労働者に時間外・休日労働をさせても労基法違反とならない（免罰的効力という）。

時間外労働命令の根拠　一方，労働者が時間外労働等に応じる義務が労基法36条や労使協定から生じるわけではなく，こうした公法上の問題とは別に，労働者に時間外労働等を適法に命じるためには労働契約上（私法上）の根拠が必要となる。この労働契約上の根拠をめぐり，学説では，労働者のその都度の個別同意を必要とし，時間外・休日労働を命じる労働協約や就業規則の規定を無効とする立場があった。時間外労働等の例外的な位置づけを重視するものである。しかし判例は，三六協定の締結・届出に加え，就業規則において三六協定の範囲内で時間外労働をさせる旨の規定があり，それが合理的であれば労働契約の内容になるとする。そして，三六協定で時間外労働の時間数や事由が概括的ながらも列挙されていることを指摘し，就業規則の合理性を肯定した（日立製作所武蔵工場事件・最判平成３・11・28民集45巻８号1270頁）。こうして現在の通説・判例は，個別同意のほか，就業規則（労契法７条）や労働協約（労組法16条）などからも使用者の時間外労働命令を基礎づけることで一致している。

割増賃金　使用者が労働者に時間外・休日労働をさせた場合，または午後10時から午前５時までの深夜労働をさせた場合には，割増賃金の支払いが必要となる。長時間労働を抑制し，健康への悪影響を防止する等の狙いである。割増賃金を支払わない時間外労働は，サービス残業と呼ばれ，当然，違法である。なお，労基法には，解雇予告手当（20条），休業手当（26条），時間外・休日労働や深夜労働の割増賃金（37条），年休時の賃金（39条）を使用者が支払わないケースでとくに悪質なケース等を念頭に，これらの未払い分に加え，裁判所がそれと同一額の付加金の支払いを使用者に命じることができる旨の規定がある（114条）。

割増賃金の基礎となるのは，所定労働時間の労働に対して支払われる１時間当たりの賃金額である。たとえば月給制の場合には，各種手当も含めた月給を１ヵ月の所定労働時間で割って算出する。ただし，①家族手当，②通勤手当，③別居手当，④子女教育手当，⑤住宅手当，⑥臨時に支払われた賃金，⑦１ヵ月を超える期間ごとに支払われる賃金については，単に名称でなくその実質を備えている場合には，基礎となる賃金から除外することができる（労基法37条５項，労基則21条）。

具体的な割増率は，通常の労働時間の賃金の計算額に対して，時間外労働と深夜労働の場合で25％以上，休日労働で35％以上である。ただし，長時間労働を抑制する趣旨から，時間外労働が１ヵ月に60時間を超えた場合には，当該部分についての割増率は50％となる（労基法37条１項。中小企業では50％割増については2023年から適用）。この50％の割増に関して，労使協定が締結されている場合には，引上げ分（25％分）について有給休暇を付与することで代替することができる。

時間外労働と深夜労働とが重複した場合や，休日労働と深夜労働とが重複した場合等には，それぞれの割増率が合算される。たとえば時間外かつ深夜労働であれば50％または75％（60時間超の場合），休日の深夜労働であれば60％以上の割増賃金の支払いが必要となる。一方，法定休日に８時間を超えて労働しても休日労働であることに変わりはなく，割増率は35％のままとなる。

法内超勤　三六協定の締結や労基法上の割増賃金の支払い等が義務づけられるのは，使用者が法定労働時間を超えて時間外労働をさせる場合である。これに対して，たとえば所定労働時間が７時間で１時間の時間外労働をすることを法内超勤という。法内超勤について労基法の規定は適用されず，割増賃金の支払いを要するかどうかやその額についても，就業規則をはじめ労働契約の解釈による。

固定残業代　労基法は時間外労働等をさせる場合に割増賃金の支払いを義務づけつつ，その支払い方法についてとくに定めていない。そこで，たとえば職務手当等の名称で割増賃金を予め定額化し支払うことの可否が問題となる。こうした取扱いは，①割増賃金の計算・支払い実務を簡便化し，②労働者に時間の長さでなく仕事内容で評価するという意識づけを図る目的，③時間外労働分を予め含めることで，賃金額が見かけでは高額となり求人の訴求力を高める等の理由から，実務的に広く普及している。

いわゆる定額（固定）残業代をめぐる問題について，いかなる名称であれ，労基法37条で算定される額以上の割増賃金が支払われていれば労基法違反とはならない。

しかし，これが認められるためには，第一に，労基法所定の計算方法による割増賃金額を結果的に下回らないことが必要となる。したがって，定額による支払いを超えて実際に時間外労働が生じたケースでは，当該部分について別途の割増賃金が当然に必要となる。

そして第二に，割増賃金の部分とそれ以外の通常の賃金の部分とが，明確に区別できるという判別可能性がなければならない（小里機材事件・最判昭和63・７・14労判523号６頁など）。それと関連して，労働契約で，ある手当が時間外労働等に対する対価として支払われるものとされているか否かは，契約書等の記載内容のほか，具体的事案に応じ，使用者の労働者に対する当該手当や割増賃金に関する説明の内容，労働者の実際の労働時間等の勤務状況などの事情を考慮して判断される（日本ケミカル事件・最判平成30・７・19労判1186号５頁）。

さらに，上の要件を満たす場合でも，たとえば80時間などのあまりに長時間分の割増賃金を定額で支払うことは，公序違反となり得る（イクヌーザ事件・東京高判平成30・10・４労判1190号５頁）。また，タクシー運転手で，時間給と出来高給を組み合わせ，時間外労働が増えると出来高部分が減るという制度では，通常の賃金部分がなくなり得る点が指摘され，労基法37条の割増賃金の本質から逸脱するとして判別可能性が否定された例もある（国際自動車事件・最判令和２・３・30労判1220号５頁）。

2　柔軟な労働時間規制

以上の労基法の労働時間規制については，変形労働時間制やみなし労働時間制など柔軟化が図られており，むしろ原則通りに適用される労働者は半数にも満たない（**図表９－１**）。また，一部の労働者については規制の適用が除外されている。

〔図表９－１〕変形労働時間制などが適用される労働者の割合

変形労働時間制（53.7%）				みなし労働時間制（9.1%）		
１年単位の変形労働時間制	１ヵ月単位の変形労働時間制	１週単位の変形労働時間制	フレックスタイム制	事業場外みなし労働時間制	専門業務型裁量労働制	企画業務型裁量労働制
21.4%	23.9%	0.2%	8.2%	7.4%	1.3%	0.4%

厚労省「就労条件総合調査」（平成31年）

(1)　変形労働時間制

変形労働時間制度とは，１日単位で労働時間をみるのではなく，一定の単位期間（１ヵ月，１年など）において，週の法定労働時間を超えない範囲で労働時間の長さを平均的に規制する制度である。繁忙期の所定労働時間を長くする代わりに，閑散期の所定労働時間を短くするといったように，業務の繁閑や特殊性に応じて，労使が工夫しながら労働時間の配分等を行い，全体としての労働時間を短縮する狙いがある。

労基法では，１月単位（32条の２），１年単位（32条の４），そして例外的に労働者数が30人未満の小売業，旅館，飲食店では１週単位（労基法32条の５）の変形労働時間制が認められている。それぞれ労使協定の締結等の要件がある（**図表９－２**）。たとえば１ヵ月単位の変形労働時間制であれば，労使協定等において変形期間の各週および各日の労働時間を具体的に特定する必要があり，いったん特定されると，事後的な変更は原則認められない（JR西日本［広島支社］事件・広島高判平成14・６・25労判835号43頁）。

これらの要件のもとで，①特定の週または日につき，法定労働時間を超える所定労働時間を就業規則等で定めた場合には，所定内の労働は法定時間外労働とならないが，所定時間を超えた労働は法定時間外労働となる（前掲・大星ビル管理事件）。②一方，所定労働時間を法定労働時間内で定めた週または日については，法定労働時間（40時間，８時間）を超えた時間が法定時間外労働となる。さらに，③変形期間における法定労働時間の総枠を超える部分も法定時間外労働となる（昭和63・１・１基発１号）。

〔図表９－２〕変形労働時間制の要件等

	規模・業種の制限	手続	期間，労働時間	日数，労働時間の上限，連続して労働させる日数
１ヵ月単位（32条の２）	なし	労使協定または就業規則	１ヵ月以内で週平均40時間。	なし
１年単位（32条の４）	なし	労使協定	１ヵ月を超え１年以内。週平均40時間。	１年で280日，１日10時間，１週52時間（原則）。連続６日。
１週単位（32条の５）	30人未満の小売業，旅館，飲食店。	労使協定	１週間。週平均40時間。	１日10時間

⑵　フレックスタイム制

〔図表９－３〕フレックスタイム制

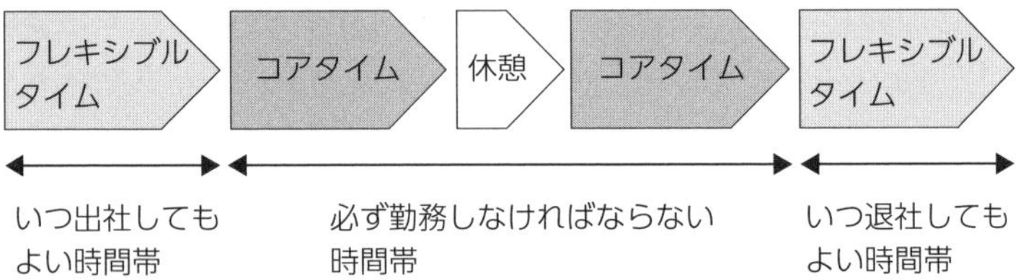

フレックスタイム制（労基法32条の３）も変形労働時間制の一種であるが，始業時刻や終業時刻を労働者本人が決定する点に特徴がある。同制度は，一定期間（清算期間という）の総労働時間を決めたうえで，労働者が各日の始業・終業の時刻を選択しながら勤務して，その清算期間に決められた総労働時間を満たすようにするものである。労働時間の効率的な配分による生産性向上のほか，仕事と生活の調和を図りやすい点で労働者の定着促進などが期待されている。

フレックスタイム制では，労使協定で清算期間（３ヵ月以内）や清算期間における総労働時間等を定める必要がある。また，労使協定では，必ず出勤すべき時間帯（コアタイム）と，労働者が自由に選択できる時間帯（フレキシブルタイム）を定めることもできる（**図表９－３**参照）。同制度の導入には，こうした労使協定を締結したうえで（届出は不要），就業規則などで始業・終業時刻を労働者の決定に委ねることを明示すること等が必要となる。

⑶　みなし労働時間制

変形労働時間制やフレックスタイム制は，一定期間の総労働時間を決めたうえで，その具体的な配分の仕方に柔軟性がある制度といえる。すなわち一定期間の総労働時間は遵守する必要があり，それが労基法の原則を超える場合には，割増賃金の支払い等が必要となる。

一方，労基法では，実労働時間にかかわりなく，一定の時間労働したものとみなす制度もある（事業場外みなし労働制および裁量労働制)。みなし時間が８時間以内で設定されるかぎり，割増賃金の支払い等は不要となる。なお，これらの制度のもとでも，深夜割増および年休に関する規制の適用はある。

事業場外みなし労働　労働者が労働時間の全部または一部について事業場の外で業務に従事した場合に，労働時間を算定し難いときは，所定時間労働したものとみなされる（労基法38条の２)。ただし，当該業務の遂行に通常所定労働時間を超えて労働することが必要となる場合には，その時間の労働をしたとみなされ，また労使協定でこれを定めることも認められる。

典型的には営業職や出張，在宅労働（テレワーク）などが該当するが，同制度を利用できるのは，あくまで労働時間を算定し難い場合に限られ，管理職に同行して外回りをする場合などでは利用できない。また，たとえばツアー旅行の添乗員について，旅行日程に従い，日報等による詳細な報告を求められ，トラブル発生時に会社貸与の携帯電話等で指示を受けることを義務づけられ，事業場外での労働につき自ら決定できる事柄の範囲が限定されている等の場合にも，労働時間を算定し難いとはいえず，同制度は適用されない（阪急トラベルサポート事件・最判平成26・１・24労判1088号５頁)。

裁量労働　裁量労働制とは，①業務の性質上，これを適切に遂行するためには遂行方法を労働者の裁量に委ねる必要があるため，業務遂行の手段および時間配分の決定等に関し使用者が具体的な指示をしないこととする業務について，②実労働時間に関わりなく，労使協定等で定めた時間の労働をしたとみなす制度である。成果主義人事と親和的で労働時間の自己決定（管理）を可能とするもので，労基法では２タイプの裁量労働制が規定されている。

第一は専門業務型裁量労働制で，労使協定の締結・届出等が必要である（労基法38条の３)。労使協定では，対象業務やみなし時間数のほか，業務遂行の手段や時間配分について使用者が具体的な指示をしないこと等を明記する必要があるものの，比較的容易な手続で導入できる。ただし，同制度を利用できる業務は限定的で，弁護士，公認会計士，デザイナー，プロデューサー，新製品の研究開発業務，大学教員（主として研究に従事する教員）など19業務に限られる。

第二は企画業務型裁量労働制で，事業の運営に関する事項についての企画，立案，調査，分析の業務で利用でき，専門業務型と比べれば対象業務は柔軟である（労基法38条の４）。ただし，企業全体の計画策定等の業務が想定されており，たとえば支社において，本社から具体的な指示を受ける場合や，日々のルーティンワークをこなすだけのような業務では利用できない。また，手続的な要件は相当に厳格であり，委員の半数以上を労働者が占める常設の**労使委員会**を設置し，法定の事項を委員の５分の４以上の多数決で決め，所轄の労基署長に届け出ることが必要である。労使委員会での決議事項は，みなし時間数のほか，対象となる業務や労働者の具体的な範囲，使用者による健康・福祉確保の措置，苦情処理手続，制度適用につき労働者の同意を得ることや同意しない労働者に対する不利益取扱いの禁止などである。

⑷　適用除外

以上のほか，労基法では，一定の労働者について，労働時間，休憩および休日に関する規定の適用を除外している（41条）。

まず，農業，畜産，水産業に従事する労働者である（同条１号）。こうした事業は天候に左右され厳格な労働時間規制に馴染まないからである。次に，管理監督者や機密の事務を取り扱う者（秘書など）である（同２号）。使用者との一体性があり，労働時間の規制に馴染まないとの考え方による。そして，監視・断続的労働に従事し所轄の労働基準監督署長の許可がある場合である（同３号）。労働の密度が薄く厳格な時間管理に馴染まないとの考え方による。常態として身体的疲労や精神的緊張の少ない業務に限られ，たとえば当直勤務などが該当するが，交通関係の監視等の精神的緊張の高い業務やプラント等における計器類を常態として監視する業務では認められない。

なお，労基法41条は，時間外・休日労働や休憩に関する規制を適用除外しているが，各号に該当する場合でも，深夜割増や年休に関する規制の適用はある。

管理監督者　このような労働時間規制等の適用除外のうち，第１号や第３号は対象業務が限定的で，さらに後者は許可が要件であり容易には認められない。一方，第２号の管理監督者については，いわゆる**名ばかり管理職**のように濫用的な利用が問題となってきた。日本では，職能資格制度の普及と相まって，管理的業務に従事しないにもかかわらず管理職相当の地位にある労働者数が肥大化している（スタッフ管理職など）。

しかし，労基法の管理監督者か否かは，企業内部の役職名とは無関係に客観的に判断され，一般的には，労働条件の決定その他労務管理について経営者と一体的な立場にある者とされる（昭和22・９・13基発17号）。こうした管理監督者であれば，労働時間等に関する規定の適用を除外しても労働者の保護に欠けないとの考え方であり（下記 **case** ），具体的には⑴職務内容や責任と権限，⑵現実の勤務態様，⑶賃金等の待遇面から，総合考慮される。

case　日本マクドナルド事件・東京地判平成20・１・28労判953号10頁

〔**事案の概要**〕

Ｘは，Ｙ社が営むファストフード店の店長であるが，当時の時効である過去２年分の時間外・休日労働に対する割増賃金の支払いを求めて提訴した。Ｙでは店長以上の職位の従業員を労基法41条２号の管理監督者として割増賃金を支払っていないなかで，Ｘが管理監督者に該当するかどうかが争われた。

〔**判旨**〕一部認容

労基法41条２号の管理監督者については，労基法の労働時間等に関する規定は適用されないが，これは，「管理監督者は，企業経営上の必要から，経営者との一体的な立場において，同法所定の労働時間等の枠を超えて事業活動することを要請されてもやむを得ないものといえるような重要な職務と権限を付与され，また，賃金等の待遇やその勤務態様において，他の一般労働者に比べて優遇措置が取られているので，労働時間等に関する規定の適用を除外されても，上記の基本原則に反するような事態が避けられ，当該労働者の保護に欠けるところがないという趣旨による」。「したがって，Ｘが管理監督者に当たるといえるためには，店長の名称だけでなく，実質的に以上の法の趣旨を充足するような立場にあると認められるものでなければならず，具体的には，⑴職務内容，権限及び責任に照らし，労務管理を含め，企業全体の事業経営に関する重要事項にどのように関与しているか，⑵その勤務態様が労働時間等に対する規制になじまないものであるか否か，⑶給与（基本給，役付手当等）及び一時金において，管理監督者にふさわしい待遇がされているか否かなどの諸点から判断すべき」である。

そして本件では，店長はアルバイトの採用や従業員の勤務シフトの決定等の店舗運営において重要な職責を負っているとしつつも，「店長の職務，権限は店舗内の事項に限られるのであって，企業経営上の必要から，経営者との一体的な立場」とはいえないとし，また，店長が部下であるマネージャーの労働時間よりも長時間である等の勤務実態に照らせば，賃金面でも，労基法の労働時間等の規定の適用を排除される管理監督者に対する待遇として不十分としてXの請求を認容した。

高度プロフェッショナル制度　適用除外に関連して，以上のほか，2019年の法改正で高度プロフェッショナル制度も創設されている（労基法41条の２）。同制度のもとでは，高度の専門的知識等を有し年収1075万円以上の労働者について，労使委員会（裁量労働制の項を参照）の決議および労働者本人の同意，年間104日以上の休日確保措置や健康・福祉確保措置等を講ずることを要件に，労基法の労働時間，休憩，休日の諸規制のほか，深夜割増に関する規定も適用除外となる。

3　労働時間の適正な把握

労働時間，休日，深夜業等の規制を遵守するためには，管理監督者やみなし労働時間制が適用される労働者も含めて，使用者が労働時間を適正に把握・管理することが不可欠である。労基法に直接これを定める規定はないが，労安衛法では，長時間労働者に対し医師による面接指導の履行を確実にするため，労働時間の状況を適正に把握すべき旨の規定がある（66条の８の３）。

具体的な把握方法については，「労働時間の適正な把握のために使用者が講ずべき措置に関するガイドライン（平成29年）」のもとで，タイムカードによる記録，PC等の使用時間の記録等の客観的な方法や使用者による現認が原則である。ただし例外的に，やむを得ない場合には，適正な申告を阻害しない等の措置を講じたうえで自己申告も認められている。使用者は，労働時間の状況の記録を作成し３年間保存しなければならない（労基法109条）。

これは法律に基づく使用者の義務であるが，たとえば裁判等で労働時間の長さが争われるケースでは，必ずしもこうした記録が決定的な証拠となるわけでもなく，事案に応じてたとえば労働者のメモや日記，メールの送信時刻等での記録も証拠となり得る。

4　年次有給休暇

労働者が入社から６ヵ月間以上の継続勤務をし，その期間の全労働日の８割以上の出勤をした場合には10日間の有給での休暇が認められる（労基法39条）。これを年次有給休暇（**年休**，**有休**）という。休暇の日数は勤続年数に応じて増加する（**図表９－４**）。所定労働時間の短いアルバイト等でも，当該労働者に義務づけられた労働日の８割以上の出勤等の要件を満たせば，一定日数の年休が与えられる（**比例付与**という。**図表９－５**）。

〔図表9－4〕有給休暇の日数（労働時間が週30時間以上または週5日以上の場合）

勤続年数	6ヵ月	1年6ヵ月	2年6ヵ月	3年6ヵ月	4年6ヵ月	5年6ヵ月	6年6ヵ月以上
付与日数	10日	11日	12日	14日	16日	18日	20日

〔図表9－5〕有給休暇の日数（労働時間が週30時間未満かつ週4日以下の場合）

	週所定労働日数	1年間の所定労働日数	勤続年数						
			6ヵ月	1年6ヵ月	2年6ヵ月	3年6ヵ月	4年6ヵ月	5年6ヵ月	6年6ヵ月以上
付与日数	4日	169～216日	7日	8日	9日	10日	12日	13日	15日
	3日	121～168日	5日	6日	6日	8日	9日	10日	11日
	2日	73～120日	3日	4日	4日	5日	6日	6日	7日
	1日	48～72日	1日	2日	2日	2日	3日	3日	3日

年休は1日単位での取得が原則であるが，労使の合意等を要件に半日単位での取得も認められる（昭和24・7・7基収1428号）。また，労使協定を締結すれば，年5日以内の年休につき時間単位での取得も認められる（労基法39条4項）。

年休権の構造（二分説）　法定休日とは異なり，年休は原則として労働者が請求してはじめて付与されるため，年休権の法的構造が問題となる。この点，年休権は6ヵ月以上の継続勤務とその期間の全労働日の8割以上の出勤という客観的要件（労基法39条1項）を満たせば発生し，そのうえで，労働者には具体的に取得時季を特定する**時季指定権**がある（労基法39条5項）という2つの権利で構成される（二分説。林野庁白石営林署事件・最判昭和48・3・2民集27巻2号191頁）。前者の客観的要件を満たしても，労働者の具体的な時季指定がなければ，使用者は年休を与えなくても原則として法違反とならない。

時季変更権　時季指定権は形成権であり，使用者は労働者が請求する時季（具体的な日のほか季節でも構わない）に年休を与えなければならない。しかし例外的に，使用者にも，事業の正常な運営を妨げる場合には年休取得の時季を変更する時季変更権がある（労基法39条5項）。

時季変更権の行使が認められるのは，年休指定日の労働がその者の担当業務を含む相当な単位の業務の運営にとって不可欠であり，かつ，代替要員の確保が困難であることが必要と解されている。単に業務多忙などの理由では認められない。使用者が通常の配慮をすれば代替要員の確保が可能であるときに，配慮をせずに時季変更権を行使することも許されない（弘前電報電話局事件・最判昭和62・7・10民集41巻5号1229頁）。

一方，事前調整を経ない長期連続の年休の時季指定に対する使用者の時季変更権の行使は，事業運営への支障の程度をふまえ使用者にある程度の裁量的判断が認められる。この場合も，休暇を取得させるための状況に応じた配慮を欠くなど不合理なものであってはならない（休日を含め約1ヵ月の年休の時季指定に対し，後半部分の時季変更権行使が認められた例として，時事通信社事件・最判平成4・6・23民集46巻4号306頁）。

年休の利用目的　年休をどのように利用するかは労働者の自由であり，使用者が利用目的を考慮して時季変更権を行使することは原則として認められない（**年休自由利用の原則**）。ただし，同一日に複数の労働者が時季指定をした場合の調整など，合理的な理由があれば利用目的を問うこと自体は違法ではない。

利用目的に関連して，労働組合員が業務の正常な運営を阻害する目的で全員一斉に休暇届を提出し職場を放棄・離脱するいわゆる**一斉休暇闘争**は，その実質は年休取得というよりも同盟罷業（ストライキ）に該当し賃金請求権は生じない。労働者（組合員）の年休申請後に当該事業場でストライキが繰り上げて実施された場合も，年休の成立は否定される。所属する職場の正常な業務の運営を阻害する目的でストライキに参加したことは，業務を運営するための正常な勤務体制が整っていることを前提に休むことを認めるという年休の趣旨に反するからである（国鉄津田沼電車区事件・最判平成3・11・19民集45巻8号1236頁）。他方で，休暇中の労働者が他の事業場での争議行為等に参加したとしても，年休の成否に影響はない（前掲・白石営林署事件）。

計画年休／年休付与義務　年休は労働者の時季指定により付与されるが，現実には「上司・同僚が有休を取らない」等の理由で年休を取ら（れ）ない労働者も多い。すなわち労働者1人平均で18日程度ある有給休暇のうち，実際の取得率は半分程度にとどまる（厚労省「就労条件総合調査」）。

こうしたなか，取得率を高めるため，年休のうち年5日を超える分については，労使協定を結べば計画的に休暇取得日を割り振ることが認められている（計画年休制度。労基法39条6項）。たとえば企業独自のカレンダーなど企業や事業場全体の休業による一斉付与のほか，班・グループ別での交替制での付与，個人別での付与など計画年休の実態は様々である。計画年休協定が締結されると，当該分について労働者の時季指定権も使用者の時季変更権も消滅する。

さらに，2019年4月からは，年休のうち年5日分については，労働者が請求しない場合にも，使用者による時季指定が義務づけられている（労基法39条7項）。すなわち，使用者は年5日までの有休を労働者の時季指定がなくとも取らせる義務があり，違反に対しては罰則もある（労基法119条）。

不利益取扱い　使用者は年休を取得した労働者に対して，賃金の減額その他不利益な取扱いをしないようにしなければならない（労基法附則136条）。たとえば年休取得者への皆勤手当の不支給等が問題となる。この点，判例は同条を努力義務規定と解し，こうした取扱いも直ちに私法上，違法・無効とならないとする。

ただし，その趣旨，目的，労働者が失う経済的利益の程度，年休取得に対する事実上の抑止力の強弱等諸般の事情を総合して，年休を取得する権利の行使を抑制し，同法が労働者に権利を保障した趣旨を実質的に失わせる場合には公序違反として無効となり得る（不支給とされた手当の趣旨の合理性と額が多額でないことから公序違反を否定した例として，沼津交通事件・最判平成５・６・25民集47巻６号4585頁）。とくに近年では，有休の取得促進が政策的にも推進されるなか，不利益取扱いが公序違反とされる余地も高まり，実質的には同条に強行的効力を認めるのと大差がない可能性がある。

＜第９章の復習＞

1．法定労働時間とは何か。所定労働時間とどのように異なるか。

2．法定時間外労働をさせるための要件について説明しないさい。

3．X1は大手飲食チェーンY店のアルバイトである。①アルバイトは勤務前に制服に着替え，それ自体は５分程度で済むが，遅刻防止等の観点から勤務開始の20分前には更衣室に来る決まりがある。更衣室でアルバイトは自由に過ごしている。また，勤務の開始前に，②食材の準備と片付けや引継ぎ作業がある（通常15分程度）。これらの時間について賃金は支払われない。さらにY店では，③日々の労働時間のうち15分未満の端数が生じても賃金が支払われない，④シフト時間が６時間を超えると45分の休憩があるが，予約注文など頻繁に電話応対をする必要がある。X1は①～④はいずれも労働時間であり，８時間を超える部分について割増賃金の支払いを求めているが，認められるか。

4．X2は前記Y店の店長（正社員）である。Y店には，部下である正社員のマネージャー２名とアルバイト30名（時給1200円）がいる。マネージャーは月給制で時間外労働に対する割増賃金も支払われている（１ヵ月の労働時間は概ね200時間で賃金総額は25万円程度）。一方，X2の１ヵ月の労働時間は230時間程度であり，賃金は管理職手当３万円を含む28万円と定額で，割増賃金の支払いはない。店長はアルバイトの採用権限があるほか，管理運営の責任者とされるが，実際には運営マニュアルと地域ごとに設置される地域リーダーの指示に従っている。また，アルバイトが不足するなかで，マネージャーと同様に，シフトが埋まらない時間に接客業務につくことが恒常化している。X2は実労働時間をもとに，法定労働時間を超える部分の割増賃金の支払いを求めているが，認められるか。認められる場合，割増賃金から管理職手当は控除されるか。

5．年休権の法的構造について説明しなさい。

6．使用者による時季変更権の行使は，どのような場合に認められるか。

〈コラム〉 労働時間規制の「原則」は適切か？

長時間労働で健康を害することは誰も望まない。工場法の時代から（当時は女性，年少者が中心），過酷な長時間労働を規制することは国家としての重要課題である。他方で，働き方が多様化するなかで，労働時間規制にはつねに柔軟化も求められてきた。変形労働時間制や裁量労働制，最近では高度プロフェッショナル制度など，労働時間の「原則」に対する「例外」は拡大する一方だし，今後もその流れは続くだろう。

ところで，過重な負担となる長時間労働を是正すべきだとして，その手段として割増賃金規制を中核とすることが適切かどうかは別である。いわゆる生活残業のように，割増賃金を求めて長時間労働を望む（残業せざるを得ない）労働者ではかえって長時間労働を助長しかねない。長時間労働の是正には，労働時間の長さ自体を制限するのが王道であり，その意味で2019年の働き方改革関連法による改正は大きな転機といえる。

そもそも「割増」の算定基礎となる賃金額をどのように設定するかは，最低賃金に違反しない限り契約自由である。使用者からすれば，ある程度の時間外労働が見込まれる場合には，通常の賃金額を抑えつつ，賞与や家族・住宅手当等で補填し，割増賃金を含む総額人件費をコントロールすれば済む。固定残業代はこの一形態とも言える。①賃金を積み上げ方式で考えるか，②それとも総額から考えるのか。突発的な残業であれば①の面が強いが，はたして世に蔓延する残業は予期せぬものばかりだろうか。

工場労働や建設の現場業務，店舗での販売業務等であれば，比較的に労働時間の算定は容易である。労働時間は専ら使用者がコントロールする面があり，厳格な労働時間規制や割増賃金規制があってもよい。他方で，働き方や生活スタイルが多様化し，技術革新が進むなかで，とくにホワイトカラーを中心に，労働と私生活との境界は今後ますます不明確となろう。結果的に法違反が生じることもあるが，それは単純なサービス残業の問題とは性格が違う。

2020年，新型コロナウイルスが大問題となっている。感染を避けるため，在宅勤務をはじめテレワークを推進する企業が急増した。これまで非現実的と考えられていたが，やってみればハードルは高くないと気づくことも多いだろう。一方，現在の労働時間規制に適切に対応できているかは怪しい（事業場外みなし労働時間制の運用などが考えられる）。ただ，それで何か実質的に問題があるだろうか。労基法は同居の親族のみを使用する事業や家事使用人への適用を除外しているが（116条２項），その趣旨と同じことがこれらの労働者にも生じているのではないか。

今日において，厳格な労働時間規制に馴染む仕事と，そうでない仕事，どちらが多いのだろうか。工場法以来の原則と例外の設定（維持）は適切か。上限規制とは別に割増賃金による規制を中核とすることは適切か。

労働者は，たとえば複雑な変形労働時間制など，規制の原則に対する「例外」が自分に適用されていることすら知らないことも多い。違反率が高いのは複雑な規制にも一因がある。多様な働き方が拡大するなかで，ひとつのポイントとは，健康確保のために最低限必要な規制（健康確保措置や場合によっては最長時間の絶対的な規制）のほかは，労働者が自らに適用される制度の仕組みをきちんと理解し，納得していることではないか。はたして現行の諸規制（労働時間規制はもちろん，就業規則をめぐる労契法７条等）は，それを促すものとなっているだろうか。こうした視点に照らせば，たとえば固定残業代をめぐる前掲・日本ケミカル事件などは興味深い。

第10章　労働災害

はじめに

労働者が労働に従事したことによって被った疾病や傷害，障害，死亡を負ったとき（労働災害という），労働者またはその遺族は，民事的に損害賠償を使用者に対して行うことができる。判例は，労働者の生命および身体等を危険から保護するよう配慮すべき義務を負うとする，使用者の安全配慮義務を課している（陸上自衛隊八戸車両整備工場事件・最判昭和50・2・25民集29巻2号143頁）。

これに対して，過失責任の原則を一部修正・廃棄することによって，使用者に一定額の補償をさせる労災補償制度が形作られている。労働法では，過失責任の原則に代えて，「他人を使用して危険を営む者は，その危険が現実化して，労働者が被害を被った場合には，その経済的損失を補償すべし」という無過失責任が導入された。

労働者および遺族が労働災害について損失の補償を受ける制度には，①民事損害賠償のほか，無過失責任制度である，②災害補償制度（労基法75条以下），③労災保険制度がある。

現在では，労災保険制度の果たす役割が大きい。

労災事件では，いわゆる「過労死」，すなわち，業務における過重な負荷により脳血管疾患または虚血性心疾患等（以下「脳・心臓疾患」という）を発症し死亡するケースが争われることが多い。

過労死と並んで，最近問題になるものに，長時間労働を原因として生じた精神

〔図表10－1〕脳・心臓疾患に係る労災請求件数の推移

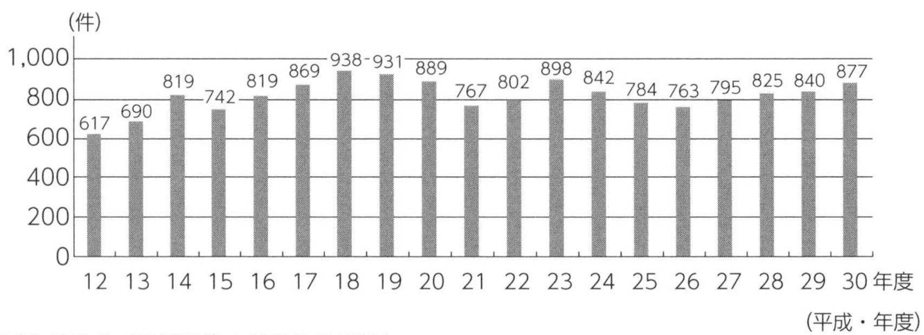

厚生労働省「過労死等の労災補償状況」

〔図表10－2〕脳・心臓疾患に係る労災支給決定（認定）件数の推移

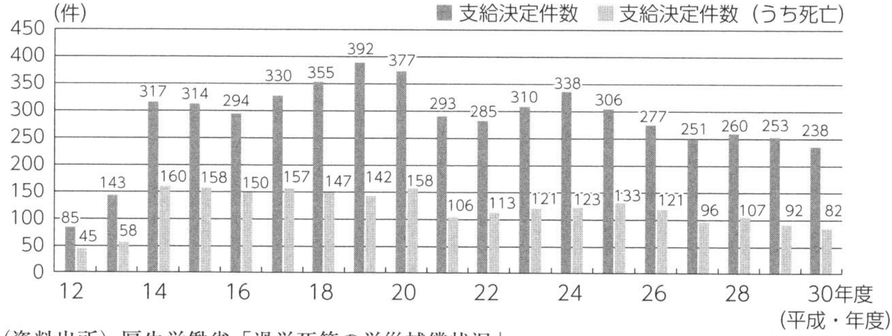

（資料出所）厚生労働省「過労死等の労災補償状況」
（注）労災支給決定（認定）件数は，当該年度内に「業務上」と認定した件数で，当該年度以前に請求があったものを含む。

疾患による自死があり，過労自殺と呼ばれるものがある。

1　安全配慮義務

労働災害の場合には，労働者または遺族には民法上の損害賠償権の行使による救済手段がある。最高裁は，**安全配慮義務**と呼ばれる義務を使用者に課し，使用者は，「労働者が労務提供のため設置する場所，設備もしくは器具等を使用し，又は使用者の指示のもとに労務を提供する過程において，労働者の生命および身体等を危険から保護するよう配慮すべき義務がある」旨説示している（前掲・陸上自衛隊八戸車両整備工場事件）。

case　陸上自衛隊八戸車両整備工場事件・最判昭和50・2・25民集29巻2号143頁

〔事案の概要〕

昭和40年7月13日，自衛隊員訴外Aは，自衛隊八戸車両整備工場内で車両整備をしていたところ，同僚隊員の運転する大型車両が後進してきた大型自動車の後輪に頭部を轢かれて死亡した。Aの父母X_1・X_2は，Aの死亡の事実を知った時から4年3ヵ月ほどが経過してから，Y（国）に対し，自動車損害賠償保障法3条に基づいて損害賠償請求の訴えを提起した。

第1審は，不法行為による損害賠償請求権はすでに時効により消滅している（民法724条）として請求を棄却した。X_1らが控訴に際し，Yは使用者として隊員に対し安全保証義務を負い，その債務不履行による損害賠償責任があるとの主張を追加したが，控訴審は控訴を棄却。

Xらは上告。

〔判旨〕破棄・差戻し

「国は，公務員に対し，国が公務遂行のために設置すべき場所，施設もしくは器具等の設置管理又は公務員が国もしくは上司の指示のもとに遂行する公務の管理にあたって，公務員の生命及び健康等を危険から保護するよう配慮すべき義務（以下『安全配慮義務』という。）を負っているものと解すべきである。もとより，右の安全配慮義務の具体的内容は，公務員の職種，地位及び安全配慮義務が問題となる当該具体的状況等によって異なるべきもの」である。

「右のような安全配慮義務は，ある法律関係に基づいて特別な社会的接触の関係に入った当事者間において，当該法律関係の付随義務として当事者の一方又は双方が相手方に対して信義則上負う義務として一般的に認められるべきものであって，国と公務員との間においても別異に解すべき論拠はな」い。

「国に対する右損害賠償請求権の消滅時効期間は，…民法167条１項（当時）により10年と解すべきである。」

本件判決以降，この安全配慮義務を理由として使用者の安全管理・健康管理の責任が問われることになり，これまで，信義則に基づく損害賠償請求権（最高裁は付随義務とする）と，不法行為（民法709条・715条など）を理由とした使用者に対する労働者または遺族の損害賠償請求権が裁判所で認められている。たとえば，物的施設の整備に欠陥があった場合（川義事件・最判昭和59・４・10民集38巻６号557頁），運転手等の過失による場合（陸上自衛隊第三三一会計隊事件・最判昭和58・５・27民集37巻４号477頁）等に，安全配慮義務違反を理由として会社の安全管理・健康管理の責任が問われることになる。

現在では，労契法５条において「使用者は，労働契約に伴い，労働者がその生命，身体等の安全を確保しつつ労働することができるよう，必要な配慮をするものとする」と規定されている。

2　労基法上の労働災害補償制度と労災保険制度

⑴　労災保険と保険原理

労働災害が生じたとき，国は，疾病，傷害，障害を負った労働者（死亡事故の場合はその遺族）に対して，各種の保険給付を行っている。労災保険は，保険原理によってまかなわれている。事業主が毎月保険料を義務的に国に納め，国がその保険料から，これら各種保険給付をまかなうことになっている。労働者および遺族は損害額の立証を要せず，上記の通り無過失責任制度となっている。そして，平均賃金を基礎とした定率の保険給付を原則として受ける。労災保険料は全額事業主負担である。この制度は，労災保険制度と呼ばれている。

一人親方などの特別加入制度，傷害補償給付および遺族補償給付の一部年金化，実質的には給付の上積み機能を持つ社会復帰促進等事業による特別支給金，通勤災害への保険給付，介護補償給付，二次健康診断等給付，財源への国庫の利用等が，順次制度化され，労基法とは別個の制度となっており，労災保険制度は，一部社会保障化している。

⑵　労災保険における保険給付

保険給付には，療養補償給付，休業補償給付，障害補償給付，遺族補償給付，葬祭料給付の５種類がある。

療養補償給付が，給付の原則である。診察，薬剤・治療材料の支給，治療・手術などである。社会復帰促進等事業から，１日の給付基礎日数の100分の60が支給される。

休業補償給付は，業務上の療養のため，労働することができず，賃金を受けられない場合に，４日目から支給される。１日の給付基礎日数の60％が支給される。

障害補償給付は，労働者が業務上負傷・疾病が治癒したとき，身体に障害を有する場合に，障害の程度に応じて，支給される。障害補償年金，または，障害補償一時金として支給される。これに加えて，社会復帰促進等事業から，障害特別支給金，障害特別年金，障害特別一時金が支給されうる。

遺族補償給付は，年金または一時金により支給される。配偶者，子，父母，孫，祖父母および兄弟姉妹の順位で，支給される。社会復帰促進等事業から，遺族特別支給金，遺族特別年金が上積み支給される。

介護補償給付は，一定以上の等級の労働者が，障害を理由として，常時または随時介護を受けるときに，支給される。

葬祭料としては，死亡した労働者の葬祭を行う者に対して，支給される（給付基礎日数の60日分以上の所定額）。

⑶　労基法上の労働災害補償

労基法では，労働者の傷病や死亡が「業務上」である場合，補償の責任を使用者に負わせている。同法では，療養補償（75条），休業補償（76条），障害補償（77条），遺族補償（79条），葬祭料（80条）という五つの種類の補償責任を，使用者に対し負わせている。

このうち，労基法上の療養給付は，療養が行われるのは，発症から治癒の時までである。治癒とは，症状が固定し治療の必要がなくなった状態をいう。

また，休業補償として，使用者は平均賃金の６割を支給しなければならない（労基法76条）。

労基法上の災害補償責任は，現在そのほとんどが労災保険給付によって代替され，その意義は失われたともいえる。もっとも，労災保険法上の休業補償給付が，休業の４日目以降支給されるので，休業の最初の３日間は，労基法上の休業補償が，今なお意味を有していることになる。

(4) 「業務上」の判断基準

業務起因性と業務遂行性　業務上災害と認められるための一つ目の要件は，「業務遂行性」である。当該災害が「労働者が事業主の支配ないし管理下にある中で」生じたといえることが必要である。たとえば，事業場内で作業従事中の事故，という事業主の支配下にある災害である。また，出張により事業場外にいる場合は，事業主の支配下にはないが，事業主の管理下にある災害である。

さらなる要件は，「業務起因性」と呼ばれ，当該災害が「業務または業務行為を含めて『労働者が労働契約に基づき事業主の支配下にあること』に伴う危険が現実化したものと経験則上認められること」が必要である。つまり，労働災害は，業務にはある危険性が含まれており，その危険が現実化して現に生じた場合に，業務起因性がある，というものである。労働者の当該負傷・疾病・死亡・障害と，業務との相当因果関係を必要とするものである。

業務上認定基準

1．業務遂行性：当該災害が「労働者が事業主の支配ないし管理下にある中で」生じたといえること
2．業務起因性：当該災害が「業務または業務行為を含めて『労働者が労働契約に基づき事業主の支配下にあること』に伴う危険が現実化したものと経験則上認められること」

業務上判断の典型的な例　問題になるのは，第一に，事業主の支配下かつ管理下で業務従事中に事故が発生した場合である。就業中であるので，業務遂行性があるのは明らかであり，この場合，（けんか等私的逸脱行為や天災地変で業務ゆえに危険が増大したのではない場合を除いて）業務起因性も認められる。

第二に，事業主の支配下かつ管理下であるが，業務従事中でない場合に事故が発生したときがある。休憩時間中や始業前または終業後の場合がある。施設の管

理下であるので，業務遂行性は肯定されるが，水道水を飲みこれにより疾病となったなど，疾病が事業所の施設の不備や欠陥に起因する場合のみ，業務上と認める余地がある。

ただし，休憩時間内であっても，ハンドボール大会での参加の強制もあるときは，その場合の傷害は業務上のものと認められる（佐賀労基署長事件・佐賀地判昭和57・11・５労民集33巻６号937頁）。

第三に，事業主の支配下ではあるが，その管理を離れて業務従事中に事故が発生した場合，たとえば，出張の場合には，全体が業務のための行為であるので，往復や宿泊の時間を含めて業務遂行性が肯定され，災害が私的逸脱行為によるものでない限り，業務起因性が肯定される。出張中，宿泊施設で酔って階段から転倒した事故について業務起因性が認められている（大分労基署長事件・福岡高判平成５・４・28労判648号82頁）。

これらの労災保険給付を決定するのは，各都道府県にある労働基準監督署長である。その決定に労働者または遺族が不服のときは，労働者災害補償保険審査官に審査請求でき，さらに，その決定にも不服のあるときは，労働保険審査会に対して再審査請求できる。このほか，労働基準監督署長の決定に不服があるときは，労災保険審査会の裁決の後，労働者または遺族が裁判所に訴えることができる。

3　脳・心臓疾患および過労死・過労自殺

(1)　脳・心臓疾患，過労死の場合の業務上認定基準

労働者は，長時間労働の結果，脳・心臓疾患（たとえば，脳梗塞やくも膜下出血）を引き起こし，または，死亡に至ってしまう，という場合がある。長時間労働により結果，労働者が死亡に至るケースを，過労死と呼んでいる。長時間労働による慢性的な疲労，ストレスから，疾病にいたる場合もある。こうした場合に，上述の民事損害賠償のみならず，業務起因性があり，労働者の遺族が労災保険を受給できるかが，裁判によって争われてきた。

case　横浜南労基署長（東京海上横浜支店）事件・最判平成12・７・17労判785号６頁

〔事案の概要〕

Xは，昭和48年10月，自動車運転者の派遣を業とする会社に雇用され，Z社横浜支店に支店長付きの運転手として派遣され，自動車運転の業務に従事していた。Xの勤務時間は，平日は午前８時30分から午後５時30分まで，土曜日は午前８時30分から正午までとされ，日曜日，祝日および隔週土曜日は休日とされて

いた。しかし，昭和56年７月からは，走行距離が長くなるとともに，勤務時間も早朝から深夜に及ぶようになった。同58年１月から同59年５月11日までのＸの時間外労働時間は１ヵ月平均約150時間，走行距離は１ヵ月平均約3500キロメートルであり，とくに，同58年12月以降の１日平均の時間外労働時間は７時間を上回り，右時間外労働時間には深夜労働時間も含まれていた。

Ｘは，同月11日，３時間30分程度の睡眠の後，午前４時30分ころ起床し，午前５時少し前に車庫に行き，運行前点検を済ませ，支店長を迎えに行くため自動車を運転して車庫を出たが，その後まもなく走行中に気分が悪くなり，本件くも膜下出血の発症に至った。Ｘは，昭和56年10月および同57年10月の各健康診断において血圧が正常と高血圧の境界領域にあり，高血圧症が進行していたが，治療の必要のない程度のものであった。ＸはＹ（横浜南労基署長）に対して休業補償給付を請求したが，不支給決定が下された。本件は裁判所においてその取消しを求めたもので，１審は，不支給処分を取り消したが，原審は，かかる原判決を取り消した。Ｘ上告。

〔判旨〕原判決破棄

「Ｘは，遅くとも昭和58年１月以降本件くも膜下出血の発症に至るまで相当長期間にわたり右のような業務に従事してきたのであり，とりわけ，右発症の約半年前の同年12月以降は，１日平均の時間外労働時間が７時間を上回る非常に長いもので，１日平均の走行距離も長く，所定の休日が全部確保されていたとはいえ，右のような勤務の継続がＸにとって精神的，身体的にかなりの負荷となり慢性的な疲労をもたらしたことは否定し難い。しかも，右発症の前月である同59年４月は，１日平均の時間外労働時間が７時間を上回っていたことに加えて，１日平均の走行距離が同58年12月以降の各月の１日平均の走行距離の中で最高であり，Ｘは，同59年４月13日から同月14日にかけての宿泊を伴う長距離，長時間の運転により体調を崩したというのである。また，その後同月下旬から同年５月初旬にかけては断続的に６日間の休日があったとはいえ，同月１日以降右発症の前日までには，勤務の終了が午後12時を過ぎた日が２日，走行距離が260キロメートルを超えた日が２日あったことに加えて，とくに右発症の前日から当日にかけてのＸの勤務は，前日の午前５時50分に出庫し，午後７時30分ころ車庫に帰った後，午後11時ころまで掛かってオイル漏れの修理をして（右修理もＸの業務とみるべきである。）午前１時ころ就寝し，わずか３時間30分程度の睡眠の後，午前４時30分ころ起床し，午前５時の少し前に当日の業務を開始したというものである。右前日から当日にかけての業務は，前日の走行距離が76キロメートルと比較的短いことなどを考慮しても，それ自体Xの従前の業務と比較して決して負担の軽いものであったとはいえず，それまでの長期間にわたる右のような過重な業務の継続と相まって，Xにかなりの精神的，身体的負荷を与えたものとみるべきである。」

「Xの基礎疾患の内容，程度，Xが本件くも膜下出血発症前に従事していた業務の内容，態様，遂行状況等に加えて，脳動脈りゅうの血管病変は慢性の高血圧症，動脈硬化により増悪するものと考えられており，慢性の疲労や過度のストレスの持続が慢性の高血圧症，動脈硬化の原因の一つとなり得るものであることを併せ考えれば，Xの右基礎疾患が右発症当時その自然の経過によって一過性の血圧上昇があれば直ちに破裂を来す程度にまで増悪していたとみることは困難というべきであり，他に確たる増悪要因を見いだせない本件においては，Xが右発症前に従事した業務による過重な精神的，身体的負荷がXの右基礎疾患をその自然の経過を超えて増悪させ，右発症に至ったものとみるのが相当であって，その間に相当因果関係の存在を肯定することができる。したがって，Xの発症した本件くも膜下出血は労働基準法施行規則35条，別表第１の２第９号（当時）にいう『その他業務に起因することの明らかな疾病』に該当するというべきである。」

最高裁は，支店長付きの運転手として勤務していた労働者のくも膜下出血について，１年６ヵ月という長期間にわたる「過重な精神的，身体的負荷が，Xの右基礎疾病をその自然の経過を超えて増幅させ，右発症に至ったものとみるのが相当であって，その間に相当因果関係の存在を肯定することができる」と判断し，業務に起因した「業務上疾病」であることを認めている。疲労を蓄積させ，ストレスを長期間持続させることが，基礎疾病を悪化（増悪という）させる医学的にも重要な要因であるとみられている。最高裁は，基礎疾患を有している労働者（上の事件では，高血圧症）が，長時間労働の結果，脳・心臓疾患（上の事件では，くも膜下出血）を発症した場合，「基礎疾患をその自然の経過を超えて増悪させ，右発症に至った」と認めて，業務上の疾病であると認めた。

この事件ののち，長時間労働による慢性的な疲労があるケースでの脳・心臓疾患の場合にも，業務上の疾病であると認められるようになった。

平成13年12月12日基発1063号では，①発症直前から前日までの間の異常な出来事に遭遇したこと，②発症に近接した時期（発症前概ね１週間）においてとくに過重な業務に従事したこと，③発症前の長期間（概ね６ヵ月）にわたって疲労の蓄積をもたらすとくに過重な業務に就労したこと，のいずれかの「過重負荷」を受けたことにより発症した脳・心臓疾患は，「業務上」と認められ得る。

また，業務と発症の関連性については，発症前１ヵ月間に時間外労働が概ね平均100時間を超える，または，発症前２ヵ月ないし６ヵ月間に時間外労働が１ヵ月当たり概ね平均80時間を超える場合には，業務と発症の関連性が強いとする基準が提示されている。これらは，過労死ラインと呼ばれる。

これにより，上の基準に当てはまる長時間労働の結果，脳・心臓疾患となり，死亡した場合（過労死の場合）にも，業務上の死亡と認められ得ることになった。

⑵　過労自殺の場合の業務上認定基準

さらに，過労死と並んで，最近問題になるものに，長時間労働を原因として生じた精神疾患による自死があり，過労自殺と呼ばれるものがある。一般的には，労働者の自殺について，労災保険法12条の２の２第１項が「労働者が，故意に負傷，疾病，障害若しくは死亡又はその直接の原因となった事故を生じさせたときは，政府は，保険給付は行わない」としている。一見すると，精神疾患による自死の場合にも，「故意」による死亡に当たり，国が，労災保険給付を行わない，と定めているようにも見える。

裁判例では，過労自殺の場合には，新入社員のインド出張につき，出張中のトラブルから反応性うつ病になり，自殺した場合に，業務上の死亡と認められている（加古川労基署長事件・神戸地判平成８・４・26労判695号31頁）。

平成11年には「心理的負荷による精神障害等に係る業務上外の判断指針」（平成11・９・14基発544号，545号）が出され，自殺について，「業務による心理的負荷によって…精神障害が発症したと認められる者が自殺を図った場合には，精神障害によって正常の認識，行為選択能力が著しく阻害され，又は自殺を思いとどまる精神的な抑制力が著しく阻害されている状態で自殺が行われたと推定し，原則として業務起因性が認められる」とした。こうした場合には，「故意」には該当しないとしたのである。

精神疾患については通達が出されており（平成23・12・26基発1226第１号），発病前概ね６ヵ月の間に業務による強い心理的負荷が認められ，かつ，業務以外の心理的負荷や個体的な要因により発病したとは認められない場合には，業務上として扱うとしている。業務の心理的負荷の強度に従い，出来事に応じて強・中・弱に分かれている。労基署長は，これを参考にしながら，各出来事による心理的負荷の強度を「Ⅲ」，「Ⅱ」または「Ⅰ」に区分して判断する（詳細は上記の通達と業務による心理的負荷評価表を参照）。

〔図10－3〕精神障害に係る労災請求件数の推移

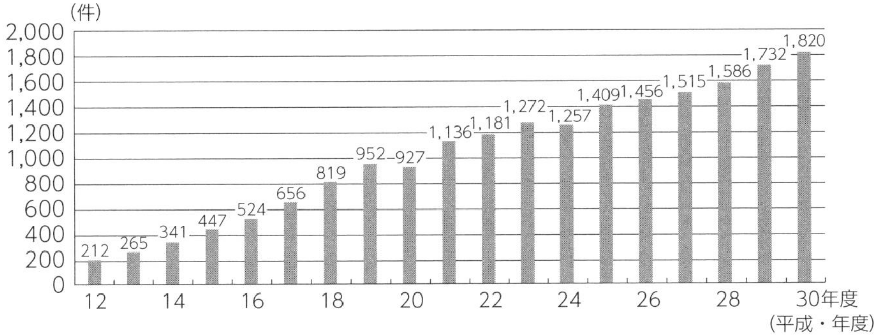

（資料出所）厚生労働省「過労死等の労災補償状況」

〔図10－4〕精神障害に係る労災支給決定（認定）件数の推移

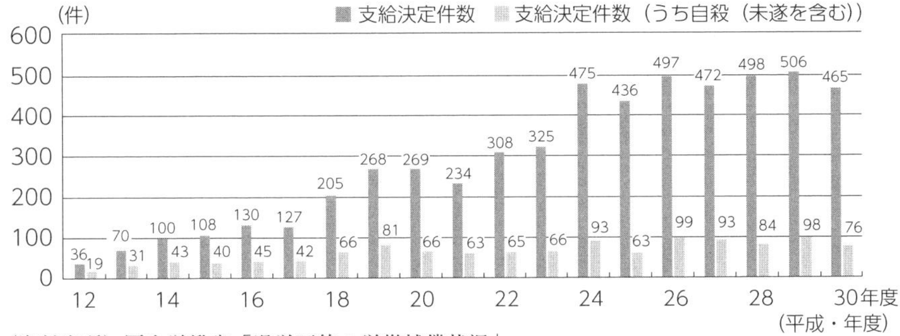

（資料出所）厚生労働省「過労死等の労災補償状況」
（注）労災支給決定（認定）件数は，当該年度内に「業務上」と認定した件数で，当該年度以前に請求があったものを含む。

⑶　過労死・過労自殺（民事損害賠償）

安全配慮義務を理由とした損害賠償請求権は，過労死事件（システムコンサルタント事件・東京高判平成11・7・28労判770号58頁等）のみならず，過労自殺事件においても，遺族が行使し得る。労災保険給付のみならず，民事上の損害賠償請求権を遺族は行使できる。

case　**電通事件・最判平成12・3・24民集54巻3号1155頁**

〔事案の概要〕

Aは，平成2年3月にM大学法学部を卒業し，同年4月，1審Yの従業員として採用され，6月Yのラジオ局ラジオ推進部に配属された後にAが従事した業務の内容は，主に，関係者との連絡，打合せ等と，企画書や資料等の起案，作成などであった。継続的に長時間にわたる残業を行わざるを得ない状態になっていた。また，従業員の申告に係る残業時間が必ずしも実情に沿うものではないことが認識されていた。Sは，同年7月ころには，Aの健康状態が悪化していることに気づいていた。それにもかかわらず，上司であるTおよびSは，同年3月ころに，Tの指摘を受けたSが，Aに対し，業務は所定の期限までに遂行すべきことを前提として，帰宅してきちんと睡眠を取り，それで業務が終わらないのであれば翌朝早く出勤して行うようになどと指導したのみで，Aの業務の量等を適切に調整するための措置を採ることはなく，かえって，同年7月以降は，Aの業務の負担は従前よりも増加していた。その結果，Aは，4月ころ心身共に疲労困ぱいした状態になり，同月27日，前記行事が終了し業務上の目標が一応達成されたことに伴って肩の荷が下りた心理状態になるとともに，再び従前と同様の長時間労働の日々が続くことをむなしく感じ，うつ病によるうつ状態がさらに深まって，衝動的，突発的に自殺した。Aの父母が民法415条または同法709条に基づき損害賠償を請求した。

1審は，Sが長時間労働を軽減させるための措置を何ら取らなかったことやAの様子がよりおかしくなっていることに気づきながら，Aの健康を配慮しての具体的な措置をなお何ら取らなかったこと等の事情に鑑みれば，Yの過失があるといわざるを得ないとした。原審は，1審Yの賠償すべき額を決定するにあたり，民法722条2項の規定を適用または類推適用して，弁護士費用以外の損害額のうち3割を減じた。

〔判旨〕上告敗訴部分破棄・差戻し

「労働者が労働日に長時間にわたり業務に従事する状況が継続するなどして，疲労や心理的負荷等が過度に蓄積すると，労働者の心身の健康を損なう危険のあることは，周知のところである。労働基準法は，労働時間に関する制限を定め，労働安全衛生法65条の3は，作業の内容等をとくに限定することなく，同法所定の事業者は労働者の健康に配慮して労働者の従事する作業を適切に管理するように努めるべき旨を定めているが，それは，右のような危険が発生するのを防止することをも目的とするものと解される。これらのことからすれば，使用者は，その雇用する労働者に従事させる業務を定めてこれを管理するに際し，業務の遂行に伴う疲労や心理的負荷等が過度に蓄積して労働者の心身の健康を損なうことがないよう注意する義務を負うと解するのが相当であり，使用者に代わって労働者に対し業務上の指揮監督を行う権限を有する者は，使用者の右注意義務の内容に従って，その権限を行使すべきである」。

「身体に対する加害行為を原因とする被害者の損害賠償請求において，裁判所は，加害者の賠償すべき額を決定するに当たり，損害を公平に分担させるという損害賠償法の理念に照らし，民法722条２項の過失相殺の規定を類推適用して，損害の発生又は拡大に寄与した被害者の性格等の心因的要因を一定の限度でしんしゃくすることができる」。「この趣旨は，労働者の業務の負担が過重であることを原因とする損害賠償請求においても，基本的に同様に解すべきものである。しかしながら，企業等に雇用される労働者の性格が多様のものであることはいうまでもないところ，ある業務に従事する特定の労働者の性格が同種の業務に従事する労働者の個性の多様さとして通常想定される範囲を外れるものでない限り，その性格及びこれに基づく業務遂行の態様等が業務の過重負担に起因して当該労働者に生じた損害の発生又は拡大に寄与したとしても，そのような事態は使用者として予想すべきものということができる」。「使用者又はこれに代わって労働者に対し業務上の指揮監督を行う者は，各労働者がその従事すべき業務に適するか否かを判断して，その配置先，遂行すべき業務の内容等を定めるのであり，その際に，各労働者の性格をも考慮することができるのである。したがって，労働者の性格が前記の範囲を外れるものでない場合には，裁判所は，業務の負担が過重であることを原因とする損害賠償請求において使用者の賠償すべき額を決定するに当たり，その性格及びこれに基づく業務遂行の態様等を，心因的要因としてしんしゃくすることはできないというべきである。」

大手広告代理店で大卒新入社員が，長時間労働，徹夜での深夜勤務，有給休暇の不取得，睡眠不足から，体調が悪化し，異常な言動をするまでに至り，自殺した（事後的に裁判所によって，当時，労働者が反応性うつ病にあったものと推察されている）という事件において，最高裁は，使用者が労働者の「疲労や心理的負荷等が過度に蓄積して労働者の心身の健康を損なうことがないよう注意する義務」があると述べて，業務とうつ病罹患による自殺との相当な因果関係を認め，安全配慮義務を理由とした会社の損害賠償責任を認めている。

4　職業病

職業病（業務ないし業務活動が原因となった疾病）については，医学的な知識が必要であるうえに，長年の潜伏期間等を経て発症することもあることから，労基法が，「業務上の疾病」の範囲を厚労省令で定めることとし（労基法75条２項），労規則35条，別表１の２が医学的にみて業務上の有害因子との因果関係が確立していると考えられる疾病を列挙している。これらに該当すれば，業務起因性が推定される。

このほか，労規則別表１の２における例示列挙のほか，この別表に記載されていない疾病であっても，労災認定を受けられる。その際，業務上の疾病に該当するためには因果関係が証明され「その他業務に起因することの明らかな疾病」（別表11号）であることが要求される。

過重負荷による脳・心臓疾患，心理的負荷による精神障害，過労死に代表される脳・心臓疾患は，かつては，「その他業務に起因することの明らかな疾病」として救済されてきたが，現在は，各々，別表第１の２の８号と９号に当たる。

5　通勤災害

「通勤災害」とは，「労働者の通勤による負傷，疾病，障害又は死亡」である（労災保険法７条１項３号）。「通勤とは，就業に関し，次に掲げる移動を，合理的な経路および方法により往復すること」（同条２項）と定義されている。以下の①～③が通勤として認められる。

① 住居と就業の場所との間の移動（単身赴任者が帰省先住居［自宅］から就業場所に移動する場合を含む）

② 就業の場所から他の就業の場所への移動

③ ①の往復に先行しまたは後続する住居間の移動（単身者の赴任先住居と帰省先住居の移動，詳細は労災則７条）

⑴ 「就業に関し」とは

「就業に関し」とは，「業務に就くため，または業務を終えたため」という意味である。就業に関しという要件が求められるのは，移動と業務との間に関連性を求める趣旨である。事業場で就業後日常の業務について続けて話し合われた懇親会に出席した後，帰宅する場合も，就業関連性はある（大河原労基署長事件・仙台地判平成９・２・25労判714号35頁参照）。

⑵ 逸脱・中断

労災保険法７条３項により，「労働者が前項各号に掲げる移動の経路を逸脱し，又は中断の間及びその後の同項各号に掲げる移動は，第１項第３号の通勤としない。」と規定している。同条３項但書は，「当該逸脱又は中断が，日常生活上必要な行為であって厚生労働省令で定めるものをやむを得ない事由により行う最小限度のものである場合は，当該逸脱又は中断の間を除き，この限りでない。」とする。

職場との往復行為は合理的な経路と方法によることが必要である。その往復行為に「逸脱」や「中断」があってはならない。

「逸脱」とは，通勤の途中で，業務もしくは通勤と無関係な目的で，合理的な経路をそれることである。労働者が通勤の途中で経路の近くにある公衆便所を利用する，経路の近くの公園のベンチで短時間休憩するとか，経路上にある店でたばこや雑誌を買うといった行為は，逸脱・中断とはみなされない。

飲食を重ねてからいったん帰社してからの帰宅は，合理的な経路を逸脱していると判断されている（中央労基署長事件・東京地判平成２・10・29労民集41巻５号886頁）。夕食の買物のための逸脱中の交通事故については，合理的な経路および方法をこえたものと判断されている（札幌中央労基署長事件・札幌高判平成元・５・８労判541号27頁）。共稼ぎ夫婦が託児所などへ子供を預けるためにとる経路は，合理的経路である（昭和48・12・22基発644号）。

「中断」とは，通勤途上で通勤とは関係のない行為を行うことである。ただし，逸脱または中断が，日常生活上必要な行為であって厚生労働省令で定めるものをやむを得ない事由により行うための最低限度のものである場合は，この限りではない。日用品の購入，職業能力開発教育の受講，選挙権の行使，病院での診断，要介護状態にある一定の家族の介護は，合理的経路復帰後は通勤として扱われる（労災則８条）。理容のため理髪店に立ち寄った後の災害については，当該理容は「日常生活上必要な行為」と扱われる。

勤務終了後，合理的経路外にある義父宅に立ち寄り介護したことは，日用品の購入に準ずる行為とし，通勤の逸脱には当たらないと判断されている（羽曳野労基署長事件・大阪高判平成19年４月18日労判937号14頁）。

6　労災保険給付と損害賠償等との調整

労働災害の被災者等は，労災補償ないし労災保険給付を請求できると同時に，使用者または第三者に対しては損害賠償請求を行える。しかし，労働者が労災保険給付を受給できるとともに，使用者などに対して損害賠償請求権を取得するというのでは，労働者等に対し損害を二重に塡補してしまう。このため，労災補償・労災保険給付と民事上の損害賠償との間で一定の調整を行うこととしている。

労災保険法に基づく労災保険給付が被災労働者に行われた場合，使用者は労基法上の災害補償責任を免れる（労基法84条１項）。使用者により労基法上の災害補償がなされた場合，同一の事由についてはその限度で使用者は損害賠償責任を免れる（同条２項）。労災保険給付が行われた場合，労基法84条２項を類推適用して，使用者は同様に保険給付の範囲で損害賠償責任を免れる。

ただし，労災保険給付は，財産的損害のうち，逸失利益（消極的損害）を塡補するものであるから，入院雑費等の積極的損害や慰謝料の賠償額は，保険給付から控除できない（東都観光バス事件・最判昭和58・4・19民集37巻3号321頁）。

使用者以外の第三者行為により労働災害が発生した場合，政府は，保険給付の原因である事故が第三者の行為によって生じた場合において，保険給付をしたときは，その給付の価額の限度で，保険給付を受けた者が第三者に対して有する損害賠償の請求権を取得する（労災保険法12条の4第1項）。労働者・遺族が第三者から先に損害賠償を受けたときは，政府は，その価額の限度で保険給付をしないことができる（労災保険法12条の4第2項）。

労災保険給付が年金により支給される場合には，使用者の民事上の損害賠償額から，すでに支払われた分の年金額のみならず，将来支払われる年金額まで控除できるかが裁判において問題になった。最高裁は，「いまだ現実の給付がない以上，たとえ将来にわたり継続して給付されることが確定していても，受給権者は使用者に対し損害賠償の請求をするにあたり，このような将来の給付額を損害賠償債権額から控除することを要しないと判断している」（三共自動車事件・最判昭和52・10・25民集31巻6号836頁）。

ただし，寒川・森島事件（最大判平成5・3・24民集47巻4号3039頁）において，最高裁は，地方公務員等共済組合法に基づく遺族年金に関して，将来の年金分につき，「支給を受けることが確定した遺族年金の額の限度で，その者が加害者に対して賠償を求め得る損害額からこれを控除すべきものである」との判断も示した。

その後，年金に前払一時金制度を置き，その限度で将来分の控除を認める調整規定が設けられている（労災保険法附則64条）。

＜第10章の復習＞

1．労働災害の業務上認定の基準を説明しなさい。

2．脳・心臓疾患の場合の労働災害についての業務上認定基準を説明しなさい。

3．大卒の新入社員が，長時間労働，徹夜での深夜勤務，睡眠不足から，体調が悪化し，異常な言動をするまでになり，自殺した。遺族は，労働基準監督署に，労災保険の給付を申請した。認められるか。

〈コラム〉　民法改正と損害賠償

損害賠償の範囲について，民法416条において「通常生ずべき損害」の賠償が定められ（同条１項），平成29年改正前の民法では，特別事情によって生じた損害については，特別事情についての当事者の予見可能性，「予見し，又は予見することができたとき」を要件とする（同条旧２項）と定められていた。改正民法では，「予見し，又は予見すべきであったとき，債権者は，その賠償を請求することができる」と改めている（同条２項）。予見可能性について，事実的なものではなく，規範的なものであることを明らかにした。

かつては，１項はドイツ法にならい，相当因果関係のある損害と読み替え，２項は，相当因果関係を判断する際に基礎とすべき特別事情の範囲を示したものと解されていた。ドイツ民法と構造が異なるのに，完全賠償主義をとるドイツ法と同様に解する必要がないと批判されていた。そこで，因果関係は損害と債務不履行との間の事実的因果関係でとらえるべきであると説かれていた。

民法改正後は，「『契約を締結することにより契約利益の実現を保障した以上，債務者は，契約締結後も，債権者のもとで契約利益が本旨に適って実現されるよう，誠実に行動すべきである』との規範を介して，債務者の損害回避義務違反を理由として賠償を認める」べきであると説かれている（潮見佳男『新債権総論Ｉ』463頁〔信山社・2017年〕）。予見可能性は，単なる事実判断としての予見可能性ではなく，予見すべきであったかどうかの規範的判断となった。これに対して，労働法では，たとえば，自死のケース（いじめのケース）に，使用者が死について予見可能でなかったから，使用者が死については責任を負わないと判断する裁判例が存在するが（誠昇会北本共済病院事件・さいたま地判平成16・９・24労判883号38頁），規範的にとらえていない問題点が存在していたと思われる。過労死や過労自殺事件において問われる，死という結果の予見については，過労死やいじめ・過労自殺事件が，うつ状態にある者が自殺することが比較的頻繁にあることや，いじめ行為や長時間労働の結果，脳・心臓疾患ないしうつにいたる因果関係がある場合にはこれを予見すべきことから，かかる場合のうち一定の場合には，予見（可能であるし）義務があり，回避可能性とその義務があるという形で，判断を下すべきであると考え得る。

また，人の生命・身体の侵害を理由とする損害賠償については，主観的起算点からの５年の消滅時効と客観的起算点からの20年の消滅時効という扱いにおいては，不法行為と債務不履行のいずれの構成によっても，差異がなくなっている（改正民法167条・724条の２）。

第11章　人事異動と企業組織の再編

はじめに

伝統的な長期雇用慣行においては，しばしば仕事の内容や勤務場所が変わる場合がある。これは一般に人事異動と呼ばれ，労働者は，人事異動によって，昇進し，キャリアを向上させていく。

本章では，まず，人事異動に関連して，昇進，昇格および降格の意義および休職制度について，取り扱った後で，代表的な人事異動の手段である配転，出向および転籍について，取り扱う。

人事異動のうち，同一企業内部での勤務地または職種の変更は配転（配置転換）と呼ばれ，他社への異動は，出向または転籍と呼ばれる。出向では，元の会社との労働関係は維持されるが，転籍の場合には，元の会社との労働関係は解消される。配転，出向および転籍は，それぞれ有効と認められるための要件が異なるので，正確に理解することが重要である。

正社員の雇用が，メンバーシップ型からジョブ型に移行していくことになると（今後は，ジョブ型雇用を活用していくという経団連の方針について，「2020年版・経団連経営労働政策特別委員会報告」15-17頁），配転命令の有効性を広く認めてきた裁判所の判断が変化していく可能性がある。

そして，以上の人事異動が企業組織の再編に伴って行われる場合もある。企業組織の再編の手段には，会社法上，合併，事業譲渡および会社分割がある。企業組織の再編によって，労働関係がただちに影響を受けるか否かは，その他の債権債務と同様に，用いられた再編手段が，これらのいずれかに該当するのかによる。包括承継とされる合併では，労働関係も当然に承継されるので，合併によってただちに労働関係が影響を受けることはない。これに対して，特定承継とされる事業譲渡では，譲受人に承継される債権債務の内容は，譲渡人と譲受人との間の合意によって決まるので，労働関係が当然に譲受人に承継されることにはならず，承継される場合には，転籍による必要がある。2000年の会社法改正によって新設された会社分割は，部分的包括承継と呼ばれ，分割計画書（または分割契約書）に承継される旨記載された債権債務が，株主総会において会社分割が承認された場合に，新設会社（または承継会社）に当然に承継される。かかる効果を一部修正するために，労働契約承継法が制定された。

1　昇進・昇格および降格

昇進とは，役職または職位の上昇をいい，昇格とは，職能資格制度における資格の上昇をいう。降格は，昇進と昇格の反対であり，役職または資格の引下げを意味する。また，懲戒処分として，降格が行われる場合もある。

昇進および役職の引下げとしての降格については，使用者に広範な裁量が認められているが，かかる裁量権を逸脱してはならない（銀行の管理職を平社員に降格し，さらに受付に配転したことが，裁量権を逸脱するものであり，不法行為の成立が，認められた裁判例として，バンク・オブ・アメリカ・イリノイ事件・東京地判平成７・12・４労判685号17頁）。

これに対して，職能資格制度上の資格の上昇である昇格は，昇格要件を満たしたことによって行われるが，昇進と同様に使用者の発令行為が必要であり，昇格要件を満たしたことから，労働者に昇格の権利が生じるものではない。また，資格の引下げである降格は，いったん身についた職業上の能力を引き下げるには特別の根拠が必要であると解されており，就業規則に降格の根拠および事由が明確に定められ（アーク証券事件・東京地決平成８・12・11労判711号57頁），かつ実際に行われた降格処分が権利濫用とならないことが必要である（降格がありうる旨を定めた就業規則の変更の合理性が肯定され，かつ実際に行われた降格が裁量権の濫用に当たらないと判断された例として，ノイズ研究所事件・東京高判平成18・６・22労判920号５頁，トライグループ事件・東京地判平成30・２・22労経速2349号24頁）。

2　休　職

休職とは，労働契約関係を維持しながら，一定期間，労働者の就労義務が免除されることをいう。産前・産後休業（労基法65条）や育児休業（育介法５条）も，休職の一種であるといえるが，一般には，法律の規定に基づく就労免除ではなく，就業規則に基づく就労免除を休職と呼ぶことが多い。

休職制度には，一般に，**傷病休職**，**事故欠勤休職**，**起訴休職**および**自己都合休職**等がある。**傷病休職**は，私傷病により，一定期間（３カ月～６カ月）の欠勤後に，さらに一定期間，就労が免除されるもので，解雇猶予措置としての性格を持つ。休職期間満了の時点で，傷病が治癒せず，復職できない場合には，自動退職となる旨定められていることが多い。最近では，治癒したかどうかが争われ，使用者が，復職を希望する労働者を退職したと扱った場合に，かかる退職の効力が認められるかどうかが争われる事案が増えている（**➡第13章７**）。

事故欠勤休職とは，傷病以外の一定期間の自己都合による欠勤後に行われるものであり，休職期間満了後に復職できなければ，自動退職または解雇となる。

起訴休職は，労働者が刑事事件の被疑者となったことを理由に行われる処分であるが，公判への出頭により労働義務の履行に支障が生じる場合，または企業の社会的信用または企業秩序の維持に必要である場合でなければ，休職を命じることはできないと解されている（日本冶金工業事件・東京地判昭和61・9・29労判482号6頁）。また，休職期間が著しく長期に及ぶと，有罪が確定した後に行われうる懲戒処分よりも重くなりうるため，かかる休職は無効となる（全日本空輸事件・東京地判平成11・2・15労判760号46頁）。

自己都合休職には，公職就任や留学など，労働者側の様々な理由によるものが考えられる。

休職期間中に，賃金が支払われるか否かは，労働契約の定めによるが，ノーワークノーペイの原則から，一般には，無給であることが多い。

3　配転（配置転換）

配転（配置転換）とは，従業員の配置の変更であって，職務内容または勤務場所が相当の長期間にわたって変更されることをいい，とくに職務内容の変更を配置換え，勤務場所の変更を転勤と呼ぶ。

(1)　配転命令権の根拠

使用者が，労働者の職務内容または勤務場所を一方的に変更する権利を有するのかどうかについて，かつて，学説では，具体的な職務内容は使用者の指揮命令権によって具体化されるのであり，使用者は当然にかかる権利を有するという形成権説と配転には労働者の個別の同意が必要であり，使用者の一方的な命令によって変更することはできないという契約説が対立していた。しかし，後掲・case 東亜ペイント事件以降，現在では，就業規則において，業務上の必要に応じて勤務場所または職務を変更することがある旨の規定が設けられていれば，かかる就業規則の規定に基づき，使用者には配転命令権が認められると解されている。

この場合，個別の合意によって，かかる配転命令権を制約することが可能である。職種または勤務地を限定する旨の個別の合意は，労契法7条但書にいう合意に当たると解され，就業規則の規定に優先する。裁判例では，職種または勤務地を限定する旨の黙示の合意の有無について争われることが多いが，裁判所は，かかる黙示の合意を認めることには消極的である（入社以来24年間アナウンサーとして勤務していた者について，職種限定の合意を認めなかった裁判例として，九州朝日放送事件・福岡高判平成8・7・30労判757号20頁）。しかし，最近では，アルバイトについて，勤務している店舗の近隣店舗に勤務地を限定する合意があったとされた裁判例も出ており（ジャパンレンタカー事件・津地判平成31・4・12労判1202号58頁），非正社員だけではなく，今後，増加が期待される「多様な正社員」も含む，ジョブ型雇用について，勤務地や職種限定の合意が認められる例が増える可能性がある。

(2)　配転命令権の濫用審査

就業規則の規定から使用者の配転命令権が導かれる場合であっても，使用者の配転命令権の行使が無制限に許容されるわけではない。東亜ペイント事件において，最高裁は，①配転命令に業務上の必要性が認められない場合，②不当な動機・目的をもって配転命令が発せられた場合，または③配転命令が，労働者に対して「通常甘受すべき程度を著しく超える不利益を及ぼす」場合には，かかる配転命令は権利濫用で無効になるという判断枠組みを示した。

配転命令の業務上の必要性は，緩やかに認められ，最高裁は，「余人をもっては容易に替え難い」というほどの高度の必要性を求めておらず，通常の人事異動の一環として行われるものであれば，必要性が認められると述べている。また，労働者の被る不利益としては，職業上の不利益と私生活上の不利益の両方が考慮される。

case　**東亜ペイント事件・最判昭和61・7・14労判477号6頁**

〔事案の概要〕

Y社の就業規則13条は「業務上の都合により社員に異動を命ずることがある。この場合には正当な理由なしに拒むことは出来ない。」と定めている。大学卒業後，Yに入社したXとYとの間で労働契約成立時にXの勤務地を大阪に限定する旨の合意はなされなかった。昭和48年9月28日に，Yは，神戸営業所に勤務していた主任待遇のXに対し広島営業所への転勤を内示したが，Xは，家庭事情を理由に転居を併う転勤には応じられないとして，右転勤を拒否した。Yは，同年10月1日，Xに対し広島営業所へ転勤するよう再度説得したが，Xがこれに応じなかったため，その場で名古屋営業所への転勤を内示したところ，Xは，家庭事情を理由に，これも拒否した。Yは，Xの同意が得られないまま，同月30日，Xに対し，名古屋営業所勤務を命ずる旨の本件転勤命令を発令したところ，Xは，これに応じず，名古屋営業所へ赴任しなかった。そこで，Yは，Xが本件転勤命令を拒否したことは就業規則68条6号所定の懲戒事由である「職務上の指示命令に不当に反抗し又は職場の秩序を紊したり，若しくは紊そうとしたとき」に該当するとして，昭和49年1月22日，Ｘを懲戒解雇した。

Ｘは，本件転勤命令が発令された当時，母親（71歳），妻（28歳）および長女（２歳）と共に堺市内の母親名義の家屋に居住し，母親を扶養していた。母親は，元気で，食事の用意や買物もできたが，生まれてから大阪を離れたことがなく，長年続けて来た俳句を趣味とし，老人仲間で月２，３回句会を開いていた。妻は，無認可の保育所に保母として勤めていた。

１，２審は，配転命令および解雇を無効と判断したので，Ｙが上告した。

〔判旨〕 破棄差戻し

1　最高裁は，Ｙの労働協約および就業規則において，業務上の都合により従業員に転勤を命ずることができる旨の定めがあり，現にＹでは，全国に十数ヵ所の営業所等を置き，その間において従業員，特に営業担当者の転勤を頻繁に行っており，Ｘは大学卒業資格の営業担当者としてＹに入社したもので，両者の間で労働契約が成立した際にも勤務地を大阪に限定する旨の合意はなされなかったという事情から，Ｙは個別的同意なしにＸに対して転勤を命じる権限を有すると述べた。

そして，最高裁は，かかる転勤命令権は無制約に行使することができるものではなく，これを濫用することは許されないと述べ，「当該転勤命令につき業務上の必要性が存しない場合又は業務上の必要性が存する場合であっても，当該転勤命令が他の不当な動機・目的をもってなされたものであるとき若しくは労働者に対し通常甘受すべき程度を著しく超える不利益を負わせるものであるとき等，特段の事情の存する場合でない限りは，当該転勤命令は権利の濫用になるものではない」と述べた。また，「右の業務上の必要性についても，当該転勤先への異動が余人をもっては容易に替え難いといった高度の必要性に限定することは相当でなく，労働力の適正配置，業務の能率増進，労働者の能力開発，勤務意欲の高揚，業務運営の円滑化など企業の合理的運営に寄与する点が認められる限りは，業務上の必要性の存在を肯定すべきである」と述べた。

2　最高裁は，Ｘの被る家庭生活上の不利益は，通常甘受すべき程度であると述べて，配転命令は権利濫用とはならないが，その他の点で無効とならないのかについて審理するよう，原審に差し戻した。

東亜ペイント事件以降の裁判例において，通常甘受すべき程度を著しく超える不利益の存在が認められた例は少ない。認められた例としては，長女が躁うつ病の疑いがあり，次女が脳炎の後遺症から精神運動発達遅延であり，同居の両親も体調が悪いというなかで，父親に対して命じられた帯広から札幌への配転命令が無効とされた事例（北海道コカ・コーラボトリング事件・札幌地決平成９・７・23労判723号62頁），また妻も働いており，３歳と６ヵ月の２人の子供がいずれも重症のアトピー性皮膚炎であった場合に，東京から大阪への配転命令が無効とされた事例（明治図書出版事件・東京地決平成14・12・27労判861号69頁）がある。

2001年の育介法改正によって，使用者が労働者に対して転勤を命じる場合には，当該労働者の育児または介護の状況に配慮しなければならない旨の規定が定められた（育介法26条）。使用者がかかる配慮義務を尽くしたかどうかは，配転命令権の濫用の判断において考慮される（労働者の「通常甘受すべき程度を超える著しい不利益」が認められ，配転命令が無効とされた裁判例として，ネスレジャパンホールディング〔配転本訴〕事件（大阪高判平成18・４・14労判915号60頁）およびNTT西日本〔大阪・名古屋配転〕事件（大阪高判平成21・１・15労判977号５頁）がある）。

4　出向・転籍

(1)　出　向

出向命令権の根拠　出向とは，労働者が自己の雇用先に在籍のまま，他の企業の事業所において一定期間，当該他企業の業務に従事することをいう。

出向命令を発するためには，就業規則の包括的同意では足りず，密接な関連会社間の日常的な出向であって，出向先での賃金・労働条件，出向の期間，復帰の仕方などが出向規定等によって労働者の利益に配慮して整備され，通常の人事異動の手段となっていることが必要であるといえる。出向命令権を有すると認められる場合であっても，さらに，権利濫用法理の制約がある。

出向命令権の濫用　出向命令権の濫用については，労契法14条において，出向命令の「必要性，対象労働者の選定に係る事情その他の事情に照らして」，権利濫用か否かが判断される旨定められている。かかる判断要素は，新日本製鉄（日鐵運輸第２）事件の最高裁判決から抽出されたといえる。

case　新日本製鐵（日鐵運輸第２）事件・最判平成15・４・18労判847号14頁

〔事案の概要〕

Ｙ社は，八幡製鐵所の構内輸送業務のうち鉄道輸送部門の一定の業務を協力会社であるＡ社に業務委託することに伴い，委託される業務に従事していたＸらに在籍出向を命じた。Ｙの就業規則には，「会社は従業員に対し業務上の必要によって社外勤務をさせることがある。」という規定があった。Ｘらに適用される労働協約にも社外勤務条項として同旨の規定があり，労働協約である社外勤務協定において，社外勤務の定義，出向期間，出向中の社員の地位，賃金，退職金，各種の出向手当，昇格・昇給等の査定その他処遇等に関して出向労働者の利益に配慮した詳細な規定が設けられていた。

1，2審は，いずれも出向命令を有効と認めたので，Xらは上告した。

〔**判旨**〕上告棄却

1　最高裁は，①本件の出向命令は，Yが一定の業務を協力会社であるAに業務委託することに伴って，同業務に従事していたXらに出向を命じたものであること，②Yの就業規則には社外勤務を命じる旨の規定があること，および③社外勤務協定において，処遇等に関して，Xらの利益に配慮した詳細な規定が設けられていることを指摘したうえで，「以上のような事情の下においては，Yは，Xらに対し，その個別的同意なしに，Yの従業員としての地位を維持しながら出向先であるAにおいてその指揮監督の下に労務を提供することを命ずる本件各出向命令を発令することができるというべきである」と述べた。

2　「…Yが構内輸送業務のうち鉄道輸送部門の一定の業務をAに委託することとした経営判断が合理性を欠くものとはいえず，これに伴い，委託される業務に従事していたYの従業員につき出向措置を講ずる必要があったということができ，出向措置の対象となる者の人選基準には合理性があり，具体的な人選についてもその不当性をうかがわせるような事情はない。また，本件各出向命令によってXらの労務提供先は変わるものの，その従事する業務内容や勤務場所には何らの変更はなく，上記社外勤務協定による出向中の社員の地位，賃金，退職金，各種の出向手当，昇格・昇給等の査定その他処遇等に関する規定等を勘案すれば，Xらがその生活関係，労働条件等において著しい不利益を受けるものとはいえない。そして，本件各出向命令の発令に至る手続に不相当な点があるともいえない。これらの事情にかんがみれば，本件各出向命令が権利の濫用に当たるということはできない」。

多様な出向　すでに述べたように，出向命令が有効と認められるためには，就業規則において出向を命じる旨の規定があるだけでは足りず，密接な関連会社間の出向であり，出向中の労働条件について，出向労働者の利益に配慮して著しく不利益となることのないよう規定が整備されていなければならない。この判断枠組みは，前掲・新日本製鉄（日鐵運輸第2）事件の最高裁判決に基づくものであるが，同事件における出向は，雇用調整型の出向と呼ばれるものであり，出向元への復帰が予定されない出向であった。このような出向について，最高裁は，出向命令権の根拠と権利濫用の有無について，有効と認められるための基準を示した。

出向命令が権利濫用であると判断された裁判例として，希望退職に応じなかったことを理由として，社内で表彰されたこともある技術者らに対して，単純作業に従事させるために行われた出向命令は，自主退職に踏み切ることを期待して行われたものであり，権利濫用で無効であると判断されている（リコー事件・東京地判平成25・11・12労判1085号19頁）。

実際の出向は，多様であり，グループ企業間で，配転と同様にローテーションとして行われる場合もある。グループ全体で採用を行い，採用時にグループ内企業への異動がありうることを労働者に明示している場合には，入社時に出向命令権を基礎づける合意が成立したと判断された裁判例がある（興和事件・名古屋地判昭和55・３・26労判342号61頁）。

出向中の法律関係　出向は，一般に「二重の労働契約関係」と整理されており，労働者は，出向元と出向先の双方との間の労働契約関係を有することになる。出向中は，出向元では休職扱いになる。

出向元と出向先との間で使用者としての権利義務をどのように分割するのかについては，出向元と出向先との間の出向協定等によって定められることになる。賃金は，出向元から支払われる場合もあれば，出向先から支払われる場合もある。出向労働者は，出向先の指揮命令の下で労務を提供するので，出向先の勤務管理や服務規律に服することになる。もっとも，解雇などの主要な使用者としての権限を行使できるのは出向元のみであると考えられている。これに関連して，出向元は，原則として，出向中の労働者に対して一方的に復帰を命じることができると解されている（古河電気工業事件・最判昭和60・４・５民集39巻３号675頁）。

労基法等の労働保護法の適用については，労働者が実際に就労する出向先が，原則として，使用者としての責任を負う。

裁判例では，出向中に過重労働が原因で自殺した事案において，出向先が安全配慮義務を負うと判断されている（JFEスチール事件・東京地判平成20・12・８労判981号76頁）。

労働・社会保険の取扱いは，労災保険においては，出向先が事業主となるが，雇用保険や社会保険にいう事業主は，主たる賃金の支払者と認められる者である。

⑵　転　籍

労働者が，自己の雇用先の企業から他の企業へ籍を移して当該他企業の業務に従事することを転籍という。転籍には，①元の雇用主との労働契約を合意解約し，新しい雇用主と労働契約を締結するか，または②使用者の地位の譲渡という，いずれかの方法がある。①の場合には，必然的に労働者の同意が必要となり，②の場合においても，民法625条１項に基づき，使用者は労働者の承諾を得なければ，使用者としての権利義務を第三者に譲り渡すことはできない。

また，①の場合とは異なり，②の場合には，特段の合意がなければ，労働条件が従前のまま，新しい雇用主に承継されることになる。

5　企業組織の再編と労働関係

⑴　合　併

合併は，**包括承継**であるとされており（会社法２条27号・28号），会社の有する権利義務が一括して当然に新会社に承継される。労働契約も当然に承継されるため，合併が行われたことによって，ただちに雇用および労働条件に影響が生じることはない。もっとも，合併の前後に，人員削減や労働条件の変更が行われる可能性がある。

⑵　事業譲渡

事業譲渡（会社法467条以下）は，**特定承継**であるとされており，事業譲渡の対象となる債権債務は，譲渡人と譲受人との間の譲渡契約によって定められる。譲渡人に雇用される労働者の労働契約も当然に譲受人に承継されるのではなく，承継されるか否かは，譲渡企業と譲受企業との間の合意に委ねられることになる。承継に伴い，譲渡企業との間の労働契約関係が終了し，譲受企業との間に労働契約関係が生じる場合には，当該労働者の同意が必要となる（民法625条）。また，雇用が承継される場合にも，労働条件が同一のまま当然に承継されることにはならない。

労働法では，事業譲渡の概念は，必ずしも会社法上の事業譲渡と同義に解されているわけではなく，講学上，経営主体が変更される場合を広く意味する用語として用いられている（東京日新学園事件・東京高判平成17・７・13労判899号19頁）。

事業譲渡をめぐっては，専ら，譲渡企業の大半の労働者が譲受企業に承継されたにもかかわらず，一部の労働者が承継されなかった場合に，承継されなかった労働者が，譲受企業に対して雇用契約上の地位を有することを主張するという紛争が多い。すなわち，「**承継排除の不利益**」からの救済が求められている。しかし，事業譲渡が特定承継であるという原則からは，かかる訴えを認めることは容易ではない。

救済を認めた裁判例には，第一に，譲渡企業と譲受企業との間の譲渡契約において，かかる労働者の労働契約の承継も合意されていたと解釈するものがある（タジマヤ〔解雇〕事件・大阪地判平成11・12・８労判777号25頁，勝栄自動車〔大船自

動車興業〕事件・横浜地判平成15・12・16労判871号108頁，Ａラーメン事件・仙台高判平成20・７・25労判968号29頁）。

第二に，譲渡企業と譲受企業の経営者が同じであり，同一の事業を再開しているといった「実質的同一性」が認められる場合に，法人格否認の法理を適用し，譲受人との間の労働契約関係の存在が認められる場合がある（新関西通信システムズ事件・大阪地決平成６・８・５労判668号48頁）。

第三に，譲渡企業の代表取締役が譲受企業の取締役であり，譲受企業が譲渡企業の人的・物的資産を承継して同一の事業を再開した事案において，事業譲渡をめぐる労働組合との団体交渉の過程において，譲受企業は労働者に対して労働契約締結の申込みを行い，労働者もこれを承諾していたとして，労働契約の成立を認めたものがある（ショウ・コーポレーション〔魚沼中央自動車学校〕事件・東京高判平成20・12・25労判975号５頁）。

さらに，組合活動を理由に譲受会社が採用しないことが不当労働行為（労組法７条１号）であると認められる場合がある（中労委〔青山会〕事件・東京高判平成14・２・27労判824号17頁）。

⑶　会社分割

意義　2000年の商法改正によって会社分割制度が導入され（会社法757条以下），同時に，会社分割が行われた場合の労働契約の承継の有無について明確にするために，労働契約承継法が制定された。会社分割には，新しく会社を新設する新設分割と権利義務を他者に譲渡する吸収分割の２種類があり，新設分割の場合には，分割計画書，吸収分割の場合には，分割契約書に記載された権利義務は，会社分割の効力発生と同時に，一括して新設（吸収）会社に承継される（「部分的包括承継」）。

労働契約承継法　労働契約も会社分割の対象となる権利義務として，分割計画書等に記載されれば，かかる労働者の雇用は新設（吸収）会社に承継されることになる。しかし，転籍には労働者の個別同意を必要とする民法625条との関係が問題になる。そこで，労働契約承継法は，承継される事業に主として従事する労働者の労働契約は，当然に承継されることになり，民法625条の同意は不要であることを定めた（承継法２条１項１号・３条）。主として従事する労働者の労働契約が分割計画書等に記載されず，新設（吸収）会社に承継されないこととなった場合には，かかる労働者は，異議を申し立てれば，その労働契約は新設（吸収）会社に承継される（承継法４条）。

主として従事する労働者か否かについて，承継法指針（平成28・12・21厚労告

〔図表11－1〕吸収分割と新設分割

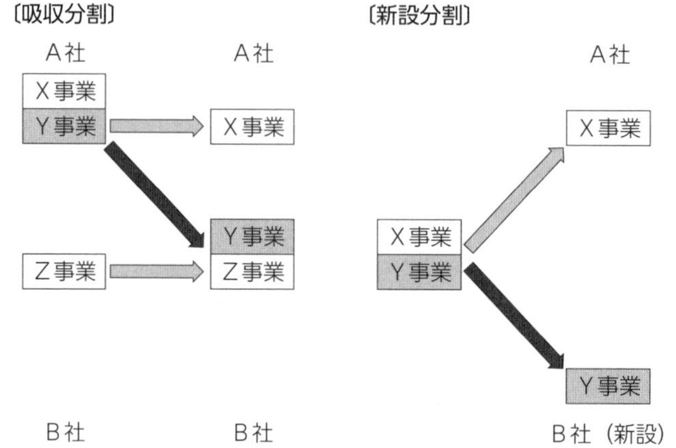

429号）は，①「承継される事業に専ら従事する労働者」は，主として従事する労働者であること，②労働者が承継される事業以外の事業にも従事している場合には，それぞれの事業に従事する時間，それぞれの事業における当該労働者の果たしている役割等を総合的に判断して，主として従事する労働者か否かを決定すること，および③いわゆる間接部門に従事する労働者であって，承継される事業のために専ら従事する労働者は，主として従事する労働者にあたることという判断基準を定めている（指針第2の2(3)ロ）。

承継される事業に主として従事する労働者以外の労働者は，分割会社に残ることになり，かかる労働者が分割計画書等において承継対象者となった場合には，異議を述べれば分割会社に残ることができる（承継法2条1項2号・5条）。

このように，労働契約承継法は，承継される事業に主として従事する労働者であるか否かによって，労働関係が新設（吸収）会社に承継されるか否かを区別している（なお，2005年の会社法改正によって，会社分割の対象は「営業の全部または一部」ではなく，「その事業に関して有する権利義務の全部又は一部」と改められ，「事業」に必要な有機的一体性が不要となったが，承継法では，「事業」の概念が維持されている）。

吸収分割は，外形的には事業譲渡に類似するが（会社法上は債権者の個別の同意の有無によって，事業譲渡と会社分割は区別される），主として従事する労働者について，事業譲渡で問題となる「承継排除の不利益」が生じないように配慮するものである。しかし，他方で，民法625条が適用されない結果，かかる労働者については「承継強制の不利益」が生じることになる。

承継法の手続　承継法に基づいて，会社分割を行おうとする会社（分割会社）は，まず，労働者代表との協議を行うように努めなければならない（承継法７条）。さらに，分割会社は，労働者に対して通知を行わなければならない通知期限日（株主総会日の２週間前の日の前日）までに，労働者と協議を行わなければならない（平成12年商法等改正附則５条１項）。通知は，①承継される事業に主として従事する労働者および②主として従事する労働者以外で，承継会社等に承継されることになった労働者に対して，行われなければならない（承継法２条１項）。

主として従事する労働者で，承継対象とならなかった労働者および主として従事する労働者以外で，承継対象となった労働者は，通知期限日の翌日から株主総会の前日までの分割会社が定める期間（少なくとも13日間）に，異議申立を行う（承継法４条１項・５条１項）。

〔図表11－２〕労働契約の承継（厚労省労働基準局「会社分割・事業譲渡・合併における労働者保護のための手続に関するQ&A」を基に作成）

例：製造部門と小売部門を経営しているＰ社が，小売部門を分割して，Ｑ社に承継させる場合

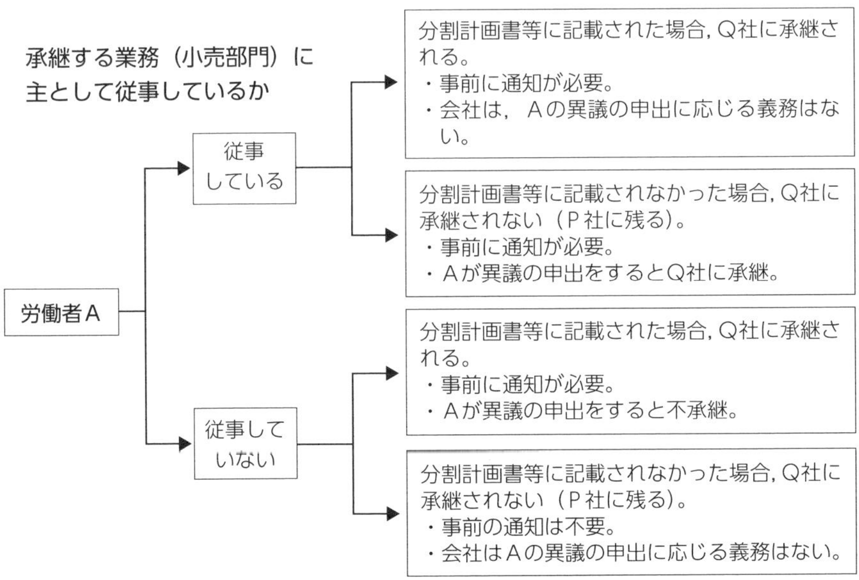

＊労働者Aと分割会社（P社）との労働条件は，そのまま承継会社等（Q社）に承継される。

労働協約の承継　会社分割では，部分的包括承継の効力が認められることから，

雇用が承継されることになった労働者の労働条件も同一のまま新設（吸収）会社に承継される。労働条件が労働協約で定められていた場合に，かかる効果を明確にするため，労働協約の規範的部分については，同一の労働協約が新設（吸収）会社と締結組合との間でも締結されたものとみなされる旨の規定が定められた（承継法6条3項）。これに対して，債務的部分については，分割計画（契約）書に記載することにより，権利義務を分割会社と新設（吸収）会社との間で分割することができる（承継法6条2項）。

労働者との協議義務　平成12年商法改正附則5条1項は，「会社分割に伴う労働契約の承継に関しては，会社分割をする会社は，会社分割に伴う労働契約の承継等に関する法律第2条第1項の規定による通知をすべき日までに，労働者と協議をするものとする」と定めている。この規定は，当初の政府法案にはなく，国会で追加されたものであり，ここでいう協議（「**5条協議**」）とは，承継対象となる労働者との個別協議であると解されている。

これに対して，承継法7条は「雇用する労働者の理解と協力を得るように努めるものとする」と定めている。同条にいう協議（「**7条措置**」）は，労働者代表との協議であると解されている。

日本IBM事件において，最高裁は，分割会社がかかる労働者との協議義務に違反したといえる場合に，労働者にはどのような効果が認められるのかについて，明らかにした。

case　**日本IBM事件・最判平成22・7・12民集64巻5号1333頁**

〔事案の概要〕

Xらは，Y社のハードディスク事業部門で就労していたが，Yは，新たに設立するC社にハードディスク事業部門を承継させるため，会社分割を行うこととし，Xらの雇用契約が分割計画書において承継される雇用契約として記載された。Xらは，Yは，会社分割にあたり労働者との協議義務（商法等改正附則5条1項，承継法7条）を果たしていないことを理由として，Yとの労働契約上の権利を有する地位にあることの確認等を求めた。

1，2審は，協議義務違反を認めず，Xらの請求を棄却したため，Xらが上告した。

〔判旨〕上告棄却

1　⑴　最高裁は，5条協議の趣旨について「分割会社が分割計画書を作成して個々の労働者の労働契約の承継について決定するに先立ち，承継される営業に従事する個々の労働者との間で協議を行わせ，当該労働者の希望等をも踏まえつつ分割会社に承継の判断をさせることによって，労働者の保護を図ろうとする趣旨に出たものと解される」と述べたうえで，「上記のような５条協議の趣旨からすると，承継法３条は適正に５条協議が行われ当該労働者の保護が図られていることを当然の前提としているものと解される。この点に照らすと，上記立場にある特定の労働者との関係において５条協議が全く行われなかったときには，当該労働者は承継法３条の定める労働契約承継の効力を争うことができるものと解するのが相当である。

また，５条協議が行われた場合であっても，その際の分割会社からの説明や協議の内容が著しく不十分であるため，法が５条協議を求めた趣旨に反することが明らかな場合には，分割会社に５条協議義務の違反があったと評価してよく，当該労働者は承継法３条の定める労働契約承継の効力を争うことができるというべきである」と述べ，５条協議違反の効果として，承継の効力を争うことができることを明らかにした。

⑵　これに対して，最高裁は，７条措置については，努力義務を課したものにすぎず，「７条措置において十分な情報提供等がされなかったがために５条協議がその実質を欠くことになったといった特段の事情がある場合に，５条協議義務違反の有無を判断する一事情として７条措置のいかんが問題になるにとどまるものというべきである」と述べた。

2　⑴　最高裁は，本件のあてはめにおいて，Ｙは，本件会社分割の目的と背景および承継される労働契約の判断基準等について従業員代表者に説明等を行い，情報共有のためのデータベース等をイントラネット上に設置したほか，Ｃの中核となることが予定されるＤ事業所の従業員代表者と別途協議を行い，その要望書に対して書面での回答もしたのであるから，７条措置が不十分であったとはいえないと判断した。

そして，最高裁は，５条協議についても，Ｙは，従業員代表者への上記説明に用いた資料等を使って，ライン専門職に各ライン従業員への説明や承継に納得しない従業員に対しての最低３回の協議を行わせ，多くの従業員が承継に同意する意向を示したのであり，また，Ｙは，Ｘらに対する関係では，これを代理する支部（注：Ｘらの加入する労働組合）との間で７回にわたり協議を持つとともに書面のやり取りも行うなどし，Ｃの概要やＸらの労働契約が承継されるとの判別結果を伝え，在籍出向等の要求には応じられないと回答したことについて，５条協議は十分に尽くされたと判断した。

また，Yが，Cの経営見通しなどにつきXらが求めた形での回答には応じず，Xらを在籍出向等にしてほしいという要求にも応じなかったことについて，最高裁は，「Yが上記回答に応じなかったのはCの将来の経営判断に係る事情等であるからであり，また，在籍出向等の要求に応じなかったことについては，本件会社分割の目的が合弁事業実施の一環として新設分割を行うことにあり，…前記の本件会社分割に係るその他の諸事情にも照らすと，相応の理由があったというべきである」とXらの主張を退けた。

日本IBM事件において，最高裁は，５条協議義務違反の効果について判示した。すなわち，５条協議が全く行われなかったか，または説明や協議が不十分で，同条の趣旨に反することが明らかである場合には，労働者は，承継法３条に基づく承継の効力を争うことができる。たとえば，同事件のXらのように，承継される事業に主として従事する労働者であれば，５条協議義務の違反が認められれば，承継会社に承継されるという効果が生じないことになる。もっとも，最高裁は，新設会社の経営見通しについて十分な説明が行われていないというXらの主張を認めず，協議義務違反を認めなかった。最高裁によれば，協議義務違反が成立する場合は限られるといえよう。

もっとも，この点について，承継法指針は，５条協議の内容について，「労働者が勤務することとなる会社の概要，…承継会社等の債務の履行の見込みに関する事項…等を十分説明し，本人の希望を聴取した上で，当該労働者に係る労働契約の承継の有無，…当該労働者が従事することを予定する業務の内容，就業場所その他の就業形態等について協議をする」旨定めている（指針第２の４⑴イ）。最近の下級審では，新設会社に当然承継されることを前提として，「社名が変わるだけで他に変わりはないから安心するように」と述べただけでは，指針に則った説明が行われたとはいえないと述べて，５条協議義務違反が認められ，分割会社との労働契約上の地位確認が認められた例がある（エイボン・プロダクツ事件・東京地判平成29・３・28労判1164号71頁）。

〔発展〕会社分割と転籍合意

会社分割が行われる場合に，労働者と分割会社との間で，労働関係の承継については，転籍によって新設（吸収）会社に承継されることを合意することがある。かかる転籍合意は，労働条件が同一のまま承継されるという承継法の効果を生じさせないために行われているともいえ，承継法のルールを潜脱するものであり，公序に反して無効であると解する見解もある（かかる見解に立つ裁判例として，阪神バス

〔勤務配慮〕事件・大阪高決平成25・5・23労判1078号5頁)。

しかし，これに対して，承継法は，労働条件が同一のまま承継されるということまでを保障しているものではなく，異議申立権を保障したものであるという見解もある。この見解によれば，転籍合意の対象となった，承継される事業に主として従事する労働者の労働契約は，分割計画（契約）書には記載されないことになるが，労働者が，これに対して異議を申し立てれば，承継法に基づき，雇用および労働条件が承継されることになる（この場合には，労働条件は同一のまま承継されることになる)。つまり，会社分割が行われる場合に，常に，承継法に基づいて，労働関係が承継されなければならないとはいえないので，転籍合意が，承継法に違反するとはいえないことになる。

承継法指針も，転籍合意が可能であるという立場にたって，転籍合意によって労働契約が承継される場合においても，分割会社は，承継法に基づく通知義務および5条協議義務を負い，労働者が，分割契約等に労働契約が承継される旨の定めがないことについて，異議の申出をした場合には，労働条件を維持したまま，分割会社との間の労働契約が承継会社等に承継される効果が生じることを明記している（指針第2の2⑸イ)。

<第11章の復習>

1．昇進，昇格および降格とは何か。
2．配転命令の効力は，どのように判断されるのか。
3．出向命令の効力は，どのように判断されるのか。
4．転籍の要件は何か。
5．Xは，別の会社で働く妻とともに，川崎市に住み，3歳と5歳の子供を育てている。Xと妻は，都心の本社に務めており，通勤は片道40分ほどであったが，Xに，千葉市の支社に転勤が命じられた。Xは，通勤に片道2時間弱かかることになるので，転勤には応じたくない。Xは，転勤を拒否することができるだろうか。就業規則には，「従業員は，業務上の都合により，異動を命じられることがある」という規定がある（参考：ケンウッド事件・最判平成12・1・28労判774号7頁)。
6．バスとタクシーの運送サービスを事業とするA社は，会社分割によって，タクシー部門をB社に譲渡することにした。しかし，A社でタクシー運転手として勤務するXには，承継法2条の通知も来ず，労働組合やXらとの協議も事前に行われず，Xらは，会社分割が行われることを知らなかった。ある日，

Xは，会社に行くと，「昨日付けで，B社にタクシー部門が譲渡されたので，タクシー運転手は全員解雇する」と言われた。Xは，いかなる法的手段をとることができるか（参考：グリーンエキスプレス事件・札幌地決平成18・7・20労旬1647号66頁）。

〈コラム〉 EUの事業移転法制

日本では，企業が，企業の一部または全部を他社に譲渡する場合に，合併，事業譲渡または会社分割のいずれの手段がとられたのかによって，労働契約の承継ルールが異なっている。つまり，労働関係も会社の有する債権債務の一内容として，その承継の可否は，これらの企業組織再編の会社法上の効果に従っている。そして，外形上は事業譲渡と会社分割は，区別できないにも関わらず，会社分割の場合にのみ，労働契約承継法によって，雇用および労働条件の保護が図られている。

これに対して，EUの「事業移転指令」（指令2001/23号，OJ 2001 L 82/16）は，「事業移転」，すなわち，「その同一性を保持する経済的一体（economic entity）の譲渡」（同指令1条1項b））が行われる場合には，企業再編手段を問わず，譲渡人の労働関係は，譲受人に自動承継されることを定めている。

「経済的一体の譲渡」の具体的な判断要素は，「事業の種類，建物および動産等の有体資産の移転の有無，移転時における無体資産の価値，労働者の大半が新使用者に承継されたかどうか，顧客の承継の有無，活動の類似性の程度，操業が中断した期間」である（Case 24/85 – Spijkers, ECLI:EU:C:1986:127, para. 13）。そして，清掃サービスの受託先を変更したという事案において，「一定の労働集約部門（labour-intensive sectors）においては，恒常的に共通の活動に従事する労働者集団が経済的一体を構成しうるので，新使用者が単に当該活動を追求するだけではなく，従前の受託者によって当該課題に割り当てられた従業員の大部分を，その数および技能の点において，承継する場合には，かかる組織体が承継後もその同一性を保持しうる」（Case C-13/95 – Süzen, ECLI:EU:C:1997:141, para. 15-21）と判断された。

このように，EUでは，譲渡人と譲受人との間の2者関係における譲渡手段を問わない事業移転だけではなく，委託先の変更という，新旧受託者との間には，何ら契約関係が存在しない場合にも，事業移転の存在が認められる場合がある。

日本でも，会社法のルールとは独立に，あらゆる企業再編において，労働関係を保護するための「事業移転」の概念を導入してもよいのではないだろうか。

第12章　懲戒処分

はじめに

企業では，服務規律と呼ばれる規律に従って，労働者は勤務することになる。遅刻，早退，欠勤，服装，施設管理等に関する規定が定められている。すなわち，就業規則において，労働者が企業の定めた規律に反し，または企業の名誉や体面を害する行為等を行った場合，企業によって科される私的制裁を懲戒処分と呼んでいる。使用者が懲戒処分を行う権限を懲戒権と呼ぶ。判例は，懲戒権などの職場の秩序維持のための権限を基礎づけるため，「企業秩序」論と呼ばれる法理を創出，維持してきた。

1　企業秩序論と懲戒

(1)　企業秩序論

もともと，懲戒権をめぐっては，労働契約の当事者でしかない使用者が，反対当事者である労働者に対して，なぜ，懲戒という制裁を科すことができるのか，という点が問題とされていた。**固有権説**は，規律と秩序を必要とする企業が当然に懲戒権を有するとしていた。これに対して，懲戒権は就業規則の懲戒規定が契約内容となることによってはじめて効力が認められるとする**契約説**が唱えられた。

最高裁は，懲戒権を企業秩序定立権によって基礎づけた。企業は，その存立を維持し事業の円滑な運営を図るため，人的要素および物的施設の両者を総合し合理的・合目的的に配備組織して企業秩序を定立する権限があるとし，必要な指示，命令を発し，または規則に定めるところに従い制裁として懲戒処分を行うことができると説示している（国鉄札幌運転区事件・最判昭和54・10・30民集33巻６号647頁)。労働者は，労働契約を締結して企業に雇用されることによって，企業に対し，労務提供義務を負うとともに，これに付随して，企業秩序遵守義務その他の義務を負う（富士重工業事件・最判昭和52・12・13民集31巻７号1037頁)。関西電力事件（最判昭和58・９・８労判415号29頁）において，最高裁は「労働者は，労働契約を締結して雇用されることによって，使用者に対して労務提供義務を負うとともに，企業秩序を遵守すべき義務を負」うと判断している。

懲戒権の根拠をいかに理解するべきかについて，判例は明確でない部分があった。しかし，近時，使用者が労働者を懲戒するには，予め就業規則において懲戒の種別および事由を定めておくことを要し，また，その内容を事業場の労働者に周知させる手続が採られていることを要すると判断された（フジ興産事件・最判平成15・10・10労判861号５頁）。

これらの判例で用いられる企業秩序遵守義務は，ともに労働契約に根拠を置き，労働契約を通してその義務の具体的範囲や程度が明定されることを要するので，判例は，使用者の懲戒権を契約説に立って法理論を再構成したとも理解できる。

(2) 懲戒処分の種類

譴責・戒告　譴責（けんせき）は，始末書を提出させて将来を戒（いまし）めるもので，戒告は将来を戒めるのみで始末書の提出を伴わない。懲戒としてはもっとも軽い懲戒処分である。しかし，始末書不提出が，懲戒事由に該当し，さらなる懲戒（昇給停止・出勤停止処分）の理由となりうる（エスエス製薬事件・東京地判昭和42・11・15労民集18巻６号1136頁）。

減　給　減給は，本来支払われる賃金額から，ある期間，一定額を控除する懲戒処分である。制裁としての減給が濫用されないよう，労基法では懲戒処分としての減給に制限が設けられた。就業規則で，労働者に対して減給の制裁を定める場合においては，その減給は，１回の額が平均賃金の１日分の半額を超え，総額が１賃金支払期における賃金の総額の10分の１を超えてはならない（労基法91条）。

出勤停止　出勤停止とは，労働契約を存続させつつ，出勤を一定期間禁止する懲戒処分で，通常この間は賃金が支払われない。民法536条２項の債権者（使用者）の責めに帰すべき事由にあたらないため，賃金不払いが可能となる。しかし，出勤停止命令が懲戒処分として無効となる場合，民法536条２項における使用者の責めに帰すべき事由に該当し，賃金支払を要する（アメリカン・ライフ・インシュアランス・カンパニー事件・東京高判平成12・３・29労判805号131頁）。

懲戒解雇　懲戒解雇は，懲戒のうちもっとも重い懲戒処分である。懲戒解雇には退職金の減額・不支給などの不利益にとどまらずに，職歴上の烙印がおされ再就職の際の不利益を受けるおそれがある。これに対して，こうした不利益を避けるため，労働者に辞表の提出を勧告して退職させる，という取扱いがなされることがある。諭旨解雇という。

さらに，かつては，懲戒解雇の意思表示が無効であるという場合に，普通解雇の意思表示を含みうるかという問題もあった（懲戒解雇の普通解雇への転換）。この転換の可能性を認めた裁判例もある（日本経済新聞社事件・東京地判昭和45・６・23労民集21巻３号980頁）。

2　懲戒処分の効力

使用者が労働者を懲戒するには，予め就業規則において懲戒の種別および事由を定めておくことを要する。

労働者の懲戒処分に関わる行為が，就業規則における懲戒事由に該当しなければならない。

そして，懲戒事由に該当するとしても，懲戒解雇は，行為の性質，態様，結果および情状ならびにこれに対する労働者の対応等に照らし，懲戒解雇が，客観的にみて合理的理由に基づき，懲戒解雇が社会通念上相当として是認するものでなければならない（ダイハツ工業事件・最判昭和58・9・16労判415号16頁）。

労契法15条は，使用者が労働者を懲戒することができる場合において，当該懲戒処分が，当該懲戒にかかる労働者の行為の性質および態様その他の事情に照らして，社会通念上相当であると認められない場合は，その権利を濫用したものとして，当該懲戒は，無効とすると定める。

そのうえ，懲戒処分を行うには，手続的な要件が課される。

以下これらを⑴～⑶で詳述する。

⑴　懲戒事由の該当性

使用者が労働者を懲戒するには，予め就業規則において懲戒の種別および事由を定めておくことを要する。そして，その内容を適用を受ける事業場の労働者に周知させる手続が採られていることを必要とする（前掲・フジ興産事件・最判平成15・10・10労判861号5頁）。

懲戒当時に使用者が認識していなかった非違行為は，当該懲戒の理由とされたものでないことが明らかであるから，非違行為の存在をもって当該懲戒の有効性を根拠づけることはできない（山口観光事件・最判平成8・9・26労判708号31頁）。

さらに，労働者の懲戒処分に関わる行為が，就業規則における懲戒事由に該当しなければならない。労働者の当該行為が，就業規則に規定された懲戒事由に該当するためには，当該行為の性質・態様等に照らして判断される。懲戒事由に該当するかどうかの判断にあたっては，合理的な限定解釈が行われることがある。

たとえば，職員は，選挙運動その他の政治活動をしてはならない旨の懲戒事由が定められる場合，形式的に上述の規定に違反するようにみえる場合でも，実質的に事業場内の秩序風紀を乱すおそれのない特別の事情が認められるときには，当該規定の違反になるとはいえないと解されている（目黒電報電話局事件・最判昭和52・12・13民集31巻7号974頁）。

⑵ 懲戒処分の相当性

懲戒事由該当性が認められる場合であっても，処分が重すぎる場合には，社会通念上相当であるとはいえず，かかる処分は，無効となる。

たとえば，違法なセクハラ行為であっても，当該労働者に対して何らの指導や処分をせず，懲戒解雇をただちに選択するというのは，重きに失すると解される（Y社〔セクハラ・懲戒解雇〕事件・東京地判平成21・4・24労判987号48頁）。

⑶ 手続の相当性

さらに，懲戒処分を行うには，手続的な要件が課される。

懲戒処分を行うには，当該労働者に対し弁明の機会を与えなければならない。

労働者に弁明の機会を与えず，懲戒解雇に及んだことは，客観的に合理的な理由を欠くものといわざるを得ず，社会通念上相当であるとは認められない（理恵産業事件・東京地判平成28・2・26〔判例集未掲載〕）。

懲戒処分は，労働者が行った企業秩序違反行為に対して，使用者が重ねて処分することは許されない（一事不再理の原則という）。2度の制裁罰の恐怖にさらされるのは，労働者の人格的配慮を欠き，適正な手続とはいえないからである。過去に懲戒処分の対象となった行為について反省の態度が見受けられないというだけの理由で懲戒することもできない（平和自動車交通事件・東京地決平成10・2・6労判735号47頁）。この点，前掲・日立武蔵事件において，反省の態度が見受けられないというだけの理由により行った懲戒解雇が有効とされているが，疑問である。

懲戒事由が発生してから，相当の期間が経過した後の懲戒処分も許されない。行為から7年以上も経ってから諭旨退職処分を行った場合には，客観的に合理的理由を欠き，社会通念上相当とは認められないと判断されている（ネスレジャパンホールディング事件・最判平成18・10・6労判925号11頁）。

3 懲戒の具体的事由

次のような事項が，就業規則上の懲戒事由となり，懲戒処分の対象となりうる。

⑴ 業務命令違反

労働者が使用者の業務命令に従わない場合，労働契約上の義務違反とされるから，懲戒処分の対象となる。

従来の判例では，時間外労働命令違反（前掲・日立武蔵工場事件）や配転命令違反事件（東亜ペイント事件・最判昭和61・7・14労判477号6頁）なども懲戒事由とされてきた。しかし，時間外労働を拒みたい，または，配転を拒否したいという労働者は，解雇の脅威にさらされることになり，本来の希望を述べることも難しくなってしまうという問題がある。

所持品検査は，「合理的理由に基づいて，一般的に妥当な方法と程度で，しかも制度として，職場従業員に対して画一的に実施されるものでなければならない」が，所持品検査が，就業規則その他，明示の根拠に基づいて行われるときは，従業員は，個別的な場合にその方法や程度が妥当性を欠くなど，特段の事情がない限り，検査を受忍すべき義務があると判断されている（西日本鉄道事件・最判昭和43・8・2民集22巻8号1603頁）。

(2)　職務懈怠，職務上の非違行為

正当な理由のない無断欠勤，遅刻，早退を繰り返すことは，懲戒事由に該当することになる。無断欠勤（京都コンピューター学院洛北校事件・大阪高判平成6・2・25労判673号158頁），遅刻過多，無断欠勤（日本消費者協会事件・東京地判平成5・12・7労判648号44頁）は，懲戒事由に該当する。

専門学校の教職員が，勤務先から貸与された業務用パソコンを使用して，出会い系サイトに登録し，勤務中に大量の私用メールのやり取りを行ったことを理由とした懲戒解雇は，有効である（K工業技術専門学校〔私用メール〕事件・福岡高判平成17・9・14労判903号68頁）。

性的な発言等のセクシュアル・ハラスメント等をしたことを理由とした出勤停止処分・降格処分は有効とされた（L館事件・最判平成27・2・26労判1109号5頁）。

これに対して，労働者が弁護士に対してなした書類の開示および交付を理由とする懲戒解雇は無効である（メリルリンチ・インベストメント・マネージャーズ事件・東京地判平成15・9・17労判858号57頁）。

(3)　私生活上の非行

私生活領域において業務と関わらない行為，いわゆる私生活上の非行について，なぜ会社が懲戒処分をなしうるのかについては，議論のあるところである。

case　横浜ゴム事件・最判昭和45・7・28民集24巻7号1220頁

〔事案の概要〕

Xは，酒に酔ったうえで，屋外に履物を脱ぎ揃え，被害者方居宅の風呂場から屋内に忍び入ったが，被害者宅の家の者に見つかり，ただちに屋外に立ち出で，

履物も捨てて一散に逃走した。Xは逃走後，間もなく私人に捕まり，警察に引き渡されたものであるところ，その数日を出ないうちに，Xの犯行および逮捕の事実が噂となって広まり，製造所近辺の住民および会社の製造所の従業員中，相当数の者が少なくとも犯罪の事実を製造所の一従業員の私行として耳にし，なかには社外の知人から公然とその事実を告げられたため，羞恥不快の感を味わった製造所の従業員もあった。

Xが，住居侵入罪に問われ罰金2500円に処せられたところ，Xを雇用するY社が，この労働者を賞罰規則所定の懲戒解雇事由たる「不正不義の行為を犯し，会社の体面を著しく汚した者」（16条8号）に該当するとして昭和40年9月17日Xに対し懲戒解雇する旨の意思表示をした。

Xは雇用契約上の地位確認等を請求した。1審は，懲戒解雇を無効と判断した。2審もこれを支持した。Yが上告。

〔判旨〕 棄却

住居侵入罪にあたる当該行為は，「恥ずべき性質の事柄であつて，当時Yにおいて，企業運営の刷新を図るため，従業員に対し，職場諸規則の厳守，信賞必罰の趣旨を強調していた際であるにもかかわらず，かような犯行が行なわれ，Xの逮捕の事実が数日を出ないうちに噂となつて広まつたことをあわせ考えると，Yが，Xの責任を軽視することができないとして懲戒解雇の措置に出たことに，無理からぬ点がないではない」。

Xの私宅への住居侵入行為が，会社の組織，業務等に関係のないいわば私生活の範囲内で行われたものであり，Xの受けた刑罰が罰金2500円の程度に止まることや，会社におけるXの職務上の地位も蒸熱作業担当の工員ということで指導的なものでないことから，最高裁は，労働者の行為が，会社の体面を著しく汚したとはいえないと判断した。

また，米軍基地拡張反対デモで逮捕起訴された労働者の懲戒解雇・諭旨解雇につき，刑も罰金2000円と軽微で，不名誉性は強度ではない等の理由から，無効であると判断されている（日本鋼管事件・最判昭和49・3・15民集28巻2号265頁）。

さらに，私鉄の従業員が他社の電車内で痴漢行為をなし，降職等の処分を受けた後再び同様の行為を行った事例では，所属する企業において痴漢撲滅キャンペーンをしていた等の事情が考慮され，懲戒解雇は有効とされた（小田急電鉄事件・東京高判平成15・12・11労判867号5頁）。

タクシー会社における私生活上での酒気帯び運転は，企業の秩序に影響を及ぼし，その社会的評価を低下毀損するおそれがあるので，懲戒解雇は有効である

（笹谷タクシー事件・最判昭和53・11・30判時913号113頁）。

⑷ 経歴詐称

労働者が採用時の履歴書や面接において，虚偽の学歴や職歴・犯罪歴等を申告する経歴詐称は，就業規則の懲戒事由として挙げられる。経歴詐称については，当事者の信頼関係を壊し，また労働力の評価を誤らせて配置・昇進等に関する秩序を乱すものとして，懲戒事由に該当するとされる。

労働者が２回にわたり懲役刑を受けたことを隠し，学歴を偽ったことを理由とする懲戒解雇は有効とされた（炭研精工事件・最判平成３・９・19労判615号16頁）。

学歴を低く詐称する学歴詐称も懲戒事由になる（スーパーバッグ事件・東京地判昭和55・２・15労判335号23頁）。

⑸ 企業内の政治活動

企業内の政治活動やビラ配布行為を就業規則等で許可制のもとで規制することが可能なのかどうかが問われる。とくに，休憩時間中の政治活動が許可制に服することが，問題とされた。

最高裁は，「他の従業員の休憩時間の自由利用を妨げ，ひいてはその後における作業能率を低下させるおそれのあることなど，企業秩序の維持に支障をきたすおそれが強い」ため，就業規則により職場内における政治活動を禁止することは，合理的な定めとして許されると説示した（目黒電報電話局事件・最判昭和52・12・13民集31巻７号974頁）。また，勤務中のプレート着用行為は，職務上の注意力のすべてを職務遂行のために用い職務にのみ従事すべき義務（職務専念義務）に違反すると判断した。これに対して，学説では，具体的な業務の支障がない限り，懲戒事由にはならないと解されるべきであるとする**具体的危険説**がある。

⑹ 兼　業

兼職については，就業規則で会社の許可なく兼職することを禁じ，懲戒事由としている例は少なくなかった。

軽労働とはいえ，毎日の勤務時間が６時間にわたりかつ深夜に及ぶ兼業は，会社への労務の誠実な提供に支障をきたす蓋然性が高いが，年１～２回のアルバイトのように，業務上の支障が生じない場合には，（懲戒解雇を普通解雇としてみても）解雇は無効である（十和田運輸事件・東京地判平成13・６・５労経速1779号３頁）。

タクシー運転手が非番日の午前８時から午後４時45分まで輸出車を船積みする

アルバイトに平均１ヵ月７，８回携わったことを理由とする通常解雇が，労務提供に支障が生じるのが通常であること等から，二重就職を禁じた就業規則の懲戒事由に該当すると判断された（小川建設事件・東京地決昭和57・11・19労判397号30頁〔懲戒解雇とすべきところを通常解雇にした処分を有効と判断〕）。

兼業・副業を推進する一環として，2018年，厚労省はモデル就業規則を改定し，兼業・副業の届出制に関する規定を新設した。兼業・副業に関するガイドラインが改定されている。

4　公益通報

1990年以降，企業や官庁の不祥事が内部告発によって明るみになった。その際，告発者は，企業に対する誠実義務違反を問われるとともに，告発者が企業の秘密を他に開示して告発することから，秘密保持義務違反が問われた。また，告発者が解雇等不利益な処分を受けることが多く，労働法上，解雇等の不利益取扱いから労働者を保護することが解釈上課題となった。

(1)　判例における基準

内部告発については，①告発内容が，**真実**であるか，**真実**であると信じるに足りる**合理的な理由**があること，②告発内容に**公益性**が認められ，その動機も公益を実現する目的であること，③**告発方法**が**相当**である場合，内部告発は，保護に値すると解されている（トナミ運輸事件・富山地判平成17・２・23労判891号12頁参照）。前掲・トナミ運輸事件では，ヤミカルテルの存在を大手新聞や公取地方事務局に告発したことにより，雑務担当を命じられ，賃金に関わる昇格もなされなかったことが，債務不履行ないし不法行為の損害賠償の対象となるとされた。

また，市民生活協同組合の幹部の私物化について，（組合員の500分の１にあたる）総代530名に対し内部告発文書を送付した職員への懲戒解雇，自宅待機等は違法であるとして，同幹部の共同不法行為による損害賠償責任が認められた（大阪いずみ市民生協事件・大阪地堺支判平成15・６・18労判855号22頁）。さらに，信用金庫職員が，支店長らの迂回融資等の不正疑惑に関わる，金庫の顧客に関する信用情報等を入手して，県警と衆議院議員公設秘書に渡した行為について，「内部の不正を糺す」という観点からは金庫の利益に合致するところもあったとして，金庫による告発者の懲戒解雇は無効とされた（宮崎信用金庫事件・福岡高判平成14・７・２労判833号48頁）。

(2) 公益通報者保護法の制定

2004年に公益通報者保護法が制定されている。同法は，公益通報者の保護を図るとともに，国民の生命，身体，財産その他の利益の保護にかかわる法令の規定の遵守を図り，もって国民生活の安定および社会経済の健全な発展に資することを目的とする（１条）。

公益通報者保護法は，公益通報をしたことを理由とする労働者の解雇，降格，減給などの不利益取扱いを禁止している。同法は，保護される告発対象を，刑事罰や刑事罰につながりうる法令違反行為に限定していた。また，要件については，公益通報の定義に内在する不正目的のないこと，通報対象事実についてのものに加えて，通報先によって，①労務提供先に対する通報，②行政機関に対する通報，③その他の外部に対する通報に分けて，規制している。

①については，「通報対象事実が生じ，又はまさに生じようとしていると思料する場合」であれば，客観的に**真実**でなくても，また，真実であると考えたことに相当な理由がある（**真実相当性**）とはいえない場合であっても，同法の保護の対象となる。②については，「**真実性，真実相当性**」が要求される。③については，「**真実性，真実相当性**」以外に，３条３号のイからホのいずれかであることが必要である（たとえば，「個人の生命又は身体に危害が発生し，又は発生する急迫した危険があると信ずるに足りる相当の理由がある場合」（ホ））。

これらの要件を満たした場合，公益通報者に対し行った解雇は無効とする（３条１項）。

通報の適切な対応につながる取組みの指針として，「各種ガイドライン」は，事業者や行政機関に向けて法律を踏まえて策定されている。このガイドラインには，民間事業者向けガイドライン，国の行政機関向けガイドライン，地方公共団体向けガイドラインがある。

公益通報者保護法は2020年に改正され，同年改正法が施行された。従来同法における通報者は労働者に限られていたのに対し，改正法により，通報者に，役員（調査是正の取組を前置した者に限られる），退職者（退職後１年以内の者）も含まれることとなった（２条１項等）。また，通報対象として，刑事罰のみでなく行政罰も保護の対象となった（２条３項）。さらに，通報に伴う損害賠償責任の免除も規定された（７条）。

また，事業者に対し，内部通報を適切に対処するために必要な体制の整備（窓口設定，調査，是正措置等）を義務づけ（11条），その実効性を確保するために，行政措置（助言・指導，勧告に従わない場合の公表）を導入した（15条・16条）。さらに，内部調査等に従事する者に対し，通報者を特定させる情報の守秘を義務づけた（12条・21条）。

公益通報者保護法上の保護の要件
① 労務提供先に対する通報：「通報対象事実が生じ，又はまさに生じようとしていると思料する場合」のみ
② 行政機関に対する通報：「真実性，真実相当性」
③ 外部に対する通報：「真実性，真実相当性」以外に，３条３号のイからホのいずれかであること

＜第12章の復習＞
1．懲戒権の根拠について，説明しなさい。
2．懲戒処分の有効性はどのように判断されるか。懲戒処分の有効性の判断枠組みを説明しなさい。
3．私鉄の労働者が他社の電車内で痴漢行為をなした。この労働者は，降職等の処分を受けた後ふたたび同様の行為を行った。所属する企業でも痴漢撲滅キャンペーンをしていた。こうした痴漢行為を理由とした懲戒処分は許されるであろうか。

〈コラム〉 長期雇用の変容と退職金制度

日本企業では，長期雇用の慣行の下で，退職金の支払いが行われてきた。長期にわたる労働の対価と功労への報償に対して企業が労働者に報いるものであった。他方で，労働者の非違行為があった場合には，懲戒処分として，企業は，功労報償的な性格を有する退職金につき，没収・減額を行ってきた。

しかし，正社員を念頭に置いた長期雇用の慣行とこれに対応した退職金制度も変化の兆しがある。転職市場が徐々に開かれつつあり，労働者は，企業を移り，転職する労働者が少なくない。長期勤続への対価と功労に報いる必要性が，企業には薄れてくる。

また，退職金制度自体も変貌を遂げている。平成30年就労条件総合調査によると，退職給付（一時金・年金）制度がある企業割合は，80.5%にとどまっている。大学生の就職活動にあたり，企業から「退職金なし」と説明を受ける大学生は多いときく。

さらに，非典型雇用の労働者が漸増傾向にあった。非典型雇用の労働者であっても，長期にわたって雇用されるケースが少なくない。それでも，企業は，非典型雇

用労働者に対して典型雇用労働者（いわゆる正社員）と同等の額の退職金を支払うことは，まれであった。近時，こうした相違が法的に許されるかどうかが，法的な争点となっている。

企業は，退職金の配分（とくに非典型雇用労働者に対して）あるいは退職金制度の存続自体を見直すべきかどうかについて，判断を迫られつつある。

第13章　労働契約の終了

はじめに

1970年代のオイルショック，1990年代からの「失われた15年」と呼ばれる平成不況，そして，2008年からのリーマンショック，それぞれの不況時には，会社都合による解雇，いわゆる整理解雇が行われた。そのつど，多くの労働者が外部労働市場へ退出を余儀なくされ，大量失業が生じてきた。

平成不況時には，会社によって生産性の上がらない社員に対し異動を命じ，単純労働を命じたり，あるいは，労働を与えなかったりして，退職を迫っていく，いわゆる「追い出し部屋」という手法もとられた。

また，近時，従業員と上司との間で一定期間の改善目標を設定し，その状況を定期的面談で検証する業務改善プログラムが用いられることがある。低成長時代にあって，会社の業績は低迷していないのに，会社が，業務の成績が上がらないとみなした社員を，業務改善計画により退職勧奨したり，解雇したりする例がある。

資本主義社会においては，企業は，コストを重視して社員を管理していかざるを得ない。しかし，上のようなあらゆる手段が労働法上適法とされるわけではない。

労働契約の終了事由には，解雇，辞職・退職，定年等による労働契約の終了等がある。使用者の一方的な意思表示により労働契約を終了させるのが解雇である。これに対して，労働者の意思により労働契約を終了させるのが辞職，さらに，使用者と労働者との間で合意により労働契約を終了させる合意解約がある。

1　解雇の自由と労基法上の解雇制限

(1)　解約の告知

民法627条によれば，当事者が雇用の期間を定めなかったときは，各当事者は，いつでも解約の申入れをすることができると規定されている。身分的な拘束関係の強い雇用契約では，使用者には，民法の雇用契約上，**解雇の自由**が保障されていた（ただし，労契法上の解雇権濫用法理によって制約を受けている）。

民法では，解約予告期間は14日を置く必要があると定めている（民法627条）。

これに対して，労基法は使用者のなす解雇につき30日前に予告しなければならないとしている。または平均賃金30日分の予告手当を支払うことを義務づけている（労基法20条）。労基法20条は，強行規定であり，民法の規定（解雇予告に関する規定）を修正強化している。

予告義務違反の効果として，解雇が無効となるか否かについては，かつて争いがあった。労基法20条は強行規定であり，予告義務違反の解雇は，無効であるという説がある（絶対的無効説）。これに対して，予告義務違反は罰則が適用されるのみであって（労基法119条），使用者が30日前に予告をしなくても，30日分以上の平均賃金を支払えばよい（労基法20条２項）のであるから，予告義務違反の解雇も有効であるという有効説も唱えられていた。さらに，使用者が解雇予告もせず予告手当も支払わなかった場合には，労働者が解雇無効確認請求と解雇有効を前提としての予告手当の請求とのいずれかを請求できるとの説もあった（選択権説）。

この問題について，判例は，予告期間も定めず予告手当の支払いもせずになした解雇の通知は，即時解雇としては効力を生じないが，使用者が即時解雇に固執する趣旨でないかぎり，通知後30日の期間を経過するか，または通知ののちに予告手当の支払いをしたときは，そのいずれかの時から解雇の効力が生じるとする（細谷服装事件・最判昭和35・３・11民集14巻３号403頁）。相対的無効説をとっている。

⑵　労基法上の解雇制限

さらに，労基法では，産前産後・業務災害に関する解雇制限規定を定めている（労基法19条）。第一に，業務上の傷病で休業している場合である。さらに，第二に，産前産後の休業中の女性労働者の場合である。これらの労働者が休業している期間および期間終了後30日間は解雇が禁止されている。

うつ病によって休職期間が満了しても職場復帰が困難で療養が続いている労働者に対する休職期間満了による解雇について，うつ病が業務に起因するものと認められ，使用者による解雇は労基法19条による解雇制限を受けるとされた（東芝事件・東京高判平成23・２・23労判1022号５頁）。

業務上の傷病により必要な療養の補償を受けた場合に（労基法75条），療養開始後３年経過しても治癒しない場合には，使用者は，平均賃金の1200日分の打切補償を行うことができる（労基法81条）。労基法81条による打切補償をした場合，および，天災事変その他やむを得ない事由のために事業の継続が不可能になった場合には，上記の解雇制限・禁止は，受けないことになる（労基法19条１項但書）。

それでは，労基法上の労災補償ではなく，かかる労災保険法上の療養補償給付を受け続けた場合は，どうなるであろうか。労災保険法上の療養補償給付を受け続けて，療養開始から３年を経過しても治癒しない労働者に対して，使用者が打切補償を行った場合，労基法上の補償と同様に，打切補償により，解雇制限・禁止を受けないことになるのかが問題になる。最高裁は，労災保険は「災害補償に代わる保険給付を行う制度であるということができ」るので，使用者が打切補償をした場合，業務上負傷・傷病を理由とした解雇制限・禁止は，かかる労災保険法上13条の療養補償給付の給付を受けた労働者にも，及ばないと判断している（学校法人専修大学事件・最判平成27・６・８民集69巻４号1047頁）。

⑶　解雇事由と証明書

賃金または退職証明書の交付義務　労働者が，退職した場合において，使用期間，業務の種類，その事業における地位，賃金または退職の事由について証明書を請求した場合は，使用者は，遅滞なくこれを交付しなければならない（労基法22条１項）。

また，労働者が，20条１項の解雇の予告がされた日から退職の日までの間において，当該解雇の理由について証明書を請求した場合においては，使用者は，遅滞なくこれを交付しなければならない（労基法22条２項本文）。

就業規則における解雇事由の列挙　通常は，就業規則によって解雇事由が列挙されている。2003年の労基法の改正により，解雇の事由を就業規則の絶対的必要記載事項として掲げている（労基法89条３号）。就業規則に解雇事由が定められている場合，解雇事由をそれに限定するものと解するのか（限定列挙説），例示にすぎないものと解するのか（例示列挙説）については争いがある。

2　解雇権濫用法理

⑴　解雇権濫用法理の形成

解雇権も，その行使にあたり，判例による制約を受けるようになる。

case　**高知放送事件・最判昭和52・１・31労判268号17頁**

〔事案の概要〕

Ｘは，Ｙ社の編成局報道部勤務のアナウンサーであったところ，昭和42年２月22日午後６時から翌23日午前10時までの間ファックス担当放送記者Ｃと宿直勤務に従事したが，23日午前６時20分頃まで仮眠していたため，同日午前６時から10分間放送されるべき定時ラジオニュースを全く放送することができなかった（以下「第一事故」という）。また，Ｘは同年３月７日から翌８日にかけて，前回と同様Dと宿直勤務に従事したが，寝過ごしたため，8日午前6時からの定時ラジオニュースを約5分間放送することができなかった（以下「第二事故」という）。

Yは，Xの前記行為が，就業規則15条3号の普通解雇事由にも該当するとして，YはXを普通解雇した。第1審と控訴審はXの請求を認容した。

〔判旨〕上告棄却

「普通解雇事由がある場合においても，使用者は常に解雇しうるものではなく，当該具体的な事情のもとにおいて，解雇に処することが著しく不合理であり，社会通念上相当なものとして是認することができないときには，当該解雇の意思表示は，解雇権の濫用として無効になるものというべきである」。

本件事故は，いずれもXの「寝過しという過失行為によって発生したものであつて，悪意ないし故意によるものではなく」，また，事故発生につきXのみを「責めるのは酷であること」，Xは，「第一事故については直ちに謝罪し，第二事故については起床後一刻も早くスタジオ入りすべく努力したこと」等を考えると，右の点を強く責めることはできないこと，Xは「これまで放送事故歴がなく，平素の勤務成績も別段悪くないこと，同じく寝過ごした第二事故のファックス担当者Dはけん責処分に処せられたにすぎないこと」，Yにおいては「従前放送事故を理由に解雇された事例はなかったこと，第二事故についても結局は自己の非を認めて謝罪の意を表明していること，等の事実があるというのであって」，このような事情において，Xに対し解雇をもってのぞむことは，「いささか苛酷にすぎ，合理性を欠くうらみなしとせず，必ずしも社会的に相当なものとして是認することはできない」。

昭和50年代の裁判例では，**解雇権濫用の法理**はほぼ確立していたとみられる（日本食塩製造事件・最判昭和50・4・25民集29巻4号456頁）。

⑵　解雇権濫用法理の法制化

その後の労基法の改正（旧18条の2）および労契法の制定により，「解雇は，客観的に合理的理由を欠き，社会通念上相当であると認められない場合は，その権利を濫用したものとして，無効とする」と定められている（労契法16条）。解雇権濫用法理が確立し，しかも立法された現在では，民法において100年以上前に創設されたといわれる解約の自由は，修正されたと理解すべきである。

解雇事由には，主に，経営を理由とした解雇（いわゆる整理解雇），能力・適性不足を理由とした解雇等に分類されると考えられる。

解雇について，上記のいずれかに属する**客観的合理的な理由**が認められなければ，解雇は解雇権を濫用したものとして無効となる。また，客観的合理的理由が認められる場合に，当該解雇が「社会通念上相当として是認することができない場合」には，解雇権を濫用したものとして無効となる。

以下では，順に，労契法16条に基づいて，いかなる場合に解雇が無効となるかをみていく。

3　解雇権濫用法理の具体的な内容

(1)　整理解雇

整理解雇とは，企業が経営上必要とされる人員削減のために行う解雇である。整理解雇は，①人員削減の必要性があること，②解雇回避努力義務が履践されていること，③人選基準に合理性があること，④労働組合または労働者に説明・協議していることが，必要とされる。

case　**東洋酸素事件・東京高判昭和54・10・29労民集30巻5号1002頁**

〔事案の概要〕

Y社（被告・控訴人）は，酸素，アルゴン等の製造販売を営む会社である。Xら13名（原告・被控訴人）は，Yのアセチレン部門で働く従業員である。Yのアセチレン部門は，業者間競争の激化，石油系溶断ガスの登場による市況の悪化等によって，赤字に転落，昭和44年下期には総額累積赤字が4億円を超えた。そこでYは，川崎工場アセチレン部門の閉鎖を決定し，昭和45年7月24日付けで，就業規則上の「やむを得ない事業の都合によるとき」との規定に基づき，Xらを含む同部門の従業員全員を解雇する旨の意思表示を行った。その際，Yは他部門への配転や希望退職者募集等の措置をとらなかった。また，Y社はA組合と協議を尽くさないまま短期間で同部門を閉鎖し解雇を実行した。Xらが地位保全仮処分等を申請したのに対し，1審は解雇を無効とし，原審も解雇回避措置が不十分である等として解雇無効と判断したため，Yが控訴。

〔判旨〕原判決取消し・Xらの申請却下

「我国における労働関係は終身雇用制が原則的なものとされており，労働者は，雇用関係が永続的かつ安定したものであることを前提として長期的な生活設計を樹てるのが通例であって，解雇は，労働者から生活の手段を奪い，あるいはその意思に反して従来より不利な労働条件による他企業への転職を余儀なくさせることがあるばかりでなく，その者の人生計画を狂わせる場合すら少なくない」。したがって，「解雇が労働者の生活に深刻な影響を及ぼすものであることにかんがみれば，企業運営上の必要性を理由とする使用者の解雇の自由も一定の制約を受ける」。

本件解雇が「就業規則にいう『やむを得ない事業の都合による』ものに該当するといえるか否か」は，労使の「具体的実情を総合して解雇に至るのもやむをえない客観的，合理的理由が存するか否かに帰する」。

「第1に，右事業部門を閉鎖することが企業の合理的運営上やむをえない必要に基づくもの」であること，「第2に，右事業部門に勤務する従業員を同一または遠隔でない他の事業場における他の事業部門の同一または類似職種に充当する余地がない場合，あるいは右配置転換を行ってもなお全企業的に見て剰員の発生が避けられない場合であって，解雇が特定事業部門の閉鎖を理由に使用者の恣意によってなされるものでないこと，第3に，具体的な解雇対象者の選定が客観的，合理的な基準に基づくものであること，以上の3個の要件を充足することを要し，特段の事情のない限り，それをもって足りる」。

「アセチレン部門の業績改善は困難であり，会社経営に深刻な影響を及ぼすおそれがあったから」，同部門の閉鎖は企業の運営上やむをえない必要があり，かつ合理的な措置であった。

配置転換の対象となるべき職種は，「現業職およびこれと類似の職種である特務職に限られるのが相当ということができる。ところが，他部門においては現業職および特務職は当時過員であり，近い将来欠員が生ずる見込はない状態にあった」。

全従業員について希望退職者を募集することは，「従業員に対する引抜きを誘発する」うえに，熟練従業員等がこれに応じた場合に，「作業能率の低下は避けられない」事情があったことから，希望退職者を募集すると会社経営上大きな障害が生じることを危惧したことには理由がある。

Ｙ社がＡ組合と協議を尽くさないまま短期間で同上部門を閉鎖し解雇を強行したことは，「いささか性急かつ強引であった感がないではない」が，「解雇問題につき組合と事前に協議すべき旨の労働協約等が存在しなかった」。「組合と十分な協議を尽くさないで同部門の閉鎖と従業員の解雇を実行したとしても」「労使間の信義則に反」しない。

この判決の前後では，**整理解雇**が有効となるためには，通常，①**人員削減の必要性**，②**解雇回避努力義務**，③**人選基準の合理性**，④**労働組合または労働者に対する説明・協議義務**，という4つの要件の充足が求められてきた（大村野上事件・長崎地大村支判昭和50・12・24判時813号98頁等多数）。前掲・東洋酸素事件では，協議の要素まで必ずしも必要とはされておらず，解雇は有効と判断されているが，特異な判断である。最近の裁判例では，４要素であり，諸要素を総合考慮すると解するものも少なくない。

この４要件ないし要素は以下のようなものである。

人員削減の必要性　裁判例における人員削減の必要性については，赤字の有無，売上げ，販売費・一般管理費の動向が問われる。より具体的には，整理解雇時に新規採用者がいるか否か（オクト事件・大阪地決平成13・７・27労経速1787号11頁等）が問われる。被解雇者以外に退職者を出す等人員の減少が生じているかどうか（イセキ開発工機事件・東京地判平成15・12・22労判870号28頁）も問われる。特定の従業員に対しその功績を理由として高額な賞与を支給している場合，解雇の必要性はないと判断されている（前掲・オクト事件）。つまり，退職者がほかにいたり，新規採用を止めていなかったり，高額な賞与を支払ったりしている場合には，人員削減の必要性がないというものである。

また，外資系企業の場合につき，裁判例の一部では，合理的な理由があり，当該労働者の当面の生活維持および再就職の便宜のために相応の配慮をしている場合（多額の特別退職金等の支給の約束，就職斡旋会社のサービスの提供），労働者の年収が高額であることに照らし，「相当な配慮」をしていると判断し，解雇を有効と解した例があるが（ナショナル・ウエストミンスター・銀行〔第三次仮処分〕事件・東京地決平成12・１・21労判782号23頁等），その後こうした判断は支持されていない。

解雇回避努力義務　配転・出向を解雇に先立って検討しない場合，解雇回避努力義務を怠ったと判断される（揖斐川工業運輸事件・横浜地川崎支決平成12・９・21労判801号64頁等）。また，役員報酬が減額・不支給とされているか否かも問われている（大申興業事件・横浜地判平成６・３・24労判664号71頁等）。

解雇回避努力として希望退職の募集が必要かどうかについては，人員整理がやむをえないということを説明し協力を求める努力を一切せず，かつ，希望退職者募集の措置を採ることもなく，行った解雇は，解雇権の濫用として無効であると判断されている（あさひ保育園事件・最判昭和58・10・27労判427号63頁，これに対して，前掲・東洋酸素事件では，希望退職募集により，引抜きを誘発し，熟練労働者が流出するおそれがあるなどの理由から，希望退職募集を行わないまま整理解雇することも有効であると判断している点で，最高裁の判例とは異なっている）。

人選基準の合理性　わが国の整理解雇の人選に関しては，人選基準の客観性，合理性が必要とされる。

年齢基準について，将来にわたる企業への貢献度がない等の理由から，合理性を肯定した裁判例（最近では，日本航空事件・東京高判平成26・６・３労経速2221号

３頁等）がある。EU法やアメリカ法では，年齢差別が禁止されているが，労働者の人格権ないし利益を保護すべき要請等を考慮すると，特定年齢以上の者のみを対象とする整理解雇の人選基準の合理性には疑いもある。

他方，傷病基準（私傷病による欠勤および休職日数が一定日数以上に及んだ者を整理解雇の対象とする旨の基準）について，前掲・日本航空事件（客室乗務員）等では，将来にわたる企業への貢献度がない等の理由から，同基準の合理性を肯定している。

勤務態度不良者については，人選基準の合理性が認められやすい（たとえば，高島屋工作所事件・大坂地判平成11・１・29労判765号68頁。この事件では，協調性の欠如，著しく低い勤務成績等が問題とされた）。

労働組合または労働者に対する説明・協議義務　組合に対する説明，協議がない場合も解雇は無効と解されることがある（九州日誠電氣事件・熊本地判平成16・４・15労判878号74頁，前掲・イセキ開発工機事件）。労働組合がない場合の労働者への説明，協議がない場合も同様であると解し得る。

⑵　能力・適性不足を理由とした解雇

長期雇用システム下では，正社員は定年まで勤務を続けていくことを前提として雇用されたため，勤務成績・勤務態度の不良を理由として労働契約の存続中に解雇するというのは，原則的に考えられることではなかった。しかし，能力主義・成果主義雇用管理が進行するにつれて，能力・適性がないことを理由とした解雇が増えつつある。とくに，中途採用の労働者について，短期的な成果を求められることが少なくない。さらに，限定正社員と呼ばれる雇用では，契約で求められる能力・適性が認められない場合，解雇が問われていくことになるであろう。能力・適性不足を理由とした解雇の場合，裁判例では次のようなことが求められている。

case　**セガ・エンタープライゼス事件・東京地決平成11・10・15労判770号34頁**

〔事案の概要〕

Ｙ社は，業務用娯楽機械・家庭用ゲーム機器の製造販売を業とする株式会社である。Ｘは，大学院修了後，平成２年４月，Ｙと期限の定めのない雇用契約を締結し，人事部採用課に配属された。そののち，ソフト設計課，平成９年８月１日からCS品質保証部ソフト検査課等に配属された。Ｘは，CS品質保証部ソフト検査課に勤務していたが，Ｙから，平成10年12月10日付けで，パソナルーム勤務を命じられ，平成11年１月26日付けで，同年３月末日をもって退職するよう勧告を受けた。ＸがＹからの退職勧告を拒否したところ，Ｙは，Ｘに対し，同年２月18日付け書面で，就業規則19条１項２号「労働能率が劣り，向上の見込みがない」に該当するとして，同年３月31日をもって解雇する旨の意思表示をした。Ｙでは過去１年間の人事考課の平均が３点台の従業員は「ぶら下がり」と称され，Ｙでのパソナルーム勤務および本件解雇に関して，Ｙは，組合分会との交渉の中で，過去１年間の人事考課の平均が３点であることや協調性がないことなどを理由として述べた。Ｘは，平成10年の債権者の３回の人事考課の結果は，それぞれ３，３，２で，いずれも下位10パーセント未満の考課順位であり，Ｘのように平均が３であった従業員は，約3500名の従業員のうち200名であった。

Ｘは Ｙに対して従業員としての地位保全および賃金の仮払いを求めた。

〔**判旨**〕申立一部認容

人事考課については，Ｙ内で各従業員へのフィードバックが指示されているにもかかわらず，具体的にどのような方法によって行われていたのか判然としなかった。「人事考課の結果やその理由について，上司から説明されたことはない」。「人事考課は，役員を除く全従業員を対象に行われ，多岐にわたる項目について，複数の考課者によって行われた結果を調整する方式になっており」，考課項目には抽象的なものもあり，主観の入り込む余地が全くないとはいえないとしても，相当程度に客観性は保たれているというべきであるし，とくにＸについて恣意的な査定が行われたことを窺わせるような事情もない。

「就業規則19条１項各号に規定する解雇事由をみると，『精神または身体の障害により業務に堪えないとき』，『会社の経営上やむを得ない事由があるとき』など極めて限定的な場合に限られており，そのことからすれば，２号についても，右の事由に匹敵するような場合に限って解雇が有効となると解するのが相当であり，２号に該当するといえるためには，平均的な水準に達していないというだけでは不十分であり，著しく労働能率が劣り，しかも向上の見込みがないときでなければならないというべきである」。

Ｘについて，検討するに，「平均的な水準に達しているとはいえないし，Ｙの従業員の中で下位10パーセント未満の考課順位ではある。しかし，すでに述べたように右人事考課は，相対評価であって，絶対評価ではないことからすると，そのことから直ちに労働能率が著しく劣り，向上の見込みがないとまでいうことはできない」。

したがって，本件解雇は，権利の濫用に該当し，無効である。

適性・能力を理由とした解雇の場合，①契約締結時に期待された能力が欠けていること，（あるいは，企業経営や運営に現に支障・損害を生じまたは重大な損害を生じるおそれがあること）を要し，かつ，②改善されないこと，あるいは，改善の見込みがないことの２要素が解雇の有効性の判断要素として挙げられる裁判例が多い（エース損害保険事件・東京地決平成13・８・10労判820号74頁。前掲・セガ・エンタープライゼス事件でも，②の要素まで必要としている）。

近時，従業員と上司との間で一定期間の改善目標を設定し，その状況を定期的面談で検証する業務改善プログラム（たとえば，PIP）が用いられることがある。業務改善プログラムを通じて，業務の成績があがらない社員とみなされた社員を退職勧奨したり，解雇したりする例がある。PIP等において具体的な数値によって設定された課題をほぼ達成しているうえ，客観的に認められる労働者に求められている職務能力に照らして，職務能力の低下が，労働契約を継続することができないほどに重大であるとはいえず，解雇は無効であると判断した裁判例がある（ブルームバーグ・エル・ピー事件・東京高判平成25・４・24労判1074号75頁）。業務改善プログラムの成績が芳しくないことを理由に退職・解雇しようとするものであるが，業務改善プログラムは，当該労働者の業務と関わり合いがうすいことも多い。同プログラム上の成績が低くても，「解雇の理由に足りる業績不良がある」わけではなく，仮に業績不良があったとしても，「降格，一定期間内にさらなる業務改善の機会の付与などの手段を講じることなく行われた」解雇は，無効である（日本IBM事件・東京地判平成28・３・28労判1142号40頁）。

4　解雇無効の意味

(1)　解雇無効（あるいは違法）

権利濫用となる解雇は，無効となる（労契法16条）。

また，合理的理由なく解雇された労働者が解雇無効の判決を得て職場復帰する場合には，無効判決を得るまでの賃金は，労働契約が存続していたものとして，労働契約または民法536条２項に基づいて，支払うべきものとされる。

さらに，権利濫用にあたる解雇が，不法行為となるかどうかは，故意・過失，損害の発生，因果関係など，不法行為の成立要件を吟味したうえで，判断すべきである。労働者が地位確認・賃金請求に代えて不法行為による損害賠償請求を請求した場合において，逸失利益として一定期間の賃金相当額を認めるべきかどうかについては，裁判例でも異なった判断が示されている（認めた例には，Ｓ社〔派遣添乗員〕事件・東京地判平成19・１・25労判890号42頁等，認めなかった例には，吉村・吉村商会事件・東京地判平成４・９・28労判617号31頁）。なお，こうした不法行為の請求をしなくても，労働審判における調停と審判を通じて，解雇の際の迅速な金銭解決が可能になっている。

⑵　解雇期間中の中間収入

解雇期間中の賃金について，労働者が解雇されてから解雇無効判決を得るまでの期間に他の企業で働いて収入を得ていた場合に，その収入（中間収入）を労働者に遡って支払うべき賃金から控除すべきかが，問題になる（民法536条２項後段）。判例は，債務を免れたことにより得た利益としてこれを使用者に償還すべきだが，解雇期間について労基法26条に基づいて平均賃金の６割以上の休業手当は保障されているから，解雇期間中の賃金のうち平均賃金の６割までの部分は，償還の対象とならないとしている（米軍山田部隊事件・最判昭和37・７・20民集16巻８号1656頁，あけぼのタクシー事件・最判昭62・４・２労判506号20頁）。一時金は，中間収入の発生した期間と時期的に対応している場合にのみ控除の対象となる（前掲・あけぼのタクシー事件）。

5　変更解約告知

変更解約告知とは，労働条件の変更ないし新たな労働条件での新労働契約締結の申込みを伴った，労働契約の解約告知（解雇の意思表示）である。

労働者を退職させ，新しい労働条件による新契約の申込みに応じた者を採用する旨の使用者の提案に対して，退職に応じなかったため，解雇された労働者について，裁判所は，労働条件変更の必要性，労働者の被る不利益の程度および解雇回避努力義務の十分性等を考慮して，当該解雇を有効とした（スカンジナビア航空事件・東京地決平成７・４・13労判675号13頁）。同事件において，裁判所は，労働条件の変更に応じなかったことを理由とする解雇の有効性について，整理解雇法理と労働条件の不利益変更法理を融合した判断枠組みを提示した。

これに対して，変更解約告知について，わが国には法律上の規定はなく，労働条件の変更に応じないことを理由として行われた解雇の有効性は，通常の整理解雇として，整理解雇の４要件に照らして判断されるべきであると説示した裁判例もある（大阪労働衛生センター第一病院事件・大阪地判平成10・８・31労判751号38頁）。

〔発展〕異議留保付き承諾について

前掲・スカンジナビア航空事件を契機に，ドイツ解雇制限法（ドイツでは，立法により異議留保付き承諾が認められている）と同様の留保付き承諾が問題になった。使用者の提示した条件に対して，労働者が異議を留保したままいったん承諾したうえで，留保した部分については（変更の相当性については）事後的に裁判所で争うというものである。

（日本の）民法528条では，「承諾者が，申込みに条件を付し，その他変更を加えてこれを承諾したときは，その申込みの拒絶とともに新たな申込みをしたものとみなす」と規定している。つまり，契約申込みに対する条件付き承諾を申込みの拒絶とみなすというものである。そこで，条件付き承諾を新たな申込みとみなすというものである。

そのため，使用者が労働者による新たな申込みを拒否すると，労働契約が終了してしまうという問題があった。

そこで，「民法528条を修正的に解釈」し，労働者の留保付き承諾に対する「使用者の信義則上の応諾義務」があるという説がある（土田道夫『労働契約法（第２版)』604頁（有斐閣・2016年))。

民法528条を適用できないと唱える立場がある。そこで，労働者が，使用者の変更提案に応じて就労するのであるから，それは使用者にとっては不都合が生じるものではなく，労働者による「留保付きの変更提案承諾を解約告知の解除条件たる承諾」と解しうる，とする説も唱えられている（荒木尚志『労働法（第４版)』440頁以下（有斐閣・2020年))。使用者の変更提案を労働者が留保付きで承諾することを暫定的に認め，労働条件の変更に合理性がないことを解除条件とする労働者の承諾を認めるというものである。

しかし，就業規則や労働契約における労働条件の変更にあたって，労働者の同意をとる人事実務が広まりつつある。これに対して，自由な意思に基づいてされたと認められる合理的な理由が客観的に存在するか否かを問う判例が定着しつつある(前掲・山梨県民信用組合事件など)。こうした実務が定着していくと，一方的に労働条件を変更し，これに応じることを要請していく，変更解約告知という手段の必要性は後退していく可能性がある。

6　辞職と合意解約

(1)　辞職と退職の区別

辞職とは，期間の定めのない労働契約を労働者の一方的な意思表示たる解約告知（民法627条）によって終了させることである。これに対して，**合意解約**とは相手方である使用者との合意に基づく労働契約の終了のことである。

労働者には，辞職の自由がある（民法627条)。

合意解約の場合，使用者の承諾があってはじめて解約の効果が生じるので，合意解約の申込みたる退職願は，使用者の承諾の意思表示がなされるまでの間は，撤回できる（大隈鐵工所事件・最判昭和62・９・18労判504号６頁）。この事件では，人事部長が単独でこれを決定し得ることになっている場合，部長の退職願の受理により，承諾の意思表示があったものとし，合意解約が成立したものと解している。

辞職であるか，合意解約であるかは，当事者の言動や経過等によって判断される。１ヵ月にわたって，念入りに考慮して決定しており，意図した退職日に確実に退職しようとの確固たる意思をもって意思表示を行った場合，辞職であると解されている（ジャレコ事件・東京地判平成９・６・20労判720号24頁）。労働者の態度が退職日時を指定して，「なりふり構わず退職するという強引な態度」である場合には，それは辞職の意思表示であると認められている（田辺鉄工所事件・大阪地決昭和45・３・６労経速879号22頁）。

⑵　退職勧奨

合意解約ないし辞職としての退職を勧奨する，いわゆる**退職勧奨**が，次のように，行き過ぎた場合には，損害賠償の対象となっている。また，退職勧奨を受けた場合，当該企業に現職復帰したいと考えない労働者も多く，金銭解決が法的な争点の中心となる。

case　**下関商業高校事件・最判昭和55・７・10労判345号20頁**

〔事案の概要〕

市教育委員会は，高齢者を対象として退職勧奨を実施してきた。市の商業高校の教諭であってX_1およびX_2も，昭和40年，41年に毎年退職勧奨を受けてきたが，いずれもこれに応じなかった。

昭和44年度末には，同教育委員会は，右両名に対し次のような退職勧奨を行った。すなわち昭和45年２月26日校長による勧奨の後，X_1に対しては３月12日から５月27日までの間に11回，X_2に対しては３月12日から７月14日までの間に13回，それぞれに対し教委に出頭を命じ，６名の勧奨担当者が１人ないし４人で１回につき短いときでも20分，長いときには２時間15分にわたって，「あなたは生まれるのが少し早すぎた。やめたくなければ，もう少し遅く生れてくればよかった。」「あなたがやめれば欠員の補充もできるし，学校設備の充実もできる。あなたがやめれば，すべてが円満に解決する。」旨発言した。また，宿直廃止，欠員補充などの組合要求にも両名が退職しない限り応じないとの態度を示したり，研究レポートの提出を求めたり，市教委への配転を示唆したりなどした。X_1らは，本件退職勧奨によって精神的損害を受けたとして，Y，教育長および教育次長兼学校教育課長に対し国家賠償法１条に基づき各々50万円の損害賠償を請求した。

〔**判旨**〕１審は次のように判断し，控訴審はこれをほぼ支持し，上告審においても国の上告を棄却

「退職勧奨のための職務命令は，被用者としてはこれを拒否することは事実上困難であり，とくにこのような職務命令が繰り返しなされる時には，被用者に不当な圧迫を加えるおそれがあることを考慮すると，かかる職務命令を発すること自体，職務関係を利用した不当な退職勧奨として違法性を帯びるものと言うべきである。勧奨の回数および期間については，いたずらに被勧奨者の不安感を増し，不当に退職を強要する結果となる可能性が強く，違法性の判断の重要な要素と考えられる。さらに退職勧奨は，被勧奨者の名誉感情を害することのないよう十分な配慮がなされるべきであり，被勧奨者に精神的苦痛を与えるなど自由な意思決定を妨げるような言動が許されないことは言うまでもないことである。」

「本件では，退職勧奨の回数，時間については，許される退職勧奨の限界を超えているというべきであり，X_1らが退職するまでは勧奨を続ける旨の発言を繰り返し述べており，このことによって，X_1らに際限なく勧奨が続くのではないかとの不安感を与え，心理的圧迫を加えたものである。よって，本件退職勧奨は，その本来の目的である被勧奨者の自発的な退職意思の形成を慫慂する限度を越え，心理的圧力を加えて退職を強要したものと認めるのが相当であり，市はX_1らに対し国家賠償法第１条第１項により，右のごとき違法な退職勧奨によってX_1らが受けた損害を賠償すべき義務がある。」

裁判所は，国に対し，X_1に対して４万円，X_2に対して５万円の賠償を命じた。

退職勧奨を11回ないし13回と執拗に繰り返し，名誉を棄損するような発言を繰り返し，任意の意思決定や名誉感情を害した場合には，不法行為となりうる（前掲・下関商業高校事件）。

うつ病によって体調が悪化した労働者に対して，約１時間に及ぶ２回目の面談，さらに約２時間に及ぶ３回目の面談において，労働者が，自分から辞めるとは言いたくないと述べ，退職勧奨に応じない姿勢を示しているにもかかわらず，会社が繰り返し退職勧奨を行ったことは，退職に関する労働者の自由な意思形成を促す行為として許容される限度を逸脱していると判断された（エム・シー・アンド・ピー事件・京都地判平成26・２・27労判1092号６頁）。うじ虫，寄生虫と机をたたいて怒号，自宅にまで訪ねて退職勧奨を行った場合には，不法行為となる（エールフランス事件・千葉地判平成６・１・26労判647号11頁）。

退職強要を受けたこれらの労働者の救済は，損害賠償（慰謝料等）にとどまる。労働者の心情からすれば，退職強要を受けた職場に戻りたくなく，金銭の補償だけでよいということもありうる。しかし，復職を求める労働者もいる。復職を求める労働者にとっては，労働者本人がいったんは同意してしまい，退職に応じてしまったようにみえることが問題になる。その際，裁判において私法上は「同意は同意と割り切る」のが，法的な解釈として適切なのかという問題は残っている。退職の意思表示の有無が問題になる際には，労働者の「自由な意思表示に基づくものであると認めるに足りる合理的な理由が客観的に存在する」（山梨県民信用組合事件・最判平成28・2・19民集70巻2号123頁）かどうかを問うことで，退職の意思表示をめぐる経過と説明から，その真意を探るのが望ましく，これによって，合意を不成立にする余地はあるといえる。

7　疾病を理由とした退職

わが国の労使関係においては，労働者の疾病などにより労務に従事できないときは，解雇までの間労働者との労働契約関係を維持しながら当該労働者の労働の提供を免除または禁止する休職制度を多くの企業が有している。長期雇用システムにおいて，休職制度は，解雇を一定期間猶予し，心身の回復を図ることを許容するための制度となっている。この場合，休職期間満了時に，労働能力が回復しない場合，解雇できるかが法律上争点になる。とくに，就業規則において，「治癒」しない場合には，労働者を退職とする扱いを行うことが少なくないことから，「治癒」の解釈が主に問題になった。

case　東海旅客鉄道（退職）事件・大阪地判平成11・10・4労判771号25頁

〔事案の概要〕

Xは，昭和41年4月1日，国鉄に準職員として採用され，同年10月1日付けで職員となり，昭和60年3月18日，新幹線エンジニアリング株式会社へ派遣となり，昭和62年4月1日，国鉄の民営化により発足したY社に採用されてその社員となった。Xは，平成6年6月15日，交番検査上回り（客室内）作業中，列車の座席に座り込み，救急車で病院に運ばれ，脳内出血と診断され入院した。その後欠勤となり，同年11月30日付けの精密診断書をYに提出した。Yはこれに基づく判定委員会の要治療との判定を受けて，同年12月13日付けで病気休職を命じた。休職期間は平成7年6月12日までとされた。

その後，休職期間の終了が近づくごとにXから精密診断書が提出され，そのつど判定委員会が開催され，その判定結果に基づいて病気休職期間の更新が行われた。

平成９年８月６日，ＸとＸの妻は職場を訪れ，所長と面会し，現在の症状や早期に職場復帰したい旨を伝えた。Ｘは，平成９年10月21日付けの精密診断書を提出し，右診断書には，「軽作業なら行えるが右手の巧緻障害は認められる」，安静度の欄は「特別な規制はない」等とされていた。Ｙはこれに基づいて同年11月20日判定委員会を開催し，同委員会は，前回の４月25日付け精密診断書とほとんど変化がないため「治療継続６ヶ月自宅安静が必要（加療）」と判定した。Ｙは，この結果を受けて，同月27日に，休職期間が３年を超え，なお復職できないと判断し，同年12月13日をもって，Ｘを退職とすることを決定した。Ｘが，Ｙに対し，従業員としての地位確認ならびに未払い賃金の支払いなどを求めたのが本件である。

〔判旨〕認容

「Ｘが休職期間中に復職ができないとしたＹの判断は，右誤った本件判定委員会の判断に基づくものであること，前述のとおり当時のＸの状態からして客観的には少なくとも工具室勤務は可能な状態であったこと，前述のとおり，Ａ所長らが，Ｈ医師からＸの症状が固定し，軽作業等可能であるとの判断も聞き，また右のようなＸの状態をみているにもかかわらず，判定委員会の結論が出る以前において，復職させる場所がないとの判断を先行させていることに照らし，その判断に誤りがあるものといわざるを得ない」。

かつては，裁判所は，軽易な業務に就かせなくても休職終了時に原職での労働能力を十分有しているかどうかのみを問う裁判例が有力であった（たとえば，アロマ・カラー事件・東京地決昭和54・３・27労経速1010号25頁）。原職復帰が必要であるというものである。

しかし，現在は，退職の有効性を審査するために，使用者が配置転換により軽易な業務に就かせれば，労働者が十分労働能力を有しているかを問うものがある（前掲・東海旅客鉄道〔退職〕事件）。この場合，原職復帰は必要とされない（さらに，精神的な疾患を有する労働者の退職の有効性を争う訴訟は多く，この法的問題については，224頁〈コラム〉参照）。

8　労働契約終了後の競業避止義務と守秘義務

(1)　労働契約上の守秘義務

在職中は，労働契約上，労働者には守秘義務があると解されている（古河鉱業事件・東京高判昭和55・２・18労民集31巻１号49頁，メルリリンチ・インベストメント・マネージャーズ事件・東京地判平成15・9・17労判858号57頁など)。労働契約上の根拠としては，信義則（前掲・古河鉱業事件），誠実義務（美濃窯業事件・名古屋地判昭和61・9・29判時1224号66頁）による。

退職後については争いがあり，就業規則によって退職後労働者が守秘義務を負うとする裁判例がある（アイメックス事件・東京地判平成17・9・27労判909号56頁)。

守秘義務違反の効果には，使用者は労働者に対して損害賠償（エープライ事件・東京地判平成15・4・25労判853号22頁）を請求しうる。また，使用者は，労働者を懲戒解雇（前掲・古河鉱業事件）しうる。

(2) 競業避止義務

競業避止義務とは，使用者の事業と競業する業務を行わない義務をいう。

労働者には退職の自由，転職の自由がある。競業を制限するとなると，これらの自由が制限されるうえに，生計を立てることも困難になる。他方，使用者の営業の自由とも衝突するので，双方の自由の調整が必要となる。そこで，競業避止義務が認められるためには，就業規則上の規定が必要である（その内容が合理的であることが必要である)。同義務を定める特約に公序良俗違反（無効）の有無が問われる（東京リーガルマインド事件・東京地決平成7・10・16労判690号75頁参照)。

不正競争防止法上の「営業秘密」を開示・行使した場合には，同法の規制を受ける。これと並んで，信義則上の**付随義務**として，競業避止義務を有するという立場がある。

競業避止義務違反が争われた行為には，①競業他社への入社（前掲・東京リーガルマインド事件，前掲・アイメックス事件ほか多数)，②他社の設立・準備行為などがある。

競業避止義務を課す条項の有効性は，①禁止の必要性・目的，②制限の地域的・場所的な制限，③代償措置の支払い（フォセコ・ジャパン・リミテッド事件・奈良地判昭和45・10・23判時624号78頁)，④在職中の地位（山田電機事件・東京地判平成19・4・24労判942号39頁）により判断される。代償措置として，退職金とは別に支払いを要するかは，判断が分かれている。代償の支払いを必要とする例（たとえば，前掲・フォセコ・ジャパン・リミテッド事件，前掲・アイメックス事件，ニッシンコーポレーション事件・大阪地判平成10・12・22知的財産権関係民事・行政裁判例集30巻4号1000頁など)，代償の支払いが不十分でもよいとする例（前掲・山田電機事件）がある。

競業避止義務違反に対しては，差止請求（前掲・フォセコ・ジャパン・リミテッド事件，前掲・東京リーガルマインド事件)，損害賠償請求（協立物産事件・東京地判平成11・5・28判時1727号108頁ほか），退職金の減額・不支給（三晃社事件・最判昭和52・8・9労経速958号25頁，前掲・山田電機事件）が問題になる。

⑶　労働者の引抜き行為

労働者の引抜きについては，引抜き行為の態様が，計画的かつ極めて背信的であったもので，社会的に認められない背信的な引抜き行為である場合には，部下を引き抜いた者とこれを勧誘した別社は，引き抜かれた会社が被った損害を賠償する責任を負う（ラクソン等事件・東京地判平成3・2・25労判588号74頁）。

＜第13章の復習＞

1．民法と労基法，労契法上の解雇（ないし解約告知）に関する規制はどのように異なっているか，説明しなさい。

2．整理解雇の4要件とはいかなるものか，説明しなさい。

3．Y社は，A社の注文を受けてメリヤス肌着等を製造し，これをA社が買い取るという形で営業を続けてきた。ところが，繊維業界の不況を理由としてA社からの注文が減少し，次々と減産の指示をされるに至った。これに伴い，Y社の経営は悪化し，2年連続赤字に転じた。

　このため，Y社においては，具体的な検討をしないまま，主として工場長の意向によって指名解雇をすることに決定し，朝礼において解雇を全員に通知した。整理基準については，1　出勤状況，2　作業能力，3　協調性，4　無届けアルバイト，5　共稼ぎ（同一家庭内で本人以外に収入のある者がいるかどうか）等の項目によるよう工場長が指示し，こうして作成された解雇予定者のリストをもとに，29名の指名解雇を実施することに決定した。配置転換，親会社への出向や一時帰休，あるいは希望退職者の募集等は検討しなかった。解雇後，Yでは，30名をこえる任意退職者があり（それらは事前にある程度の予測が可能なはずである），かえって人手不足となってその後少なくとも4名以上の者を新規採用し，さらに現在8名の求人募集をしている。こうした整理解雇は有効か。

4．疾病による休職が長く継続する場合，いかなる場合に，労働者は，解雇・退職させられるか。

5．使用者による労働者に対する退職勧奨が，どのような場合に，不法行為の損害賠償請求の対象となるか。

6．Xは，Y社を3月31日付けで解雇された。XのY社における月給（平均賃金算定の基礎となる賃金）は30万円であった。Xは，すぐに解雇無効確認を求める訴訟を提起したが，当面の生活費を得るためにA社でアルバイトをし，４月と５月にそれぞれ10万円ずつ，６月と７月に20万円ずつ計60万円を稼いだ。その後，11月30日に判決が出され，解雇無効が確認されたので，Xは12月１日からY社に復帰した。解雇訴訟中の賃金について，Xは，Y社に対し，いくら請求することができるか。

〈コラム〉 障害者雇用促進法と疾病を理由とした解雇

障害者雇用促進法が改正，施行されたため，解雇法理も変容を余儀なくされる。事業主は，障害者である労働者について，障害者でない労働者との均等な待遇の確保または障害者である労働者の有する能力の有効な発揮の支障となっている事情を改善するため，その雇用する障害者である労働者の障害の特性に配慮した職務の円滑な遂行に必要な施設の整備，援助を行う者の配置その他の必要な措置を講じなければならない（同法36条の３）。

このような配慮（「合理的配慮」と呼ばれる）があれば健常者とほぼ同様の雇用が可能であるのに，そのような配慮がなければ，一般就労（企業等での雇用）において，雇用が著しく困難になってしまうので，健常者との平等を図るため，障害者雇用における配慮が求められている。精神障害にあっては，こうした配慮を行う義務のためには，障害者手帳の所持が求められていないので，たとえば，うつ病に罹患していれば，こうした配慮が求められるものと思われる。

アスペルガー症候群の労働者のためにジョブコーチ等の支援を含め，具体的方策を検討した形跡すらなく，必要な適格性を欠くと評価できない大学教員を解雇することは，労契法16条に照らして認められない（O大学事件・京都地判平成28・３・29労判1146号65頁）。

さらに，身体に相当な不自由があり，文字を書くことに相当な困難がある者を採用している以上，総務部門で，パソコン使用を柔軟に認め，これを伝言用ノートに代替させるなどの相応な配慮を施すべきであり，周囲にストレスを与えた等の会社主張の事情が解雇の客観的に合理的な理由になるとは解されない（三益興業事件・東京地判平成28・５・18判例集未掲載）。

〈コラム〉　解雇の金銭解決（補償金）制度

解雇の金銭解決（補償金）制度の規定が必要であるという見解が有力に主張されている。

その理由は，主に次のようなものである。①解雇権濫用法理のもとで，解雇が有効になるかどうかは裁判において初めて明らかになる。このため，使用者は解雇をなし得るかどうかを事前に予測することが困難であるため，この意味では，事実上使用者による解雇は不可能に近い（エコノミストからは，解雇規制は岩盤規制ともいいうる厳格な規制となっていると説かれる）。②リストラにあたり，使用者が希望退職募集ののち，整理解雇まで行い，場合によってはその解雇の有効性を争ってまで人員削減を実行せざるをえないというのでは，時間がかかりすぎる。労働者も仮に解雇されても，補償金を得て，早く別の会社に就職できた方がよいはずである。より迅速な解決が求められるし，そのようにして労働力を流動化させた方がよい，というものである。さらに，③解雇された者のなかには，解雇無効判決を勝ち取ってまで，自分を解雇した職場に戻りたいとは思わない者も多いので，解雇の金銭解決（補償金）を得ることにより，より早く解決した方がよい。

これに対して，解雇の金銭解決（補償金）制度の創設には反対も根強い。その理由には次のようなものが挙げられる。

①に対しては，裁判例の積み重ねにより当該解雇が有効かどうかは一定程度明らかになるはずであるし，（解雇規制は岩盤規制であるというが）現行法制においては，解雇がなしえないということでもないという反論が可能である。②に対しては，リストラの手続の迅速性という利益より，労働契約の存続を図るという法益の方が重要であるとの批判があり得る。また，リストラにあたって，整理解雇まで実行する使用者は実際上はまれであり，リストラの手続の迅速性を図るため解雇規制の緩和を議論する実益は乏しい。むしろ，希望退職によって，多くの企業は迅速なリストラを実現しているといいうる。③に対しては，解雇の金銭解決（補償金）を得たい労働者もいるが，解雇の無効判決を得て現職復帰したい労働者も（わずかとはいえ）存在すると説かれる。

解雇法制は，労働契約の存続を図るものである。金銭解決（補償金）制度が新たにつくられれば，お金で解雇を買えることになり，解雇を促進しすぎてしまうのではという危惧もある。また，解雇の金銭解決（補償金）の制度が必要であるというが，労働審判や和解において，解雇にあたっての金銭解決（補償）は，すでに図られているとも言いうる。他方で，この問題は，労使関係全体，個別労働紛争解決システムにも関わる問題でもあり，拙速な議論は避けられなければならない。

第14章 労働組合と不当労働行為

はじめに

労働組合とは，労働者が主体となって，自主的に労働条件の維持改善等を図る目的で組織する団体である（労組法２条）。労働組合に対する国際的なスタンスをみると，産業革命後の資本主義の黎明期には，社会の崩壊を防止するため禁圧されていた。しかし，19世紀後半には国家は介入しないという放任主義へと変化し，20世紀になるとアメリカのワグナー法に代表されるように，むしろ一定の法的保護を与える（法認）ように変化してきた（➡日本の労働法の歴史については，**第１章２**）。

日本の憲法28条は，労働者の団結権，団体交渉権，団体行動権（労働三権）を保障する。たとえば労働組合の結成を禁止・制限する立法は違憲となり得るし（自由権的効果），私人間においても，労働組合の結成・加入，組合活動や争議行為を制限すること（労組の結成を理由に懲戒処分や解雇するなど）は，公序や信義則，権利濫用等の一般条項を介して違法・無効となり得る。

労組法の主な規制として，労働組合の定義などに関する規定（２条，３条，５条），刑事免責（１条２項），不当労働行為の禁止（７条），民事免責（８条），労働協約の効力発生要件と規範的効力（14条，16条）などがある。また，労組法とは別に，労働関係調整法では大規模なストライキ時の調整などが規定される。本章では，労働組合の役割，憲法28条や労組法上の規制の概要，不当労働行為制度について扱う。

1　労働組合の役割と現状

(1)　労働組合の機能

労働者と使用者との間には人的・経済的な従属性があり，労働者は交渉上弱い立場にあることが多い。そこで憲法は労働条件の最低基準を法律で定めることを求めつつ（27条２項），それを上回る部分については，労働組合による団体交渉等を通じた労使自治により自主的に改善することを目指している（28条）。ひとりでは交渉力の弱い労働者も，多数が集まり，団体交渉やストライキ（労務の不提供）を通じて使用者と対峙し得るというわけである。

このように，憲法や労組法が労働組合に期待するのは，団体交渉を通じて労働条件を集団的に改善していくことである。労働組合と使用者との団体交渉の結果としての合意には，両当事者間での契約としての効力（債務的効力）が生じる。加えてこの合意が労働協約として書面化され，両当事者の記名押印があれば，合意の直接の当事者ではない組合員（労働者）の労働契約の内容を直接に規律することとなる（**規範的効力**。労組法14条・16条。➡**第15章2⑴**）。団交事項は，たとえば法令に違反している場合の是正や，法令の水準を上回る交渉，組合員個人の問題（実質個別紛争）まで多岐にわたる。

さらに，日本の労働組合の大多数を占める企業別に組織される労働組合では，こうした団体交渉（敵対的な側面）だけでなく，従業員を代表し，使用者のパートナーとして，より柔軟な労使協議を通じて労使関係を安定させつつ人事制度の設計に関与することも多い（協調的な側面）。労働組合は，個々の契約や労働条件だけでなく，企業そのもの（システム）を変えることができるほか，企業の経営が適切になるよう監視する役割を果たすこともある。

⑵　労働組合をとりまく状況

現在，労働組合の組織率は17％程度（組合員数は1000万人，うち非典型雇用が130万人程度）であるが，労働者数が1000人超の企業では42％である一方，99人以下の企業では１％にとどまるなど企業規模により偏在がある（人数比では組合員の65％は1000人超の企業で組織化）。

労働組合の組織形態をみると，企業別の組合が主流で（労組の93％），個別企業の枠を超え産業別で組織化されることが通常の諸外国とは大きく異なる（厚労省「労働組合実態調査」「労働組合基礎調査の概要（平成30年）」など）。企業別組合には，当該企業の業績等に応じて柔軟な対応ができ，労使関係が安定しやすいメリットがあるが，労働組合が使用者に譲歩しやすく御用組合化を招く危険もある（労組法２条但書２号・７条１号但書も参照）。

労働組合は組合規約で「人種，宗教，性別，門地又は身分によつて組合員たる資格を奪われないこと（労組法５条２項）」を規定する必要があるが，それ以外でどのような労働者に加入資格を認めるかは自由である。たとえば正社員のみ加入を認めることも問題ない。雇用形態が異なると，同じ企業の労働者といっても利益状況は大きく異なる。労働組合の組織率は一貫して低下し続けてきたが，その要因のひとつは，非典型雇用の増加や正社員の多様化など労働者の人事管理の多様化（個別化）にある。近年では，非典型雇用の組織化も進み，組織率の下落は下げ止まりつつある。

こうしたなか，労働者が個人の紛争解決を目的に企業外部の労働組合（コミュニティ・ユニオンや合同労組など。組合員の12％程度はこうした外部労組に所属）に加入し，「団体交渉」を通じて個別紛争の解決を目指す**実質個別紛争**が増加しており，不当労働行為の審査事件の７割超を占めるなど，集団的労使紛争をめぐる状況に変化もみられる。

2　労組法上の労働組合

前述のように憲法28条のもとでも労働組合には一定の法的保護が与えられる。しかし，労組法では労働委員会による特別な行政救済手続があるところ，その対象となる労働組合は労組法上の定義を満たす必要がある。

労組法が保護対象とする労働組合とは，労働者（➡**第２章１(2)**）が主体となって自主的に労働条件の維持改善その他経済的地位の向上を図ることを主目的として組織する団体またはその連合団体をいう（労組法２条本文）。

これらの自主性，主体性，団体性，目的の観点から，①使用者の利益代表者の参加を許すもの，②団体の運営のための経費支出につき使用者の経理上の援助を受けるもの，③共済事業その他福利事業のみを目的とするもの，④主として政治運動または社会運動を目的とするものは，法２条の要件に適合しない（同条各号）。たとえば同条但書１号・２号の要件を満たさない**自主性不備組合**に労組法上の保護は及ばず，憲法28条および民法の一般条項による保護が問題となるにとどまる。

資格審査　労組法２条の要件を満たす労働組合であれば，原則として同法による保護の対象となる。しかし，労働委員会による不当労働行為の審査手続を利用するためには，さらに労組法５条で定める規約の整備などを満たす**法適合組合**でなければならない。

労組法は労働組合の結成等について，以上のほかに特段の制限を設けていない。法制度上は，２人以上の労働者が集まれば届出等がなくとも労働組合は比較的容易に結成することができる（**自由設立主義**）。憲法や労組法は労働組合の組織形態（企業別組合か企業の外部で組織される外部労組かなど）や組織状況（多数組合か少数組合か）をとくに区別せず，原則として同等の権利を保障している（**団結の平等**）。複数の組合が存在する場合にも，使用者は各組合に対し中立的態度を保持し団結権を平等に承認，尊重すべきもので（**中立保持義務**），各組合の性格，傾向や従来の運動路線により差別することは許されない（日産自動車〔残業差別〕事件・最判昭和60・４・23民集39巻３号730頁）。

3　労働組合の組織運営

(1)　組合民主主義

労働組合の組織や運営は民主的になされるべきである（組合民主主義）。労組法は，役員選挙，同盟罷業（ストライキ），規約改正について，組合員全員での投票を労働組合の規約に明記することを義務づけている（5条）。

〔図表14－1〕チェック・オフ

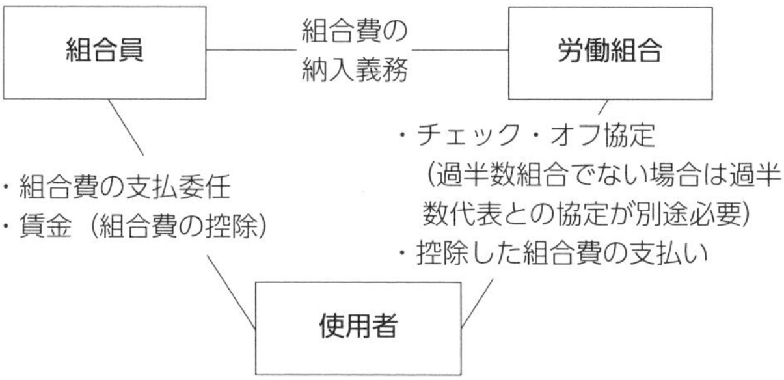

(2)　チェック・オフ

労働組合は組合員から集めた組合費で運営される。この組合費の徴収を確実にするため，使用者が労働組合からの委託を受けて，組合員である労働者の賃金から組合費を天引きし，労働組合に引き渡すことをチェック・オフという。

チェック・オフは**賃金全額払いの原則**（労基法24条。**➡第8章3(3)**）と抵触するため，これを実施するには，使用者は過半数組合等と労使協定を締結する必要がある（済生会中央病院事件・最判平成元・12・11民集43巻12号1786頁）。さらに，使用者が適法にチェック・オフをするためには，こうした労使協定に加え，個々の組合員から使用者に対して，賃金から控除した組合費相当額を労働組合に支払うことの委任が必要である（労働協約の規範的効力は及ばない）。また，チェック・オフ開始後も組合員から申入れがあれば，当該組合員に対するチェック・オフを中止すべきと解されている（エッソ石油事件・最判平成5・3・25労判650号6頁。民法651条）。

(3)　統制処分

労働組合は，憲法28条による労働者の団結権保障の効果として，その目的を達成するために必要かつ合理的な範囲内で，組合員に対する統制権を有する。そこで，組合規約に違反したり組合の決定に従わない組合員に対して，労働組合が制裁として戒告や一定期間の組合員資格の停止，除名など統制処分を課すことができる。とくに後述のユニオン・ショップ協定が締結されている場合には，労働組合から除名された組合員は使用者から解雇されるという著しい不利益がある。

もっとも，こうした統制権にも限界がある。たとえば地方議会の選挙にあたり，労働組合が統一候補を決定し運動を推進するなかで，組合員がその方針に反して立候補しようとする場合に，これを断念するよう勧告・説得することは許される。しかし，それを超えて，立候補を取りやめることを要求し，これに従わないことを理由に統制処分することは**統制権の濫用**となる（三井美唄労働組合事件・最大判昭和43・12・4刑集22巻13号1425頁）。

また，臨時組合費の未納が問題となったケースでは，労働組合の活動が多様化し，組合による統制の範囲も拡大していることも認めつつ，「具体的な組合活動の内容・性質，これについて組合員に求められる協力の内容・程度・態様等を比較考量し，多数決原理に基づく組合活動の実効性と組合員個人の基本的利益の調和という観点から，組合の統制力とその反面としての組合員の協力義務の範囲に合理的な限定を加えることが必要」として，個別に諸費の納付義務の有無が検討されている（国労広島地本事件・最判昭和50・11・28民集29巻10号1698頁）。

組合員にも言論の自由（憲法21条）がある一方，組合に対する批判活動により組合の団結，秩序維持に影響を及ぼしたり事実を歪曲している場合等には統制処分の対象となり得る。この場合にも，処分の重さとの均衡を欠く場合には統制権の濫用として無効となる（全日産自動車労組事件・横浜地判昭和62・9・29労判505号36頁）。

⑷　ユニオン・ショップ協定

労働組合は任意の団体であり，結成，加入・脱退のそれぞれについて労働者の自由である。この自由に関しては，組合員資格と従業員資格との関係をめぐるショップ制が問題となる。両者を無関係とするオープン・ショップ制をとる企業もある一方，ユニオン・ショップ制をとる企業もあり，**組織強制**の適否が問題となる。

ユニオン・ショップ制とは，労働者は採用後の一定期間内に労働組合に加入しなければならず，未加入者や組合員資格を失った場合には使用者が解雇するという制度である。同制度は使用者と労働組合との協定（ユニオン・ショップ協定。以下ユ・シ協定）に基づくが，これを締結できるのは過半数組合に限られる（労組法7条1号但書参照）。

ユニオン・ショップ制には，組合側にとっては組織の維持・拡大が容易となり，使用者にとっては労働組合を通じて交渉チャンネルが一本化されるというメリットがある。実務上はユ・シ協定のなかで，例外的に使用者の判断により解雇しないとの裁量を認める例も多い。とはいえ，労働組合に加入したくない労働者にとっては，解雇の威嚇のもとで加入を強制され，統制に服する面がある。

ユ・シ協定の有効性　ユニオン・ショップ制は任意団体としての労働組合の性格と矛盾するし，実質的にみても，ユ・シ協定により加入強制された労働者が労働組合の活動に積極的に関わるとは考え難い。このようなユ・シ協定に対しては憲法28条違反等を理由に無効とする立場もある。最高裁はユ・シ協定の効力を原則的に認め，団結しない自由（消極的団結権）は憲法28条が保障するものでないとしつつ，労働者の組合選択の自由および別組合の団結する権利（積極的団結権）は尊重する立場である。すなわちユ・シ協定の効力は，①協定締結組合とは別の組合（少数組合など）に加入している者や，②協定締結組合から脱退し，または除名されたが，別の組合に加入したり，新たな組合を結成した者に対しては及ばず，使用者の解雇義務を定める部分は**公序違反**（民法90条）として無効となる（三井倉庫港運事件・下記 case ）。

case　三井倉庫港運事件・最判平成元・12・14民集43巻12号2051頁

〔事案の概要〕

Ｙ社は，Ａ労働組合との間に「Ｙに所属する海上コンテナトレーラー運転手は，双方が協議して認めた者を除き，すべてＡの組合員でなければならない。Ｙは，Ｙに所属する海上コンテナトレーラー運転手で，Ａに加入しない者およびＡを除名された者を解雇する」とのユニオン・ショップ協定を締結していた。

ＸらはＹに勤務する海上コンテナトレーラー運転手であったが，昭和58年２月21日午前８時半頃，Ａに対して脱退届を提出して同組合を脱退し，即刻訴外Ｂ労働組合Ｃ支部に加入し，その旨を午前９時頃Ｙに通告した。Ａ組合は，同日，Ｙに対し本件ユ・シ協定に基づく解雇を要求し，Ｙは，同日午後６時頃に本件ユ・シ協定に基づきＸらを解雇した。

Ｘらが解雇の無効確認を求めたところ，第１審および原審ともにＸの請求を認容したのでＹが上告した。

〔判旨〕上告棄却

「ユニオン・ショップ協定は，労働者が労働組合の組合員たる資格を取得せず又はこれを失った場合に，使用者をして当該労働者との雇用関係を終了させることにより間接的に労働組合の組織の拡大強化を図ろうとするものであるが，他方，労働者には，自らの団結権を行使するため労働組合を選択する自由があり，また，ユニオン・ショップ協定を締結している労働組合…の団結権と同様，同協定を締結していない他の労働組合の団結権も等しく尊重されるべきであるから，ユニオン・ショップ協定によって，労働者に対し，解雇の威嚇の下に特定の労働組合への加入を強制することは，それが労働者の組合選択の自由及び他の労働組合の団結権を侵害する場合には許されない」。

「したがって，ユニオン・ショップ協定のうち，締結組合以外の他の労働組合に加入している者及び締結組合から脱退し又は除名されたが，他の労働組合に加入し又は新たな労働組合を結成した者について使用者の解雇義務を定める部分は，右の観点からして，民法90条の規定により，これを無効と解すべきである（憲法28条参照）」。

こうして最高裁は，「使用者が，ユニオン・ショップ協定に基づき，このような労働者に対してした解雇は，同協定に基づく解雇義務が生じていないのにされたものであるから，客観的に合理的な理由を欠き，社会通念上相当なものとして是認することはできず，他に解雇の合理性を裏付ける特段の事由がない限り，解雇権の濫用として無効」とし原審の判断を正当とした。

ユ・シ協定に基づく解雇　一方，ユ・シ協定が有効に締結されている場合，使用者は労働組合に加入しない労働者を原則として解雇する義務（組合に対する義務）がある。ユ・シ協定に基づく解雇は原則として有効である（労契法16条の客観的合理性がある）。しかし，たとえば労働組合による組合員の**除名処分**に起因して解雇された場合に，そもそも除名処分が無効であれば解雇も無効となる（日本食塩製造事件・最判昭和50・4・25民集29巻4号456頁）。

4　不当労働行為の救済

(1)　不当労働行為の禁止

労組法は，使用者の4類型の行為を不当労働行為として禁止する（7条各号）。労組法7条に違反する法律行為は無効となる（医療法人新光会事件・最判昭和43・4・9民集22巻4号845頁）。さらに，同条違反に対する救済手続として，労組法は労働委員会（➡**第1章4**）による特別な救済制度を設けている（27条以下）。不当労働行為の救済命令制度は，労働者の団結権および団体行動権の保護を目的に，正常な集団的労使関係秩序の迅速な回復，確保を図ること等を目的とする（第二鳩タクシー事件・236頁 **case**）。

もっとも，不当労働行為は使用者（➡**第２章２(3)**）が直接に行うとは限らず，現実の行為者（中間管理職や使用者が委任した弁護士，一般従業員など）の行為を使用者の不当労働行為として帰責できるかが問題となる。使用者の直接の指示が判然としない場合にも，労組法上の「使用者の利益を代表する者（労組法２条１号）」に近接する職制上の地位にある者が「使用者の意を体して」支配介入等を行った場合には，使用者との具体的な意思の連絡がなくても使用者の不当労働行為と評価される（JR東海事件・最判平成18・12・８労判929号５頁）。

不利益取扱いの禁止（１号）　労組法７条１号は，労働組合の組合員であることや労働組合の正当な行為を理由に労働者を解雇するなど不利益な取扱いをすること，および，労働組合への不加入や脱退を雇用条件とすること（**黄犬契約**）を禁止する（ユニオン・ショップ協定が例外的に許容されることについては前述）。

労働組合の結成やその活動を嫌悪して組合員を解雇，降格，賃金減額，懲戒処分を課すことや（法律行為），査定で低い評価をする（事実行為）といった明確な不利益がある場合はもちろん，たとえば恒常的に時間外労働がある職場で，組合員も割増賃金の支払いを期待するなか，特定の労働組合の組合員についてのみ使用者が残業を拒否することも不利益取扱いに該当する（ヒノヤタクシー事件・盛岡地判平成５・11・５労判645号56頁）。

同号違反は主として組合員個人の不利益取扱いとして問題となるが，同時に労働組合に対する支配・介入が成立（第３号違反）することも少なくない。これらの不当労働行為の認定に際しては，使用者の適法な人事（人員削減目的での解雇や能力不足等の低査定など）と主張が対立することが多い。事実認定の問題であるが，労働組合や組合員に対する使用者の嫌悪が認められ，非組合員と比較して労働条件に顕著な格差が生じている場合等には，その格差が不当労働行為に基づくものであることを一応推定し，使用者に格差の合理性を反証させる**大量観察方式**という手法がある（紅屋商事事件・最判昭和61・１・24労判467号６頁）。

団交拒否（２号）　団交拒否とは，使用者が雇用する労働者の代表者と団体交渉をすることを正当な理由なく拒むことである。使用者には**誠実交渉義務**があり，形式的に団体交渉に応じても実質的に誠実な交渉を行わないことも団交拒否となる。もっとも，労組法は使用者に妥協を求めるわけではなく，交渉を尽くしてもなお労使の主張が対立して交渉が進展する見込みがなくなった場合には（デッドロック），使用者はそれ以上の交渉に応じなくても正当な理由があり労組法７条２号違反とはならない（池田電器事件・最判平成４・２・14労判614号６頁。➡団体交渉について詳細は**第15章**）。

支配介入（３号）　支配介入とは，労働者が労働組合を結成し，もしくは運営することを支配し，もしくはこれに介入すること，または労働組合の運営のための経費の支払いにつき経理上の援助を与えることである。労組法７条１号違反の不利益取扱いだけでなく，使用者による便宜供与等により労働組合の自主性や主体性が損なわれる場合も支配介入が問題となる。ただし，労働者が労働時間中に賃金等を失うことなく使用者と協議・交渉すること，また，一定の福利その他の基金に対する使用者の寄附や最小限の広さの事務所の供与は許される。

支配介入に関しては**使用者の言論の自由**との関係が問題となる。たとえば団体交渉の決裂後，社長が「会社の重大な決意」をせざるを得ないと表明し，組合内部でストライキ反対派の動きが強まり中止に至ったケースで支配介入とされた例がある。そこでは，①言論の内容，②発表の手段・方法，③発表の時期，④発表者の地位・身分，⑤言論発表の与える影響等を総合的に判断し，当該言論が組合員に対し威嚇的効果を与え，組合の組織，運営に影響を及ぼす場合といえるかどうかが検討されている（プリマハム事件・最判昭和57・９・10労経速1134号５頁）。

報復的不利益取扱いの禁止（４号）　最後に，労働者が労働委員会に対して不当労働行為の申立をしたこと等に対し，使用者が報復として不利益に取り扱うことも禁止される。これは不利益取扱い（第１号）の一類型を確認したものである。

不当労働行為意思の要否　不当労働行為の成立をめぐり，使用者の不当労働行為意思を要するか否かには争いがある。不利益取扱いの禁止では，「故をもって（７条１号）」や「理由として（同４号）」との文言がある一方，支配介入（同３号）にはこれがなく両者の異同（とくに３号事案で不当労働行為意思を要するか否か）が問題となる。古い判例では判然としないが（山岡内燃機事件・最判昭和29・５・28民集８巻５号990頁），近年の下級審判決や有力学説は３号違反でも概ね使用者の意思を必要とする。

もっとも，これらの立場も，「不当労働行為意思とは，直接に組合弱体化ないし具体的反組合的行為に向けられた積極的意図であることを要せず，その行為が客観的に組合弱体化ないし反組合的な結果を生じ，又は生じるおそれがあることの認識，認容があれば足りると解すべきである。そして，不当労働行為に該当するか否かは，その行為自体の内容，程度，時期のみではなく，問題となる行為が発生する前後の労使関係の実情，使用者，行為者，組合，労働者の認識等を総合して判断すべき」とするなど（日本アイ・ビー・エム事件・東京高判平成17・２・24労判892号29頁），不当労働行為意思を間接事実から柔軟に認定する立場であり，結論的には意思不要説と大きな違いはない。

(2)　労働委員会による行政救済制度

前述のように，不当労働行為に該当する法律行為は無効となり（組合差別の解雇など），事実行為であれば不法行為（民法709条）に該当し，裁判を通じた解決ができる（なお，労働審判制度や個別労働紛争解決制度は，労組法上の問題は対象外である）。

もっとも，こうした司法救済は時間や費用などのコストが高い。また，司法救済は権利義務関係を確定することを主目的とするところ，継続的な労使関係を取り扱う不当労働行為事件では，将来に向けて円滑な労使関係を迅速に回復・確保することも重要となる。そこで，集団的な労使紛争をめぐる専門性をもち，迅速かつ柔軟な紛争解決を目的として，各都道府県に労働委員会が，さらに上位機関として東京に中央労働委員会（中労委）が設置されている。

労働委員会は，公益委員（大学教員や弁護士など），労働者委員，使用者委員の三者で構成され，労組法および労働関係調整法等に基づき，労働組合と使用者との間の集団的労使紛争の解決を目指す行政機関である。労働委員会の機能として，①労働争議の調整（あっせん，調停および仲裁），②不当労働行為の審査，③労働組合の資格審査，④多くの労働委員会では（東京，兵庫，福岡以外），個別労働紛争解決制度に基づき個別紛争解決のあっせん等も行っている（②③は公益委員のみで行う）。

(3)　救済命令とその限界

救済命令とは　不当労働行為の審査に関して，労働委員会は，事実の認定をし，申立人の請求に係る救済の全部もしくは一部を認容し，または申立を棄却する命令（救済命令等）を発する（労組法27条の12）。使用者の多様な不当労働行為に対して予めその是正措置の内容を具体的に特定することは困難かつ不適当である。そこで，労使関係について専門的知識経験を有する労働委員会に対し，その裁量により，個々の事案に応じた適切な是正措置を決定し，これを命ずる権限をゆだ

〔図表14－2〕救済命令の一例／行政救済の特徴

	司法救済（裁判所）	行政救済（労働委員会）
1号（不利益取扱い）	法律行為は無効，事実行為は違法。	禁止命令，原職復帰命令，ポスト・ノーティス。
2号（団交拒否）	団交を求める地位確認，慰謝料請求。	団交応諾命令，ポスト・ノーティス。
3号（支配介入）	法律行為は無効，事実行為は違法。	禁止命令，ポスト・ノーティス。
4号（報復的不利益取扱い）	1号事件と同様。	

ねる趣旨である。救済命令制度は，労働者の団結権および団体行動権の保護を目的に，正常な集団的労使関係秩序の迅速な回復，確保を図ること等を目的とする（第二鳩タクシー事件・下記 case ）。

司法救済と行政救済　救済命令は，使用者の行為の無効を確認したり，使用者に損害賠償を命じ，あるいは刑罰を科すものではない。

救済命令の内容は事案に応じて柔軟で，裁判を通じた司法救済とは異なり得る（**図表14－2**参照）。たとえば不当労働行為の事実を認め，今後そのような行為をしないとの意を述べた文書の掲示（ポスト・ノーティス）や，団体交渉に応じるべき旨の命令などが典型である。後者について，裁判所では，ある労働組合が団体交渉を求める地位にあることの確認請求ができるにとどまり（国鉄事件・最判平成３・４・23労判589号６頁），刻々と変化する団体交渉について将来の応諾命令を出すことはできない。

このように労働委員会には裁量権があるが，それは，いかなる内容の救済を行うかについてであり（効果裁量），使用者のいかなる行為が不当労働行為に該当するかという不当労働行為の要件裁量はなく，この点では裁判所の積極的な審査に服する（寿建築研究所事件・最判昭和53・11・24労判312号54頁）。また，救済命令についての裁量にも，前述の趣旨・目的に由来する一定の限界がある（第二鳩タクシー事件・下記 case ）。たとえば，組合員の中止要請があるなか，（労働者が以前に加入していた）別組合へのチェック・オフを継続することは不当労働行為に該当する。しかし，その救済として現在の所属組合へのチェック・オフを命じることも，チェック・オフ協定の締結や組合員からの支払委任の認められないなかでは，原状回復から著しくかけ離れ，労基法24条１項の趣旨にも抵触し，救済命令の限界を超え違法となる（ネスレ日本〔東京・島田〕事件・最判平成７・２・23民集49巻２号281頁）。

救済命令の取消し　都道府県労委による救済命令に対して不服がある場合，当事者（使用者や労働組合のほか，組合員個人の場合もある）は中労委に再審査の申立をするか，裁判所に取消請求（行政訴訟。労組法27条の19）をすることができる。同様に中労委命令も取消請求の対象となる。

case　第二鳩タクシー事件・最大判昭和52・２・23民集31巻１号93頁

〔事案の概要〕

タクシー運転手として勤務していた補助参加人Ａを含む組合役員ら６名は，人員過剰等を理由にＸ社に解雇された。Ａらが１審被告Ｙ労委に救済を求めたところ，ＹはＸの不当労働行為を認定したうえで，原職復帰とバック・ペイを命じた。

Ａらは解雇後に他のタクシー会社で就労し収入を得ていたが，Ｙはバック・ペイから中間収入の控除（民法536条２項参照）を認めなかった。その理由は，諸般の事情からＸの行った不当労働行為を排除しそれがなかったと同様の状態を回復するには，同人らがＸから受けるはずであった賃金全額の遡及払いを命ずることが相当で，その場合にも，もともとＡらを解雇しなかったならばＸが当然負担したであろう出費額の限度内で，新たな負担を課したり懲罰を科すものでないというものであった。

そこでＸが行政訴訟を提起したところ，第１審は同命令のバック・ペイを命じた部分を取り消し，控訴審でもＹの控訴が棄却されたため，Ｙが上告した事案である。

〔**判旨**〕上告棄却

「労働委員会の救済命令制度は，労働者の団結権及び団体行動権の保護を目的とし，これらの権利を侵害する使用者の一定の行為を不当労働行為として禁止した法７条の規定の実効性を担保するために設けられたものであるところ，法が…労働委員会という行政機関による救済命令の方法を採用したのは，使用者による組合活動侵害行為によって生じた状態を右命令によって直接是正することにより，正常な集団的労使関係秩序の迅速な回復，確保を図るとともに，使用者の多様な不当労働行為に対してあらかじめその是正措置の内容を具体的に特定しておくことが困難かつ不適当であるため，労使関係について専門的知識経験を有する労働委員会に対し，その裁量により，個々の事案に応じた適切な是正措置を決定し，これを命ずる権限をゆだねる趣旨に出たものと解される。このような労働委員会の裁量権はおのずから広きにわたることとなるが，もとより無制限であるわけではなく，右の趣旨，目的に由来する一定の限界が存する」。

「法が正当な組合活動をした故をもってする解雇を特に不当労働行為として禁止しているのは，右解雇が，一面において，当該労働者個人の雇用関係上の権利ないしは利益を侵害するものであり，他面において，使用者が右の労働者を事業所から排除することにより，労働者らによる組合活動一般を抑圧ないしは制約する故なのであるから，その救済命令の内容は，被解雇者に対する侵害に基づく個人的被害を救済するという観点からだけではなく，あわせて，組合活動一般に対する侵害の面をも考慮し，このような侵害状態を除去，是正して法の所期する正常な集団的労使関係秩序を回復，確保するという観点からも，具体的に，決定されなければならない」。

本件では，Ａらのうち１人が約半年後であるほかは，早い者は解雇日の翌日，遅い者でも約1ヵ月後には他のタクシー会社に運転手として雇用され，従前の賃金額には及ばないまでもこれに近い金額の収入を得ており，「Ａらの得た中間収入は，いずれも従前の労務と同じくタクシー会社の運転手として稼働したことによって得たものであるから，解雇による個人的な経済的被害の救済という観点からは当然にその控除を考慮すべき」である。

また，「組合活動一般に対する侵害的効果の除去の観点からみても，上記認定の諸事実と，当時のタクシー業界における運転手の雇用状況，特に同業他社への転職が比較的頻繁かつ容易であったこと等に照らせば…解雇による被解雇者の打撃は比較的軽少であり，したがってまた，Ｘにおける労働者らの組合活動意思に対する制約的効果にも，通常の場合とかなり異なるものがあるとみるのが当然であるから，特段の理由のない限り，バック・ペイの金額を決定するにあたって…中間収入の控除を全く不問に付することは，合理性を欠く」として，本判決はＹの上告を棄却した。

⑷ 労働委員会をとりまく現状

労働委員会による救済命令（行政救済）は，正常な集団的労使関係秩序の迅速な回復，確保を目的とする。しかし現実には，都道府県労委の救済命令に対して中労委での再審査や取消訴訟が提起されると，当初から裁判所で争うのと比べて，かえって膨大な時間がかかることとなる。そして，不当労働行為事件の大半は実質個別紛争で（前述），裁判による解決と実質的に異ならず，労働委員会を利用するメリットは小さい。そもそも労働組合の組織率が低下し，同時に企業別組合の多くでは安定的な労使関係が構築されるなかで，労働委員会での不当労働行為の新受件数は年間300件程度に過ぎず，かつ大都市圏に集中している。多くの労働委員会で個別労働関係紛争のあっせんを行う背景にはこうした事情もある。

＜第14章の復習＞

1．法適合組合とは何か論じなさい。
2．ユニオン・ショップ協定とはどのようなものか，およびその有効性について論じなさい。
3．労組法７条で禁止される不当労働行為とはどのようなものか論じなさい。
4．不当労働行為事件における司法救済と行政救済の違いについて論じなさい。
5．労働委員会による救済命令の限界について論じなさい。

〈コラム〉 働き方の多様化と「組織化」

労働組合は産業革命後の大量生産・大量消費の時代に，労働者の利益状況に共通性がみられた時代には，劣悪な労働条件の改善を図る重要な役割を果たしてきた。独禁法等が不当な取引制限を禁止するなかで，形式的には賃金のカルテル等にあたる労働組合の活動は，例外領域として広く容認されている。また，労働組合は，国家による統制と対峙し，民主主義を浸透させる機能も果たしうる重要な中間団体でもある。

もっとも，働き方や労働者の利益状況が多様化するなかで，労働組合の組織率や組合員の帰属意識は著しく低下している。現実には，組合に入らない未組織労働者であっても，使用者が就業規則を変更して組合員と同水準の労働条件で統一することが少なくないなかで，労働組合に入る経済的メリットを感じず（むしろ組合費や活動参加の無駄），あるいはユ・シ協定により加入を強制され，労働条件の改善につながりそうもない政治運動や親睦，専従組合員（組合の仕事に従事するために休職し，組合費を収入源とする職員）のために組合費を浪費する執行部に白けた組合員も少なくないだろう。団体交渉といっても形だけのもので，ストライキなど過去の遺物と感じることもあろう。

その一方で，近年，労組法上の労働者性が争われる事案の大多数は，働き方が多様化するなかで，同種の仕事に就く「個人事業者」が集まり，契約の他方当事者に「団体交渉」を求める事案でもある。そこでは，たとえばフランチャイズ店のコンビニのオーナー（franchiser）が，本部であるフランチャイジー（franchisee）に対して「団体交渉のルール作り他」を求めたり，登録制の個人配送業者が発注元ないし仲介業者（プラットフォーマー）に事故時の補償や価格交渉等を求め，「団体交渉」を要求したところ相手方が拒否したことが問題となっている。また，発注者との間で著しい交渉力格差があるなかで，独禁法19条（不公正な取引方法の一類型である優越的地位の濫用）や下請法（下請代金の支払遅延等を防止）との抵触も問題となる。

働き方が多様化するなかで類型ごとの検討を要するが，たとえばコンビニ・オーナーの例では，現行法下での法律論として労組法上の労働者に該当するとはいえないと考えられる（セブン・イレブン・ジャパン〔中労委〕事件・中労委平成31・2・6労経速2377号３頁）。ただ，立法論としては，独禁法や下請法，さらには社会保障制度といった関連領域におけるバランスもみすえつつ，厳密には労働者とはいえないものの，それに近似する就労者の法的保護のあり方について再整理すべき時期にきている。その際には，国家による最低限の保護（規制）とあわせて，自助・共助による地位改善という労働組合の機能や役割，あるいは限界が再注目されよう。

第15章　団体交渉と労働協約

はじめに

団体交渉権は，憲法28条で認められている労働三権の一つである。団体交渉で合意された内容を書面にしたものを労働協約という。憲法28条を具体化した法律として，労働組合法が，団体交渉と労働協約に関する規定を置いている。労働協約については，「第３章　労働法の法源」において，すでに基本的な内容について説明したが，本章では，団体交渉に関する様々な問題や労働協約による労働条件の不利益変更の問題等について，さらに理解を深めていくこととしたい。

1　団体交渉

⑴　意　義

法律上，団体交渉の格別の定義規定はないが，学説では，「労働者の集団または労働組合が代表者を通じて使用者または使用者団体の代表者と労働者の待遇または労使関係上のルールについて合意に達成することを主たる目的として交渉を行うこと」（菅野和夫『労働法（第12版）』881頁〔弘文堂，2019年〕）と定義されている。この定義は，団体交渉の目的は，労働条件に関する取引だけではなく，労使自治の運営方法について協議することであり，合意した内容について，労働協約を締結するものであることを示している。

専ら，労使協調的な日本の企業別労使関係では，賃上げ等の労働条件に関する交渉とは別に，労使のコミュニケーションを図るための労使協議制が設けられ，また労働協約において苦情処理手続が定められていることがあるが，これらは，団体交渉を補完する労使間の自主手続であるといえる。

しかし，団体交渉は，労働条件を定めるために行われるだけではなく，たとえば，合同労組（**➡第14章１⑵**）が解雇された組合員のために，解雇の救済を求めるために，会社に団交を申し入れる場合もある。この場合の団交の目的は，紛争解決であり，組合員も自己の紛争が解決すれば，組合を脱退することが多く，継続的な労使関係の構築は想定されていない。

⑵　団体交渉の主体

団体交渉の当事者とは，団体交渉を自らの名で遂行し，その成果としての労働協約の当事者となる者であり，労働組合，使用者または使用者の団体が当事者となる（労組法14条）。労働組合については，単位組合や連合団体が当事者になりうる。使用者側については複数の企業から構成される使用者団体も当事者になりうるが，日本では，個別の企業ごとに団交が行われるのが通例である。

使用者が，多数組合とのみ交渉する旨の「唯一交渉団体条項」を多数組合との間の労働協約で定め，これを理由に，上部団体や少数組合との交渉を拒否することは，他の組合の団交権を侵害するものとして無効である。

担当者とは，実際に団交を担当する者をいう。労働組合の交渉担当者については，労働組合の代表者または労働組合の委任を受けた者が，労働協約の締結その他の事項に関して交渉する権限を有する（労組法６条）。使用者側については，とくに法律の規定はないが，会社代表者のほかに，担当者になりうる管理職の範囲は，当該企業組織における管理・決定権限の配分によって，決められることになる。

外部の者の関与を排除するために，労働協約において，組合員以外の第三者に委任することを禁止する条項が設けられることがあり，かかる委任禁止条項の効力については争いがあるが，かかる合意も労使自治の範囲であり，有効であると考えられる。

⑶　団体交渉の対象事項

使用者は，**義務的団交事項**について団交を拒否してはならない。義務的団交事項について，団交を拒否した場合には，不当労働行為が成立する（労組法７条２号）。義務的団交事項の法律上の定義はないが，「構成員たる労働者の労働条件その他の待遇や当該団体的労使関係の運営に関する事項であって，使用者に処分可能なもの」（菅野・前掲書901頁）であると解されている。

具体的には，①労働条件その他の待遇（福利厚生を含む），②人事の基準および手続，特定組合員に対してなされた配転，解雇等の撤回要求といった個別の人事措置（日本アイ・ビー・エム事件・東京地判平成14・２・27労判830号66頁），③労働条件や労働者の雇用そのものに関係する経営・生産に関する事項および④ユニオン・ショップ，争議行為に関する手続およびルールなど，団体的労使関係の運営に関する事項が義務的団交事項にあたると解されている。

①の労働条件その他の待遇に関して，非組合員の労働条件その他の待遇が義務的団交事項になるかが問題となるが，組合員の労働条件に密接に関連する場合には，義務的団交事項となる（新規採用者の初任給の問題が，義務的団交事項に当たることが認められた裁判例として，根岸病院事件・東京高判平成19・７・31労判946号58

頁)。

③の経営・生産に関する事項について，使用者は，しばしば経営者が専権的に決定できる「経営権」であり，団交に応じる必要はないと主張することがあるが，新機械の導入，設備の更新，生産の方法，工場事務所の移転，経営者・上級管理者の人事，事業譲渡，会社組織の変更，業務の下請け化などの経営・生産に関する事項も，労働条件や労働者の雇用に影響を及ぼしうる場合には，義務的団交事項となる。事業譲渡に伴い，プロ野球球団の統合が問題となった事案では，選手の雇用に影響が及ぶことから，かかる問題が，義務的団交事項に当たることが認められた（日本プロフェッショナル野球組織事件・東京高決平成16・9・4労判879号90頁)。

⑷ 誠実交渉義務

法律上の規定はないが，使用者は，単に団体交渉のテーブルにつけばよいのではなく，使用者は，団交において「誠実な対応を通じて合意達成の可能性を模索する義務」（菅野・前掲書906頁）を負うと解されている。かかる義務を**誠実交渉義務**という。誠実交渉義務違反が認められる場合には，団交拒否（労組法7条2号）の不当労働行為が成立する。

かかる誠実交渉義務の定義は，次のカール・ツァイス事件において用いられている。

case　カール・ツァイス事件・東京地判平成元・9・22労判548号64頁

〔事案の概要〕

X社（従業員約230名）には，従前組合がなかったが，Xの従業員約150名が，昭和59年5月9日Z組合を結成し，同月10日，組合結成通知書を提出するとともに，ユ・シ協定の締結，組合役員の配転について組合の同意を得ること等（「基本要求」）を求めて，団交を申し入れた。

しかし，団交の出席者をめぐって，XとZとの間で折り合いがつかず，同年9月12日にようやく1回目の団交が開かれたが，その席上，Xは，Zの要求に基本的に応じない旨の回答書を読み上げ，その後も回答書の内容を繰り返す発言に終始した。

その後，「基本要求」については継続審議とされたが，XZ間で，賃上げ，一時金の団交が数回にわたって行われ，昭和60年5月16日には，昇給について協定書が締結された。その後も，「基本要求」についてとくに扱われないまま，XZ間では，賃上げ，一時金の交渉が行われてきたが，昭和61年7月1日，Xが組合員の配転をZの同意なしに命じたため，Zが団交を申し入れたところ，Xは，団交を拒否した。Zは，同月10日，再度団交を申し入れたが，Xは，これを拒否し，「基本要求」については解決済みであるとの姿勢を崩さなかった。Zは，同月24日，人事異動に関して，Zと事前に協議し，本人の同意をとること，東京へ転勤になった者に「都市手当」を支給すること，および従前の単身赴任手当の額を支給すること等の事項について申し入れた（「7.24申入れ」）が，Xは，団交に応じなかった。

Zは，昭和61年９月８日，Y（都労委）に対して団交拒否の不当労働行為の救済を申し立てた。その後，昭和62年２月19日および同月26日に，２回，団交が行われたが，進展はなかった。Yは，同年９月11日，基本要求事項に関して誠実に団交に応じなければならないことを命じる救済命令を発した。Xは，同命令の取消しを求めて提訴した。

〔**判旨**〕請求棄却

1　「労働組合法７条２号は，使用者が団体交渉をすることを正当な理由がなくて拒むことを不当労働行為として禁止しているが，使用者が労働者の団体交渉権を尊重して誠意をもって団体交渉に当たったとは認められない場合も，右規定により団体交渉の拒否として不当労働行為となると解するのは相当である。このように，使用者には，誠実に団体交渉にあたる義務があり，したがって，使用者は，自己の主張を相手方が理解し，納得することを目指して，誠意をもって団体交渉に当たらなければならず，労働組合の要求や主張に対する回答や自己の主張の根拠を具体的に説明したり，必要な資料を提示するなどし，また，結局において，労働組合の要求に対し譲歩することができないとしても，その論拠を示して反論するなどの努力をすべき義務があるのであって，…右のような誠実な対応を通じて合意達成の可能性を模索する義務がある」。

2　Xは，7.24申入れ事項について，配置転換の必要性について，単に企業の活性化のためであると述べるにとどまり，また，単身赴任手当については，組合から給与明細書を示されて説明を求められても，単身赴任手当は支給していないと述べ，現に支給されている手当が何であるかの説明をしていない。さらに，Xは，組合が人事異動に関する一般的な基準の定立を求めたのに対し，人事異動は会社の権利であると答えるのみであり，内容に入って検討しようともしなかった。人事に関する事項が労働条件その他の待遇に関する事項であり，義務的団体交渉事項であることをも考えると，Xの対応は，合理性を欠くものといわざるをえない。

Xは，都市手当の新設要求に対しては，地方から東京への配転対象者のみ優遇することは東京在勤者に対して不平等になる旨反論してはいるが，Xの7.24申入れ事項についての右団体交渉での対応は，十分な説明をしなかったり，合理性のある説明をしなかったりなど，誠実さを欠く態度であったというべきである。
「本件救済申立て後の２回の団体交渉でのXの対応は，…団体交渉に誠実に応じたものということはできず，労働組合法７条２号に該当する不当労働行為であると認めるのが相当である」。

カール・ツァイス事件では，組合の要求事項について，一般論のみで，具体的な説明をしようとしない使用者の態度が誠実交渉義務違反であると判断された。また，シムラ事件（東京地判平成９・３・27労判720号85頁）では，アルバイトとして勤務していた労働者が解雇後に加入した合同労組の団交要求に対して，当該労働者の出勤状況が悪いという会社の説明を具体的に裏づけうる，他のアルバイトの出勤状況に関する資料を会社が提出しなかったことが，誠実交渉義務違反であると認められた。

さらに，合理性の認められない前提条件に固執する場合にも，誠実交渉義務違反が認められる。たとえば，出席者の人数を７名以内にしなければならないという使用者の主張には客観的必要性および合理性は認められず（暁星学園事件・東京地判平成30・１・29判時2385号84頁），査定結果の開示に関する団交要求に対して，一時金交渉と抱き合わせでなければ応じられないという会社の主張にも正当性は認められない（沖縄セメント事件・東京高判平成30・４・12LEX/DB25560589）。

誠実交渉義務は，問題となった団交事項について一定の合意が形成されることまでを要求するものではない。裁判例では，長年の経営不振から，将来の経営見通しや雇用保障に関する団交が行われた事案において，団交の時点で，約半年後の営業所の廃止について，使用者が言及しなかったことは，誠実交渉義務違反には当たらないと判断されている（日本ロール製造事件・東京地判平成30・５・30LEX/DB25561100）。同事件では，団交の時点では，まだ営業所の廃止について具体的に検討されていたとはいえず，また営業所の閉鎖の可能性について言及することも，従業員間に無用な混乱を招き，取引先の信用を失う等の様々な弊害が生じることから，今後の事業計画の詳細を公開することを控えるという判断も一定の合理性を有すると判断された。

⑸ 中立保持義務

憲法28条に基づき，労働者は自由に労働組合を結成することができるので，一つの企業において複数の組合が存在することがある（**複数組合主義**）。複数組合が併存する場合，使用者は，これらの組合を平等に取り扱う**中立保持義務**を負うが，労働組合の交渉力に応じた合理的，合目的的な対応は否定されない。

case　日産自動車（残業差別）事件・最判昭和60・4・23民集39巻3号730頁

〔事案の概要〕

1．昭和41年8月1日に旧プリンス自動車工業株式会社（「旧プリンス」）を吸収合併したX社には，A組合とZ組合との2つの労働組合が併存していた。昭和42年2月から，Xは，かねてから深夜勤務反対等の情宣活動を行っていたZに対してなんらの申入れ等を行うことなく，Aとのみ協議しただけで，昼夜2交替の勤務体制（いわゆる日産型交替制）および計画残業方式を旧プリンスの工場の製造部門にも導入し，それ以来，同部門においては，A所属の組合員のみを右交替制勤務に組み入れ，かつ，同組合員に対し恒常的に計画残業と称する1日1，2時間の時間外勤務および月1回程度の休日勤務をさせてきた。これに対して，Zの組合員に対しては，一方的に早番のみの勤務に組み入れ，かつ残業を一切命じないとの措置をとった。また，交替制勤務のない間接部門（事務・技術部門）においても，Aの組合員に対しては，同労組との協定に基づき，業務の必要に応じて1日4時間，1ヵ月50時間の範囲内で残業を命じたが，Zの組合員に対しては同月以降全く残業を命じなくなった。

2．Zは，同年6月，同組合の組合員にも残業をさせるようXに申し入れ，同月3日以降同年11月28日までの間の数回の団体交渉において右残業問題を取り上げたが，残業に応じる条件について，Xの受け入れるところとならなかった。XがZの組合員に対して一切の残業を命じないことが，労組法7条3号の不当労働行為に当たるかが争われ，1審は，支配介入の成立を認めたY（中労委）の命令を取り消したが，2審は，支配介入の成立を認め，1審判決を取り消した。これに対して，Xが上告した。

〔判旨〕上告棄却

1　⑴「複数組合併存下にあつては，各組合はそれぞれ独自の存在意義を認められ，固有の団体交渉権及び労働協約締結権を保障されているものであるから，その当然の帰結として，使用者は，いずれの組合との関係においても誠実に団体交渉を行うべきことが義務づけられているものといわなければならず，また，単に団体交渉の場面に限らず，すべての場面で使用者は各組合に対し，中立的態度を保持し，その団結権を平等に承認，尊重すべきものであり，各組合の性格，傾向や従来の運動路線のいかんによつて差別的な取扱いをすることは許されないものといわなければならない」。

⑵「ところで，中立的態度の保持といい，平等取扱いといつても，現実の問題として，併存する組合間の組織人員に大きな開きがある場合，各組合の使用者に対する交渉力，すなわちその団結行動の持つ影響力に大小の差異が生ずるのは当然であり，…複数組合併存下においては，使用者に各組合との対応に関して平等取扱い，中立義務が課せられているとしても，各組合の組織力，交渉力に応じた合理的，合目的的な対応をすることが右義務に反するものとみなさるべきではない」。

そして，最高裁は，団交の場面では，合理的，合目的的な取引活動とみられうる場合であっても，「当該交渉事項については既に当該組合に対する団結権の否認ないし同組合に対する嫌悪の意図が決定的動機となつて行われた行為があり，当該団体交渉がそのような既成事実を維持するために形式的に行われているものと認められる特段の事情がある場合には，右団体交渉の結果としてとられている使用者の行為についても労組法７条３号の不当労働行為が成立するものと解するのが相当である」と述べ，支配介入の成否に当たっては，「当該団体交渉事項がどのようないきさつで発生したものかその原因及び背景事情，ないしこれが当該労使関係において持つ意味，右交渉事項に係る問題が発生したのちにこれをめぐつて双方がとつてきた態度等の一切の事情を総合勘案して，…不当労働行為意思の有無を判定しなければならない」と述べた。

2　最高裁は，「残業手当が従業員の賃金に対して相当の比率を占めているという労働事情のもとにおいては，長期間継続して残業を命ぜられないことは従業員にとつて経済的に大きな打撃となるものであるから」，Ｚの組合員に一切残業を命じないことは，不利益取扱いであると同時に，支配介入にあたると判断した。

日産自動車事件において，最高裁は，複数組合主義の下では，使用者は，いずれの組合も平等に取り扱う中立保持義務を負うが，組織率の違いに応じて，現実の交渉力には組合間で差異があることから，これに応じた合理的，合目的的な態度をとることは許容されると述べた。その後，団体交渉における使用者の誠実交渉義務について，NTT西日本事件（東京高判平成22・９・28労判1017号37頁）では，使用者は，ほぼ同時期に同内容の提案を行い，交渉を開始するとともに，説明内容や資料提示などにおいて，少数組合に対して，多数組合と合理的理由のない差異を設けてはならないことが明らかにされた。また，少数組合が，その運動路線上強く反対するような前提条件を意図的に掲げ，同条件に固執し，賃上げないし一時金支給を行わないことは，労組法７条１号および３号の不当労働行為に当たる（日本メール・オーダー事件・最判昭和59・５・29民集38巻７号802頁）。

さらに，前掲・日産自動車事件では，少数組合の組合員に一切の残業を命じなかったことが支配介入に当たると判断されたが，労基法37条に合致した賃金制度にするため，歩合給を引き下げる旨の賃金制度への変更に反対した少数組合の組合員に対して，残業を命じなかったことは，従来の賃金を前提として，割増賃金を支払うことは過大な経営負担となるため，使用者の態度はやむを得ず，不当労働行為に当たらないと判断された（高知県観光事件・最判平成７・４・14労判679号21頁)。その他，少数組合への組合事務所の貸与を打ち切った場合（日産自動車〔組合事務所〕事件・最判昭和62・５・８労判496号６頁，東洋シート事件・東京高判平成８・10・24労判737号24頁）において，支配介入の成立が認められている。

⑹　団交拒否の救済

団交拒否に対しては，①労働委員会に対する不当労働行為の救済申立（労組法７条２号，27条）（**➡第14章４⑵**）が主な救済手段であるといえるが，ほかにも，②労働委員会へのあっせんの申請（労調法12条)，③裁判所に対する団体交渉を求めうる法的地位の確認の訴えの提起（国鉄事件・最判平成３・４・23労判589号６頁)，または④裁判所に対する無形損害（民法709条）に対する損害賠償請求訴訟（肯定例として，名古屋自動車学校事件・名古屋地判平成24・１・25労判1047号50頁）の提起が可能である。

③の裁判所に対する救済申立については，団交の要求事項は，相対的流動的なもので，私法上の権利義務として把握することは困難であるため，団交請求権は認められない。

2　労働協約

⑴　規範的効力（労組法16条）

労働協約による労働条件の不利益変更　労働協約の意義については，すでに取り扱ったが（**➡第３章３**)，労働条件を不利益に変更する労働協約が締結された場合に，組合員に対して規範的効力が及ぶのかが争われることがある。労働組合は，組合員の「労働条件の維持改善その他経済的地位の向上を図るために」活動するための団体であることから（労組法２条本文)，労働組合は労働条件を不利益に変更する労働協約を締結する権限を有するといえるのかが問題となる（協約自治の限界)。すでに発生した権利を組合が勝手に処分することは許されないと解されるが，労組法16条は，文言上規範的効力が認められるために，労働協約に定める労働条件が有利なものでなければならないとは述べていない。また，現実の団交では，同時に複数の事項について交渉が行われ，ある部分で譲歩したとしても，別の部分では有利な条件を獲得する場合もあり，何が有利か不利かの判断は必ずしも容易ではない。最高裁も，朝日火災海上（石堂）事件において，原則として，労働条件を不利益に変更する労働協約であっても規範的効力を有することを認めた。

case　朝日火災海上保険（石堂）事件・最判平成９・３・27労判713号27頁

〔**事案の概要**〕

定年の引下げと退職金の減額を定める労働協約の効力が組合員であるXに及ぶかが争われた。定年の引下げは，Xを含むY社の一部の労働者にのみあてはまるものであった。Xは，本件労働協約が締結された時点で満53歳の組合員であり，Xに同協約上の基準を適用すると，定年が満63歳から満57歳に引き下げられて満57歳の誕生日である昭和61年８月11日にYを退職することになり，退職金の支給基準率は71.0から51.0に引き下げられることになった。

Xは，変更後の労働協約は適用されないと主張して，労働契約上の地位確認および従前の支給基準に基づく退職金請求権を有することの確認を求めて提訴した。１，２審が，Xの請求を棄却したため，Xは，上告した。

〔**判旨**〕上告棄却

「本件労働協約は，Xの定年及び退職金算定方法を不利益に変更するものであり，昭和53年度から昭和61年度までの間に昇給があることを考慮しても，これによりXが受ける不利益は決して小さいものではないが，同協約が締結されるに至った以上の経緯，当時のYの経営状態，同協約に定められた基準の全体としての合理性に照らせば，同協約が特定の又は一部の組合員を殊更不利益に取り扱うことを目的として締結されたなど労働組合の目的を逸脱して締結されたものとはいえず，その規範的効力を否定すべき理由はない。…本件労働協約に定める基準がXの労働条件を不利益に変更するものであることの一事をもってその規範的効力を否定することはできない」。

朝日火災海上保険（石堂）事件では，企業の経営が悪化したために，定年年齢の引下げと退職金の大幅な引下げという不利益変更が行われたが，定年間近の組合員にとっては重大な不利益であっても，多くの組合員にとっては，雇用が維持される方が有利であるともいえる。組合員の利益のために活動するのが労働組合の役割であるが，何が組合員の利益になるのかという判断は，簡単なものではない。

最高裁は，労働条件を不利益に変更する労働協約であっても，労働協約が締結されるに至った経緯，会社の経営状態および協約の内容の全体としての合理性を考慮したうえで，「労働組合の目的を逸脱したといえない」限り，労働協約の規範的効力は認められると述べた。そして，労働組合の目的を逸脱したといえる場合とは，「特定の又は一部の組合員をことさら不利益に取り扱うことを目的として締結された」場合であると述べた。その後の裁判例では，中高年労働者に著しく不利益を及ぼす労働協約について，「特定の又は一部の組合員をことさら不利益に取り扱うことを目的として締結された」場合に当たるとされて，規範的効力が否定されたものがある（鞆鉄道事件・広島高判平成16・4・15労判879号82頁）。

協約締結権限の有無　朝日火災海上（石堂）事件における，「特定の又は一部の組合員を殊更不利益に取り扱うことを目的として締結されたなど労働組合の目的を逸脱して締結された」場合には，労働協約の規範的効力が否定されるという判断枠組みとは別に，労働条件を不利益に変更する労働協約の規範的効力は，労働組合がかかる協約を締結する権限を有していたとはいえない場合にも，否定される。

協約締結権限の有無の判断においては，組合規約における手続を踏まえて労働協約が締結されたか否かが問題となるが，形式的な手続違反ではなく，協約締結過程において，組合員の意思集約が十分に図られたかが重要である（中根製作所事件・東京高判平成12・7・26労判789号6頁，山梨県民信用組合事件・最判平成28・2・19民集70巻2号123頁）。

(2)　一般的拘束力

意　義　労組法17条は，「一の工場事業場に常時使用される同種の労働者の4分の3以上の数の労働者が一の労働協約の適用を受けるに至つたときは，当該工場事業場に使用される他の同種の労働者に関しても，当該労働協約が適用されるものとする」と定める（事業場単位の一般的拘束力）。

労組法18条は，「一の地域において従業する同種の労働者の大部分が一の労働協約の適用を受けるに至つたときは」当事者の申立てに基づき，厚生労働大臣または都道府県知事が，当該地域において従業する他の同種の労働者および使用者も当該労働協約の適用を受ける旨を決定できると定める（地域的一般的拘束力）。

地域的一般的拘束力は，ヨーロッパにも同様の制度が存在し，労働協約の定める労働条件を，かかる労働協約の適用可能な地域および職種における全労働者の労働条件の最低基準とすることで，公正妥当な労働条件を確保し，労働条件の下方競争（ソーシャル・ダンピング）を防止するための制度である。しかし，企業別労使関係を前提とする日本では，かかる一般的拘束力制度は根づいていない。

労組法17条の事業場単位の一般的拘束力制度は，日本独自の制度であるが，その趣旨について，最高裁は，①事業場の労働条件の統一，②労働組合の団結権の維持強化および③事業場における公正妥当な労働条件の実現という３つをあげている（後掲・朝日火災海上保険〔高田〕事件）。

「同種の労働者」 労組法17条にいう「同種の労働者」であるか否かは，当該協約を締結した労働組合の組合員の範囲に含まれているか否か，組合員と問題になった従業員との業務内容，賃金体系または就業規則の適用関係等の異同を総合的に考慮して，判断されることになる（「労働協約の趣旨や労働組合の組織等の関連」において，「同種の労働者」といえるかが判断されるべきであると述べた裁判例として，日野自動車事件・東京高判昭和56・７・16労民集32巻３・４号437頁）。

不利益変更と一般的拘束力 朝日火災海上保険（高田）事件では，労働条件を不利益に変更する労働協約について，一般的拘束力が認められるのかが問題となった。

case 朝日火災海上保険（高田）事件・最判平成８・３・26民集50巻４号1008頁

〔事案の概要〕

前掲・朝日火災海上保険（石堂）事件と同じ労働協約の不利益変更の効力が争われた事案であるが，本件の原告（X）は，非組合員であり，労働協約が発効した昭和58年７月11日に，すでに満57歳に達していたXは，同年３月末日に遡って定年退職した扱いになった。

Xは，変更後の労働協約は適用されないと主張して，労働契約上の地位確認および従前の支給基準に基づく退職金請求権を有することの確認を求めて提訴した。１，２審がXの請求を一部認容したため，Yは，上告した。

〔判旨〕上告棄却

1 「労働協約には，労働組合法17条により，一の工場事業場の４分の３以上の数の労働者が一の労働協約の適用を受けるに至ったときは，当該工場事業場に使用されている他の同種労働者に対しても右労働協約の規範的効力が及ぶ旨の一般的拘束力が認められている。ところで，同条の適用に当たっては，右労働協約上の基準が一部の点において未組織の同種労働者の労働条件よりも不利益とみられる場合であっても，そのことだけで右の不利益部分についてはその効力を未組織の同種労働者に対して及ぼし得ないものと解するのは相当でない。けだし，同条は，その文言上，同条に基づき労働協約の規範的効力が同種労働者にも及ぶ範囲について何らの限定もしていない上，労働協約の締結に当たっては，その時々の社会的経済的条件を考慮して，総合的に労働条件を定めていくのが通常であるから，その一部をとらえて有利，不利ということは適当でないからである。また，右規定の趣旨は，主として一の事業場の４分の３以上の同種労働者に適用される労働協約上の労働条件によって当該事業場の労働条件を統一し，労働組合の団結権の維持強化と当該事業場における公正妥当な労働条件の実現を図ることにあると解されるから，その趣旨からしても，未組織の同種労働者の労働条件が一部有利なものであることの故に，労働協約の規範的効力がこれに及ばないとするのは相当でない。

しかしながら他面，未組織労働者は，労働組合の意思決定に関与する立場になく，また逆に，労働組合は，未組織労働者の労働条件を改善し，その他の利益を擁護するために活動する立場にないことからすると，労働協約によって特定の未組織労働者にもたらされる不利益の程度・内容，労働協約が締結されるに至った経緯，当該労働者が労働組合の組合員資格を認められているかどうか等に照らし，当該労働協約を特定の未組織労働者に適用することが著しく不合理であると認められる特段の事情があるときは，労働協約の規範的効力を当該労働者に及ぼすことはできないと解するのが相当である」。

2　最高裁は，本件労働協約の効力が生じた昭和58年７月11日にすでに満57歳に達していたＸが，本件労働協約が効力を生じたその日に，すでに定年に達していたものとしてＹを退職したことになるだけでなく，退職金も変更前の退職手当規程に基づき算出された金額から157万4800円を減額することは，著しく不合理であって，その限りにおいて，本件労働協約の効力はＸに及ぶものではないと判断した。

朝日火災海上保険（高田）事件では，労働条件を不利益に変更する労働協約の一般的拘束力が未組織労働者に及ぶのかが争われ，最高裁は，「労働協約によって特定の未組織労働者にもたらされる不利益の程度・内容，労働協約が締結されるに至った経緯，当該労働者が労働組合の組合員資格を認められているかどうか等に照らし，当該労働協約を特定の未組織労働者に適用することが著しく不合理であると認められる特段の事情があるときは，労働協約の規範的効力を当該労働者に及ぼすことはできない」という判断枠組みを示した。そして，本件では，「特段の事情」を認め，未組織労働者であるXには，本件労働協約の効力は及ばないと判断された。

少数組合がある場合　朝日火災海上保険（高田）事件の判断枠組みは，未組織労働者に対する拡張適用の可否が争われた場合にのみあてはまる。少数組合員に対しては，少数組合の団結権（憲法28条）に基づき，多数組合の締結した労働協約の一般的拘束力はそもそも及ばないと解される（少数組合が当該事項についてすでに労働協約を締結している場合にのみ拡張適用がないと解する裁判例として，桂川精螺製作所事件・東京地判昭和44・7・19労民集20巻4号813頁）。

⑶ 平和義務と平和条項

平和義務とは，労働協約の有効期間中に争議行為を行ってはならないという義務であり，労働協約で定められた事項について改廃を求めて争議行為を行わないという相対的平和義務については，労働協約が，団体交渉で合意した内容を書面化したものであることから，当然に認められると解されている。これに対して，労働協約の有効期間中に一切の争議行為を行ってはならないという絶対的平和義務については，労働協約の当事者がその旨の合意をした場合にのみ認められる。

平和義務に関連して，最高裁は，相対的平和義務違反の争議行為に参加したことのみを理由とする懲戒処分は無効であると判断している（弘南バス事件・最判昭和43・12・24民集22巻13号319頁〔最高裁は，懲戒処分の有効性が認められるためには，企業秩序が侵害されたことが必要であると述べている〕）。

平和条項とは，一定の手続を経なければ争議行為に訴えないことを定める労働協約の定めである。平和条項に違反して行われた争議行為は，その正当性が問題になりうる（➡**第16章1⑴**）。

⑷ 労働協約の終了

労働協約の終了　有効期間の定めのある労働協約は，かかる有効期間の満了によって終了する。労働協約は，3年を超える有効期間の定めをすることはできず，3年を超える有効期間を定めた労働協約は，3年の有効期間を定めた労働協約とみなされる（労組法15条1項および2項）。

有効期間の定めのない労働協約は，当事者の一方が，少なくとも解約を予定する日の90日前までに，署名または記名押印した文書によって相手方に予告して，解約することができる（労組法15条3項および4項）。

一部解約の可否　労働協約の全部ではなく，一部の条項のみを解約することができるかが問題となる。団体交渉は，流動的な労使関係において，労使双方が，ある事項では要求を通す代わりに，他の事項では譲歩するといった複雑な過程を経るものであり，そこで合意に達した事項が労働協約として成立し，特別な効力である規範的効力が認められるものである。したがって，一方当事者が，自己に不都合な部分のみを解約することを認めることは，望ましくない。裁判例では，協約締結時から事情が変化し，かつ他の部分とは独立性の高い条項についてのみ，一部解約が認められている（ソニー事件・東京地決平成６・３・29労判655号49頁，黒川乳業事件・大阪高判平成18・２・10労判924号124頁）。

余後効　労働協約が期間満了や解約によって終了した場合に，労働協約によって規律されていた事項はどうなるのか，とくに規範的部分について，労働協約が失効した場合に，組合員の労働条件はどうなるのかが問題となる。余後効とは，労働協約が失効しても，新たな規範が定められるまで，労働条件を規律する規範的効力は維持されるという効力を意味する。ドイツでは，余後効が法律で規定されているが，日本では，法律上の規定はないため，解釈によって認められるかが問題となる。この点について，規範的効力の意義について，化体説に立つと，労働協約の内容が労働契約の内容になっているので，労働協約が失効しても，そもそも労働契約に空白が生じないことになる。これに対して，外部規律説に立つと，労働協約が失効すると，労働契約において労働協約によって規律されていた部分が空白になってしまう。

実際には，労働協約には自動更新条項が設けられていることが多く，また日本では，労働条件は，労働協約だけでなく，就業規則によって規律されているので，余後効が問題になる場合はまれである。労働協約においてのみ規律されていた労働条件が，労働協約の失効によって，法的根拠を失ってしまう場合には，新しい規範が成立するまで，従前の労働協約に定める労働条件が引き続き妥当するという労働契約当事者の合意があったと解釈することによって，空白となった契約内容を補うことが可能であろう（このように解したといえる裁判例として，香港上海銀行事件・大阪高判昭和60・２・６労判462号142頁，音楽之友社事件・東京地判平成25・１・17労判1070号104頁）。

＜第15章の復習＞

1．Ａ組合は，Ｂ社の正社員のみを組織する企業別組合である。Ｂ社は，経営悪化を理由に，有期契約労働者を雇止めすることにした。Ａ組合は，このままリストラが進めば，正社員の雇用にも影響が出ると考え，雇い止めされる有期契約労働者に対する補償金についてＢ社に団体交渉を要求した。Ｂ社は，これに応じなければならないか？
2．誠実交渉義務とは何か。
3．団交拒否の救済として，考えられる法的手段をあげなさい。
4．労働協約の不利益変更の効力について，組合員の場合と非組合員との場合に分けて，説明しなさい。
5．余後効とは何か。

〈コラム〉 欧米の労使関係と日本の違い

日本では，企業別の労使関係が主流であるが，労使関係のあり方は国によって異なっている。ヨーロッパでは，労働組合は，産業ごとに存在し，組合員は，それぞれ別々の企業に勤めている。企業には，従業員の選挙で選ばれる従業員代表委員会があり，たとえば，ドイツの事業所委員会では，熱心な組合員が，事業所委員に選出されることが多い。事業所委員会の権限は法律で定められており（たとえば，ドイツでは，残業命令には，事業所委員会の同意が必要である），事業所委員会は，産別組合と協力しながら，従業員代表としての活動を行う。

ドイツでは，産別の労働協約は，日本と同様に，使用者が協約を締結した使用者団体のメンバーであり，かつ労働者も組合員でなければ，規範的効力は生じないが，労働契約において，産別の労働協約を援用することによって，広く，非組合員に対しても，労働協約で定める労働条件が適用されている。しかし，この協約によってカバーされる労働者の割合は，90年代初頭の約80％から現在は約60％に低下している。ドイツでは，労働条件は労使自治で決めるべきであるという理念が根強く，2014年まで，最低賃金法も存在しなかった。国家が一律に最低賃金額を決定する最賃法の制定は，労働組合の弱体化を象徴する出来事であった。

これに対して，フランスでは，組織率は約９％にもかかわらず，使用者が協約を締結した使用者団体のメンバーであれば，当該企業における全労働者に労働協約の規範的効力が及ぶため，協約のカバー率は90％以上である。

アメリカでも，労働組合は，職種や産業別に組織されているが，労働協約の適用はヨーロッパと異なっている。労働組合が，企業で選挙を行い，過半数の労働者の賛成を得ると，かかる交渉単位では，すべての労働者に対して，労働協約が適用されることになる（排他的交渉代表制）。使用者は，労働組合が過半数の賛成を得られないよう，激しいキャンペーンを展開するといわれている。

いずれの国でも，組合の組織率は低下し，労働組合を基礎とする集団的労働法は変化を余儀なくされている。日本では，企業別組合を補完するものとして，ヨーロッパのような従業員代表制度を法定化できないかが長年議論されている。しかし，個別的労働法による保護が充実してくると，相対的に，集団的労働法の役割が低下することは避けられない。あまり指摘されていないが，これは，労働法のジレンマではないだろうか。

第16章　争議権と組合活動権

はじめに

団体行動権は，憲法上保障され，これには争議権と組合活動権があるといわれる。

労働者の団体行動のうちの重要な手段が争議行為である。労働組合は，労働条件・処遇をめぐる使用者との団体交渉にあたって，その要求を貫徹しようとする。そのため，労働者側は，労働組合の決定により労働者の労務を集団で提供しないことにより，相手方の使用者に圧力をかける。これが争議行為，すなわち，ストライキである。

争議行為とは，「労働者の集団がその主張の示威または貫徹を目的として労務を完全または不完全に停止し，また必要によりこの労務停止を維持するためのピケ行為および使用者との取引拒否の呼びかけを行うこと」（菅野和夫『労働法（第12版）』959頁〔弘文堂・2019年〕）と定義される（争議行為には，集団的な労務の不提供のほか，ピケッティング，職場占拠等，ボイコットまで含まれうる）。なかでも，労働組合が主張や要求の実現のために行う労働者の集団的な労務の不提供（ストライキ）が重要である。たとえば，ストライキとは，航空会社のパイロットが航空機の運航を止めることである。

これに対し，組合活動は，労働組合が，団体交渉および争議行為以外に行う団体行動である。組合活動には，組合結成，加入の勧誘・援助，組合の運営，組合員の相互援助・相互支援，その他の社会的・政治的活動がある。また，組合の重要な活動として，意見の表明（ビラ・ニュースの発行，掲示等）・集会・示威（リボン・ワッペン，プレート，腕章，バッジ）活動などがある。

1　争議行為

労組法１条２項では，「労働組合の団体交渉その他の行為であつて前項に掲げる目的を達成するためにした正当なものについて適用があるものとする」と定め，正当な争議行為は，刑法上の正当行為として違法性が阻却される（刑事免責）。また，労組法８条では，「使用者は，同盟罷業その他の争議行為であつて正当なものによつて損害を受けたことの故をもつて，労働組合またはその組合員に対し賠償を請求することができない」と定め，正当な争議行為には民事免責を認めている。正当な争議行為には，民刑事免責が認められている（➡本章1(3)）。正当な争議行為を理由とする不利益取扱いは，公序良俗違反として無効であり（民法90条），不当労働行為として救済の対象となる（労組法７条）。

(1) 争議行為の正当性

争議行為が民刑事免責など法的保護を受けるためには，それが正当な行為であることが必要である。労組法１条２項（刑事免責）と８条（民事免責）も，いずれも「正当な」という要件を付している。正当な行為かどうかは，①主体の正当性，②目的の正当性，③態様の正当性，④手続の正当性（③に入れられることもある）に分けられる。

主体の正当性　争議行為とは，団体交渉において要求を貫徹するために圧力をかける行為であるから，争議行為の主体は，争議権保障の趣旨から，当該争議行為を遂行した者が団体交渉の主体になりうる者か否かにより決まる。団体交渉の主体である組合所定の決定を得ないストライキ，たとえば，**非公認スト**（下部組合が上部組合の承認を得ないで独自に行うストライキ）や**山猫スト**（組合員の一部集団が組合所定機関の承認を得ないで独自に行うストライキ）には正当性はない。

目的の正当性　憲法28条は団体交渉を中心とした労使の自治に法的基礎を与えることを本旨とし，団体交渉を機能させるための権利として争議権を保障しているので，団体交渉上の目的事項のために遂行させる争議行為のみ，正当性がある。経済的地位の向上の要請と関連性があることが重要である。労働者の労働条件その他経済的地位に関する事項，および労使関係の運営に関する事項であれば，正当性は認められる。

政治的主張の実現や立法的措置を要求する，**政治スト**は，憲法28条の保障，経済的地位の向上の要請とは無関係であるため，正当性がない（三菱重工業事件・最判平成４・９・25労判618号14頁）。

他の企業における他組合の争議支援のために行う**同情スト**は，正当性は認められない（杵島炭鉱事件・東京地判昭和50・10・21労民集26巻５号870頁）。

態様の正当性　態様の正当性については，次の①から③の三つの原則が重要である。

①労務の集団的停止であるストライキは，労務の完全ないし不完全な不提供にとどまる態様である限り，原則として正当性がある。作業能率を低下させる怠業（日本化薬事件・山口地判昭和30・10・13労民集６巻６号916頁）も，同様である。順法闘争も，消極的な怠業であり，正当といえる。ただし，故意に最高速度を時速10キロメートル減速させるという争議行為は，会社の定時運転体制を混乱させた

として，違法とされた（国・中労委〔東日本旅客鉄道〕事件・東京地判平成26・7・16労判1105号80頁）。

②争議時といえども暴力の行使は許されない（朝日新聞小倉支店事件・最大判昭和27・10・22民集6巻9号857頁）。暴力の行使は，人身の自由・安全という法秩序の基本原則に反し，正当性を有しない。労組法1条2項も「いかなる場合においても，暴力の行使は，労働組合の正当な行為と解釈されてはならない」と規定するが，民事免責，不利益取扱いの保護においても同様にいえるはずである。

③使用者の所有権その他の財産権を過度に侵害する争議手段も，正当性が否定されている。労働者が事業場を占拠し，使用者を排除して組合の管理のもとに企業運営を行う「生産管理」も，その正当性は否定されている（山田製鋼所事件・最大判昭和25・11・15刑集4巻11号2257頁）。

ピケッティング・職場占拠　ピケッティング，つまり，他の労働者（管理職等非組合員）や顧客に対して，職場や店舗に立ち入らないように働きかける行為は，言論による説得までは正当性がある。

民事事件においては，言論による説得にとどまることが必要であると解されている（たとえば，書泉事件・東京地判平成4・5・6労判625号44頁）。「団結の示威」やスクラム等の「最小限の有形力の行使」であっても，正当性がないと判断される。ただし，下級審の裁判例においては，「団結の示威」（三井三池三川鉱事件・福岡地決昭和35・5・4労民集11巻3号428頁）やスクラム等（四国電力事件・高松地決昭和30・10・10労経速190号2頁）「最小限の有形力の行使」について正当性があると判断するものがある。

これに対し，刑事事件においては，最高裁は，当該行為の具体的状況その他諸般の事情を考慮に入れ，それが法秩序全体の見地から許容されるべきものであるか否かを判定し，実力行使を認めない（国鉄久留米駅事件・最大判昭和48・4・25刑集27巻3号418頁）。

また，ストにあたって，組合員が企業の施設を占拠する戦術がとられることがある。職場占拠という。

case　**御國ハイヤー事件・最判平成4・10・2労判619号8頁**

〔事案の概要〕

X社は，従業員約115名を雇用し，常時42台のタクシーを稼働させて旅客運送事業を経営している会社である。Yらは，Xの労働者であり，Z組合の組合員である。

Ｚは，昭和57年の春闘においてＹとの間で４回にわたり団体交渉を行ったが，交渉は物別れに終わった。

Ｙらを含むＺの幹部はストライキを行うこととした。Ｚは，同月６日の団体交渉の席上で，Ｙに対しストライキを実施する旨を通告した。ストライキは予定どおり実施されたが，Ｙらは，Ｚの決定に従い，同年７月９日午前５時ころ，分会の組合員が稼働を終えて本件タクシーをＡ車庫に１台およびＢ車庫に５台それぞれ格納すると同時に，Y_2およびY_3がＡ車庫に，Y_4，Y_5およびY_6がＢ車庫に赴き，分会の組合員および支援組合員10名ないし15名と共に，ござなどを敷き右タクシーの傍らに座り込んだり寝転んだりして両車庫を占拠した。また，同月10日にも，Y_2およびY_5がＡ車庫に，Y_4，Y_6およびY_7がＢ車庫に，それぞれ右組合員らと共に座り込むなどして，両車庫の占拠を継続した。なお，その間，Y_1は右占拠の状況を視察していた。

Ｘは，Y_1らに対し，不法行為による損害賠償を請求した。１審は損害賠償請求を認容した。これに対し，原審は，Ｘの請求を棄却すべきものとした。

〔判旨〕 破棄・差戻

「ストライキは必然的に企業の業務の正常な運営を阻害するものではあるが，その本質は労働者が労働契約上負担する労務供給義務の不履行にあり，その手段方法は労働者が団結してその持つ労働力を使用者に利用させないことにあるのであって，不法に使用者側の自由意思を抑圧しあるいはその財産に対する支配を阻止するような行為をすることは許されず，これをもって正当な争議行為と解することはできない」「そして，右の理は，非組合員等により操業を継続してストライキの実効性を失わせるのが容易であると考えられるタクシー等の運行を業とする企業の場合にあっても基本的には異なるものではなく，労働者側が，ストライキの期間中，非組合員等による営業用自動車の運行を阻止するために，説得活動の範囲を超えて，当該自動車等を労働者側の排他的占有下に置いてしまうなどの行為をすることは許されず，右のような自動車運行阻止の行為を正当な争議行為とすることはできないといわなければならない。右タクシー等の運行を業とする企業において，労働者は，ストライキの期間中，代替要員等による操業の継続を一定の限度で実力により阻止する権利を有するようにいう原判示は，到底是認することのできないものである」。

タクシー会社で，組合員らがタクシーの傍らに座り込んだり寝転んだりして，タクシーの車庫を占拠した事件で，最高裁は，「説得活動の範囲を超えて，当該自動車等を労働者側の排他的占有下に置いてしまうなどの行為をすることは許され」ないと判断した。

ボイコット　組合がストライキを補強する手段として，使用者の製品やサービスの不売を顧客や公衆に訴える，ボイコットは，誹謗や中傷，虚偽に至らない言論による説得行為にとどまる限りは，正当である（福井新聞社事件・福井地判昭和43・5・15労民集19巻3号714頁）。しかし，ボイコットが虚偽に基づく製品の悪口である場合，正当性はない（岩田屋事件・福岡高判昭和39・9・29労民集15巻5号1036頁）。

手続の正当性　争議行為には，フェアプレーの原則から，事前の通告が必要であるという見解がある。確かに，争議行為は，公益保護の観点から労働委員会などへの通告が要求されている場合（労調法36条1項）を除いて，法が事前の通知を予定するものではない。しかし，団体交渉での回答をまたずにただちに予告なしで争議行為を行うことは，業務を全く停止させ，甚大な損害を与えたものである限り，正当とはいえない（富士文化工業事件・浦和地判昭和35・3・30労民集11巻2号280頁）。

予告が，スト開始1，2分前の通知であったとしても，代替要員が確保されたことなどから，争議行為の正当性は否定されなかった裁判例がある（ベルリッツ事件・東京地判平成24・2・27判タ1384号158頁）。

なお，スローダウン，怠業のような争議行為では，争議行為かどうかを明確にしない限りはその外形からは容易に判定し得ない場合が多いため，争議開始の予告なしのスローダウンは，正当性を有しないと解されている（日本テキサス・インスツルメンツ事件・浦和地判昭和49・12・6労民集25巻6号552頁）。

⑵　争議行為と賃金請求権

争議行為と賃金　ストライキのために，労務提供を拒否した労働者に対して，使用者は，賃金支払義務を負わない（ノーワーク・ノーペイの原則）。

では，家族手当などはカットできるであろうか。

賃金には，労働者の労務提供に対応して支払われる「交換的部分」と労働者の生活補助の目的のために支払われる「生活保障的部分」（家族手当など）とに分かれるとし，ストによって，「交換的部分」をカットすることはできるが，「生活保障的部分」はカットできないという，いわゆる二分説も有力であった。

最高裁は，二分説を否定し，賃金請求権の有無は，当該労働協約等の定めまたは労働慣行の趣旨に照らし個別的に判断するのを相当とし，20年間規定に基づいてスト期間中の家族手当を削減してきた場合に，家族手当は削減しうると判断した（三菱重工長崎造船所事件・最判昭和56・9・18民集35巻6号1028頁）。

部分ストと賃金　ストライキに参加しなかったが，ストライキのために，労働が客観的に無価値となった場合に，使用者は，賃金支払義務を負うのであろうか。ある組合が自組合員の一部にだけ行わせるストライキ（部分スト）と従業員の一部のみを組織する組合によるストライキ（一部スト）が行われた場合には，その結果就労し得なかったスト不参加労働者の賃金請求権が生じるかが問題になる。

case　**ノースウエスト航空事件・最判昭和62・7・17民集41巻5号1283頁**

〔事案の概要〕 Y社は，民間定期航空運輸事業等を営むアメリカ法人であり，東京のほか大阪および沖縄に営業所を有している。Xらは，Yの従業員でA組合に所属し，沖縄または大阪の各営業所において勤務していた。

Aはかねてから Y に対し Y と別会社との間の契約が職業安定法44条違反であると指摘していた。組合が昭和49年9月，同法違反を告発し，こうしたなか，組合は（別会社の）グランド・ホステスの全員無試験での正社員化を要求して第一次ストライキを決行した。

また，Yは，同年10月，搭載課と貨物課との統合を発表し，かつYがC社に対してY所有の機材を売却したことに対して，Aが上記統合撤回と売却中止を要求したところ，Aはその後第二次ストを行い，ハンガーおよびその附近にY所有の機材を集合させた。

Aは，職業安定法44条違反の状態は除去されないとして，あくまでも搭載係員の統合撤回および機材売却中止という要求の貫徹を目指して本件ストライキを決行したものであるが，AはYの業務用機材を占拠して飛行便の運行スケジユールの大幅な変更をYに余儀なくさせた。ストとAの妨害戦術の結果，東京・沖縄間の航空便は大部分が，東京・大阪間は半数以上が運休を余儀なくされた。そのため，Yは，沖縄および大阪営業所に勤務するXらに休業を命じ，その就労を拒んだ。そこで，Xらは，休業期間中の賃金，予備的に休業手当の支払いを求めた。第1審はXらの請求をすべて棄却したが，控訴審は休業手当についてのみ請求を認容した。XらおよびY社の双方が上告。

〔判旨〕

「企業ないし事業場の労働者の一部によるストライキが原因で，ストライキに参加しなかった労働者が労働をすることが社会観念上不能または無価値となり，その労働義務を履行することができなくなった場合，不参加労働者が賃金請求権を有するか否かについては，当該労働者が就労の意思を有する以上，その個別の労働契約上の危険負担の問題として考察すべきである。このことは，当該労働者がストライキを行ったAに所属していて，組合意思の形成に関与し，ストライキを容認しているとしても，異なるところはない。ストライキは労働者に保障された争議権の行使であって，使用者がこれに介入して制御することはできず，また，団体交渉において組合側にいかなる回答を与え，どの程度譲歩するかは使用者の自由であるから，団体交渉の決裂の結果ストライキに突入しても，そのことは，一般に使用者に帰責さるべきものということはできない。したがつて，労働者の一部によるストライキが原因でストライキ不参加労働者の労働義務の履行が不能となった場合は，使用者が不当労働行為の意思その他不当な目的をもってことさらストライキを行わしめたなどの特別の事情がない限り，右ストライキは民法536条２項の「債権者ノ責ニ帰スヘキ事由」には当たらず，当該不参加労働者は賃金請求権を失うと解するのが相当である」。

「労働基準法26条の『使用者の責に帰すべき事由』の解釈適用に当たっては，いかなる事由による休業の場合に労働者の生活保障のために使用者に前記の限度での負担を要求するのが社会的に正当とされるかという考量を必要とするといわなければならない。このようにみると，右の『使用者の責に帰すべき事由』とは，取引における一般原則たる過失責任主義とは異なる観点をも踏まえた概念というべきであって，民法536条２項の『債権者ノ責ニ帰スヘキ事由』よりも広く，使用者側に起因する経営，管理上の障害を含むものと解するのが相当である」。

「Ａは，Ｙとは異なった見解に立ち，右改善案によっても職業安定法違反の状態は除去されないとして，あくまでも搭載係員の統合撤回および機材売却中止という要求の貫徹を目指して本件ストライキを決行し，Ｙの業務用機材を占拠して飛行便の運行スケジュールの大幅な変更を余儀なくさせたというのであるから，本件ストライキは，もっぱらＹらの所属するＡが自らの主体的判断とその責任に基づいて行ったものとみるべきであって，Ｙ側に起因する事象ということはできない。…そして，前記休業を命じた期間中飛行便がほとんど大阪および沖縄を経由しなくなったため，Ｙは管理職でないＸらの就労を必要としなくなったというのであるから，その間Ｘらが労働をすることは社会観念上無価値となったといわなければならない。そうすると，本件ストライキの結果ＹがＸらに命じた休業は，Ｙ側に起因する経営，管理上の障害によるものということはできないから，Ｙの責に帰すべき事由によるものということはできず，Ｘらは右休業につきＹに対し休業手当を請求することはできない」。

部分ストについて，東京でのストライキが原因で航空便が欠航となり，他の空港の従業員の業務がなくなり，ストライキ不参加者が労働をすることが「社会観念上不能または無価値」となり，ストライキ不参加者が労働義務を履行することができなくなった場合，まず，労働契約上の危険負担が問題となる。空港でのストが原因で，他の空港での業務が社会的に無価値になったケースは，民法536条２項の債権者（使用者）の責めに帰すべき事由でなく，スト不参加者は賃金請求権を失う。また，同じ場合が，労基法26条の責めに帰すべき事由にもあたらず，スト不参加者には，休業手当請求権も認められない。最高裁は，使用者が団体交渉に譲歩し，ストを回避しなければならないわけではなく，使用者に責めに帰すべき事由はないからであると捉えている。つまり，使用者がスト回避のため団体交渉で譲歩するかどうかは，自由であるというものである。

これに対して，一部ストについては，不参加者に休業手当請求権を認めた裁判例がある（明星電気事件・前橋地判昭和38・11・14労民集14巻６号1419頁）。

⑶　民事・刑事免責等

刑事免責　争議行為は，刑法上犯罪構成要件に該当しうる。しかし，争議権（憲法28条）が保障されるなか，正当な争議行為については違法性が阻却され（刑法35条の「正当な行為」。労組法１条２項），刑事責任が問われない。これを刑事免責という。

民事免責　労働者の争議行為が，民法上は債務不履行（民法415条）や不法行為（民法709条）として使用者に損害を与えるものであっても，それが正当なものであれば，労働者および労働組合は，損害賠償責任を負わない（労組法８条）。

違法な争議行為が行われた場合，学説では，争議行為の本質は団体の中に埋没しているため，個人への損害賠償責任を否定し，組合のみが不法行為責任を負うという見解，すなわち，個人責任否定論が有力であった。

これに対し，個人責任肯定説では，組合が不法行為責任を負うほか，個々の組合員（とくに幹部）が第二次的な責任を負うとする。争議行為を実施した組合が争議行為を組織し集団化したことによって不法行為が生じたものであり，不法行為責任によって，組合幹部が責任を負うべきである（前掲・書泉事件［当該行為が個人の行為でもあるとする］）。

懲戒処分　正当性のない争議行為については，使用者が労働組合員に対して行う懲戒処分の有効性が問われる。この点に関しても，違法争議の責任については，その行為を指令・指導した組合幹部の責任がまず問われる。懲戒処分の可否は，行為者の現実の行為と役割を企業秩序の侵犯の程度・態様により実質的に判断すべきである（菅野・前掲書989頁）。

⑷　ロックアウト

ロックアウトとは，使用者が労働組合に対する圧力手段として，労務の提供の受領を集団的に拒否することである。使用者が争議を有利に導くための手段として，事業場から集団を締め出す目的でなされる。ロックアウトの効果として，組合員を事業場から締め出すことの可否が論じられることもある。

ロックアウトの正当性は，「衡平の原則」に照らし，労使関係の勢力の均衡を回復するための対抗防御手段として使用者が行う争議行為に相当性を認められる限りにおいて，個々の具体的な労働争議における労使間の交渉態度，経過，組合側の争議行為の態様，それによって使用者側の受ける打撃の程度等に関する具体的諸事情に基づいて判断される（丸島水門製作所事件・最判昭和50・4・25民集29巻4号481頁）。そして，判例では，労働者の業務阻害行為による損害を軽減して防御のためロックアウト，すなわち，使用者の「**防御的ロックアウト**」のみ，正当なものとして是認されている（前掲・丸島水門製作所事件，安威川生コンクリート工業事件・最判平成18・4・18労判915号6頁）。

これに対し，防御の範囲をこえて，使用者の主張を組合にのませるためのロックアウト，たとえば，四班三交替制に関して協約締結を迫るという目的の「先行的攻撃的ロックアウト」は，正当性が否定される（日本原子力研究所事件・最判昭和58・6・13民集37巻5号636頁）。

使用者が正当なロックアウトを行った場合には，賃金支払義務は生じない。

2　組合活動

争議行為以外の団体行動は，組合活動と呼ばれる。つまり，組合活動は，労働組合が団体交渉および争議行為以外に行う団体行動である。

組合活動には，組合結成，加入の勧誘・援助，組合の日常の運営，組合員の相互援助・相互支援，対使用者活動，その他の社会的・政治的活動がある。また，前記の通り，組合の重要な活動等として，意見の表明（ビラ・ニュースの発行，掲示等）・集会・示威（リボン・ワッペン，プレート，腕章，バッジ）活動などがある。

⑴　組合活動権の保障

憲法28条で保障される「団体行動」権の一つとして，組合活動権は，憲法上保障される。

組合活動は，刑事免責の対象となるが，これが公序の対象となり（民法90条），不法行為の損害賠償の対象ともなり得るが（民法709条），これも正当なものである限り，民事免責の対象となる。正当なものである限り，正当な組合活動は，刑事免責，民事免責の対象となるのである。

また，組合活動の正当性がある場合には，それを理由とする懲戒処分は無効となり得るし，不当労働行為が成立し得る。

(2) 組合活動の正当性

組合活動の主体・目的の正当性　組合活動は，団体交渉を有利に進めるための圧力的権利ではないため，争議行為の正当性とは異なり，組合活動の主体と目的の正当性には，団体交渉との関係での制限はない。すなわち，組合活動の主体の正当性については，団体交渉の当事者でなければならないという限定はない。

組合内少数派による執行部批判や労務管理の批判等のビラの配布は，組合の民主化をめざしたものであれば，正当性は否定されない（全日産自動車労組事件・横浜地判昭和62・9・29労判505号36頁〔組合による批判的なビラ配布に対して，除名をもって臨むのは社会通念に照らし著しく合理性，妥当性を欠くと判断された〕）。

組合活動の態様の正当性　組合活動は，就業時間外のみならず，就業時間中も行われる。しかも，組合活動は企業の施設を利用して行われることもある。とくに，日本の組合は，企業別組合が多く，組合活動は，企業施設を利用して行われるため，使用者の施設管理権と抵触する。また，就業時間中の組合活動については，業務の運営，施設管理や服務規律と衝突し，紛争に発展することが多い。

リボン闘争・組合バッジの着用　リボン・ワッペン・鉢巻・腕章などを就業時間中に着用する組合活動の正当性が問題になる。リボン闘争は，業務の運営，服務規律と対立することが多く，企業秩序を維持する使用者の権能と衝突する。

case　**大成観光事件・最判昭和57・4・13民集36巻4号659頁**

〔事案の概要〕

ホテルX社の従業員で組織するA組合は，昭和45年10月6日午前9時から同月8日午前7時までの間および同月28日午前7時から同月30日午後12時までの間の2回，Xにおいて，就業時間中に組合員たる従業員が各自「要求貫徹」またはこれに添えて「ホテル労連」と記入した本件リボンを着用するというリボン闘争を実施した。Xは，この間リボンを取り外すよう警告したが，A組合はこれに応じなかった。そこでXは，リボン闘争を指令した組合三役6名を減給ないし譴責処分に付した。

Aと被処分者らは右処分は不当労働行為（労組法7条1号該当）であると主張してYに救済を申し立てた。Yは本件リボン闘争は正当な「争議行為」であるとして不当労働行為を認定し，懲戒処分の取消しと減給分の支払いを命じた。Xは，

Ｙを相手取り上記命令の取消しを求めて地裁に行政訴訟を提起した。１審は本件懲戒処分は不当労働行為に該当しないとして救済命令を取り消した。１審は，本件リボン闘争の「一般違法性」（「組合活動の面」と「争議行為の面」とをあわせもつという）と「特別違法性」につき吟味し，およそ次のように説示した。「一般違法性」の観点から，「組合活動」の正当性を判断し，勤務時間中に労働者が労務に服しながらリボン闘争による組合活動に従事することは，誠意に労務に服すべき労働者の義務に違背するものと解するのが相当である。また，「特別違法性」の観点からみても，Ｘは超一流のホテルを建設することを発意して設立されたホテルであり，とくに政治，経済，宗教，文化等各界のトップ級の外客から利用され，当該ホテルにおいては，リボン闘争は「業務の正常な運営を阻害する意味合いに深甚なもの」があるからやはり違法であるとした。控訴審は，１審判決が支持された。Ｙが上告。

〔**判旨**〕上告棄却

「原審の適法に確定した事実関係のもとにおいて，本件リボン闘争は就業時間中に行われた組合活動であって参加人組合の正当な行為にあたらないとした原審の判断は，結論において正当として是認することができる。」

労働者は労務提供義務を負うが，単に労働力を提供すればよいだけではなく，信義則上，誠実に履行すべき義務がある。また，労働者は**職務専念義務**（職務上の注意力のすべてを職務遂行のために用い職務にのみ従事すべき義務）を負っている（前掲・目黒電報電話局事件）。しかし，広範囲に職務専念義務があるとすると，勤務時間中全人格的に従属せざるを得なくなってしまう。そこで，職務専念義務を負うとしても，労働者が労働契約に基づきその職務を誠実に履行しなければならないという義務であって，この義務と何ら支障なく両立し，使用者の業務を具体的に阻害することのない行動は，職務専念義務に違背するものではないという見解もあり得る（本件に関する伊藤正己判事の反対意見。伊藤判事によれば，本件リボン闘争は，同義務と両立しないものであり，当該ホテルの業務に具体的に支障をきたすという）。

組合バッジの就業時間中の着用は，原則として，職務専念義務に違反し，企業秩序を乱すものであるといわざるを得ないが，しかし，それが労働組合に対する団結権の否認ないし労働組合に対する嫌悪の意図を決定的な動機として行われたものと認められるときには，バッジの着用禁止は，かえって許されないと解する裁判例がある（JR東日本〔神奈川国労バッジ〕事件・東京高判平成11・2・24労判763号34頁）。

就業時間中のリボン・バッジ着用は，本来原則として，団結権ないし組合活動権の一内容として認められるはずである。そして，企業秩序ないし職場規律に違反するかどうかは，他の従業員，顧客，取引業者に具体的に影響を与え，企業秩序や業務に具体的に支障を与えているかどうかによって判断されるべきである，という解釈もあり得る。

ビラ貼り・ビラ配布　労働組合は企業の掲示板を借りるなどしてビラを貼るという情宣活動を行う。しかし，使用者の許可を得ないで企業施設にビラを貼ることが，団結権ないし組合活動権の範囲内で許されるかは，問題になりうる。

case　**国鉄札幌運転区事件・最判昭和54・10・30民集33巻6号647頁**

〔**事案の概要**〕

春闘に臨むにあたり，A組合の指令に基づいて，傘下の分会においては，その実施を同分会青年部は，ロッカーにセロテープでビラを貼付することとし，白紙のビラ用紙に各自が要求事項を記入してビラを作成した。そして，組合役員のX_1～X_4らが，旅客などの立ち入らない「詰所」などに備え付けられ職員に日常的に利用に供されていたロッカー（約300余）に各1～2枚のビラをセロテープで貼付した。これらのビラは，縦約40㎝，横約13㎝のサイズであり，その下部に「A札幌地本」と印刷され，余白部分に「合理化反対」等の文言が記載されていた。Yは，就業規則の懲戒規定に基づき，X_1らを戒告処分に付した。Y_1～Y_4は，その無効を主張して本件の訴えを提起した。1審判決は本件処分を有効としたが，これに対して，2審判決は，業務を阻害せず施設管理に支障を与えなかったことを重視して本件ビラ貼りの正当性を認め，本件処分を無効とした。X_1らは上告。

〔**判旨**〕破棄自判

「労働組合が当然に当該企業の物的施設を利用する権利を保障されていると解すべき理由はなんら存しないから，労働組合またはその組合員であるからといって，使用者の許諾なしに右物的施設を利用する権限をもっているということはできない」。「労働組合による企業の物的施設の利用は，本来，使用者との団体交渉等による合意に基づいて行われるべきものであることは既に述べたところから明らかであって，利用の必要性が大きいことのゆえに，労働組合またはその組合員において企業の物的施設を組合活動のために利用しうる権限を取得し，また，使用者において労働組合またはその組合員の組合活動のためにする企業の物的施設の利用を受忍しなければならない義務を負うとすべき理由はない，というべきである」。そこで，「労働組合またはその組合員が使用者の許諾を得ないで叙上のような企業の物的施設を利用して組合活動を行うことは，これらの者に対しその利用を許さないことが当該物的施設につき使用者が有する権利の濫用であると認められるような特段の事情がある場合を除いては，職場環境を適正良好に保持し規律のある業務の運営態勢を確保しうるように当該物的施設を管理利用する使用者の権限を侵し，企業秩序を乱すものであって，正当な組合活動として許容されるところであるということはできない」。

「貼付されたビラは当該部屋を使用する職員等の目に直ちに触れる状態にあり，かつ，これらのビラは貼付されている限り視覚を通じ常時右職員等に対しいわゆる春闘に際しての組合活動に関する訴えかけを行う効果を及ぼす」ことからすると，その貼付を許さないこととしても「企業秩序維持の観点からみてやむを得ないところ」であって，貼付を許さないことを目してその物的施設についてのＹの権利の濫用であるとすることはできない。

最高裁は，使用者の許諾を得ないで企業施設を利用して組合活動を行うことは，正当性を有しないと判示した。使用者が利用を許さないことが使用者の施設管理権の濫用と認められる特段の事情がない限り正当性を有しないとした，この見解は，**許諾説**とも呼ばれる。この事件では，職員詰所のロッカーの扉に粘着テープで貼ったというビラ貼り行為が問題になった。これに対し，団結権ないし組合活動権を根拠として，使用者は労働組合活動を受忍すべき義務があるとし，ビラ貼りに関する組合の必要性と使用者の被る業務運営上・施設管理上の支障とを比較考量して決められるという**受忍義務説**が有力に主張されていたが，最高裁は，受忍義務説を否定した。

その一方で，**ビラ配布**に関して，ビラの内容，ビラ配布の態様等に照らして，その配布が学校内の職場規律を乱すおそれがなく，また，生徒に対する教育的配慮に欠けることとなるおそれのない特別の事情が認められるときは，組合活動としてのビラ配布は許されると判断されている（倉田学園事件・最判平成６・12・20民集48巻８号1496頁）。同事件は，始業時間前，組合員である教員が，職員室内の各教員の机上に，印刷面を内側に二つ折りにして置く方法で職場ニュースを数度配布したという事件であった。

街頭を含む情報宣伝活動　労働組合は，企業の内外で，ビラ配布，演説，シュプレヒコール，デモ行進などの情報宣伝活動を行う。

労働組合の組合活動としての表現行為，宣伝行動によって使用者の名誉や信用が毀損された場合であっても，当該表現行為，宣伝行動において摘示され，その前提とされた表現内容が真実であると証明され，真実と信じるについて相当の理由がある場合，それが労働組合の活動として公共性を失わない限り，違法性が阻却される（スカイマーク事件・東京地判平成19・3・16労判945号76頁〔本社前での情宣活動につき正当性があるとした〕）。

情宣活動を企業経営者の自宅またはその地域において行うことがあるが，企業経営者といえども，個人として，住居の平穏や地域社会ないし私生活の領域における名誉・信用が保護，尊重されるべきであろう。労働組合の権利は企業経営者の私生活の領域までは及ばず，企業経営者の住居の平穏や地域社会（ないし私生活）における名誉・信用という具体的な法益を侵害しないものである限りにおいて，情宣活動は，表現の自由の行使として相当性を有し，容認されることがあるにとどまるものと解する（甲野事件・東京地判平成21・2・20判時2058号147頁）

組合活動のための施設利用　わが国の企業別組合は企業の施設を利用して，組合活動をせざるを得ない。とくに，労働組合は集会などを行うためには，企業の施設を利用させてもらうのが，企業内組合の組合員にも簡便である。そこで，団結権ないし組合活動権に基づき企業施設を一定限度で利用する権限を有し，使用者はこの利用を受忍する義務があるとする受忍義務説が説かれた。これに対して，上述の通り，最高裁は，労働組合またはその組合員が使用者の許諾を得ないで企業施設を利用して組合活動を行うことは，これらの者に対しその利用を許さないことが当該企業施設につき使用者が有する権利の濫用であると認められるような特段の事情がある場合を除いては，当該企業施設を管理利用する使用者の権限を侵し，企業秩序を乱すものであり，正当な組合活動に当たらないと判断した（前掲・国鉄札幌運転区事件，オリエンタルモーター事件・最判平成7・9・8労判679号11頁）。

＜第16章の復習＞

1．争議行為の正当性の判断基準について論じなさい。

2．職場占拠は，争議行為として正当性を有するか。

3．部分ストの場合の賃金請求権および，休業手当請求権の有無について説明しなさい。

4．企業内での職務中のリボン闘争は，組合活動としての正当性を有するか。

5．企業内で日常的に利用に供されていたロッカー（約300余）に，会社に無許可で組合員らは各1～2枚のビラをセロテープで貼付した。これらのビラは，縦約40㎝，横約13㎝のサイズであり，その下部に組合名が印刷され，余白部分に「合理化反対」等の文言が記載されていた。会社は，就業規則の懲戒規定に基づき，当該労働組合員を戒告処分に付した。こうした企業内でのビラ貼りは，組合活動としての正当性を有するか。

〈コラム〉 責めに帰すべき事由とは

令和２（2020）年施行の改正民法では，債権者に帰責事由がある場合には，536条２項により，債権者は反対債務の履行を拒絶することができないと規定されている。民法536条の効果として履行拒絶を認める構成となっている。つまり，使用者に帰責事由がある場合，使用者は賃金支払いの履行を拒絶できないことになる。その場合，労働者は使用者に賃金の支払いを請求し得ることになる。

ところで，改正民法では，損害賠償について，過失責任の原則を離れ，「契約および取引上の社会通念」に照らして「責めに帰すべき事由」をとらえることにした。

このことに対応して，民法536条２項でも，当該契約のもとでの不履行原因に関するリスクの観点が考慮されるべきであると説かれる（潮見佳男『新債権総論Ⅰ』590頁〔信山社・2017年〕）。つまり，労働契約，規則，労働協約等で想定される契約のリスク（たとえば，労働者の長期の私傷病の場合の賃金の支払いの有無等）を予め定めるのが望ましいということになる。このため，労働者の債務の本旨に従った履行の提供がない場合に（たとえば，労働者の長期の私傷病の場合で，軽減された業務でも労務の提供ができない場合），使用者が賃金を支払うべきかどうか，については，労働契約，規則，労働協約等の定めまたは労働慣行の趣旨に照らし（リスク配分上）賃金削減となるかどうか，あるいは賃金削減が社会通念上通例であったといえるかによって決せられることになると解されるのである。

労基法26条では，使用者の責めに帰すべき事由による休業の場合に平均賃金の６割の支払いを使用者に義務づけ，就業規則もこれに対応して「自宅待機等の期間は，労基法第26条の休業手当を支払うものとする。」と定めていたが，弁護士法人が業務停止処分を受けた場合に，従業員に行わせるべき業務がなくなり，そのことを理由に弁護士に自宅待機命令を発した事件において，本件就業規則上も民法536条２項の適用を排除する旨明記されていないことに照らすと，上記就業規則の規定が，使用者の帰責事由により労働者が自宅待機となった場合に休業手当を超える部分を支給しないという趣旨までを含むものとは解されないとして，賃金の全額の支払いを当該法人に命じている（アディーレ事件・東京地判平成31・１・23労経速2382号28頁）。

モデル就業規則（抜粋）

令和２年11月版厚生労働省労働基準局監督課

第１章　総則

（目的）

第１条　この就業規則（以下「規則」という。）は，労働基準法（以下「労基法」という。）第89条に基づき，________株式会社の労働者の就業に関する事項を定めるものである。

２　この規則に定めた事項のほか，就業に関する事項については，労基法その他の法令の定めによる。

（適用範囲）

第２条　この規則は，________株式会社の労働者に適用する。

２　パートタイム労働者の就業に関する事項については，別に定めるところによる。

３　前項については，別に定める規則に定めのない事項は，この規則を適用する。

（規則の遵守）

第３条　会社は，この規則に定める労働条件により，労働者に就業させる義務を負う。また，労働者は，この規則を遵守しなければならない。

第２章　採用・異動等

……

（試用期間）

第６条　労働者として新たに採用した者については，採用した日から____か月間を試用期間とする。

２　前項について，会社が特に認めたときは，試用期間を短縮し，又は設けないことがある。

３　試用期間中に労働者として不適格と認めた者は，解雇することがある。ただし，入社後14日を経過した者については，第２項に定める手続によって行う。

４　試用期間は，勤続年数に通算する。

……

（人事異動）

第８条　会社は，業務上必要がある場合に，労働者に対して就業する場所及び従事する業務の変更を命ずることがある。

２　会社は，業務上必要がある場合に，労働者を在籍のまま関係会社へ出向させることがある。

３　前２項の場合，労働者は正当な理由なくこれを拒むことはできない。

（休職）

第９条　労働者が，次のいずれかに該当するときは，所定の期間休職とする。

①　業務外の傷病による欠勤が____か月を超え，なお療養を継続する必要があるため勤務できないとき　____年以内

②　前号のほか，特別な事情があり休職させることが適当と認められるとき　必要な期間

2　休職期間中に休職事由が消滅したときは，原則として元の職務に復帰させる。ただし，元の職務に復帰させることが困難又は不適当な場合には，他の職務に就かせることがある。

3　第１項第１号により休職し，休職期間が満了してもなお傷病が治癒せず就業が困難な場合は，休職期間の満了をもって退職とする。

第３章　服務規律

（服務）

第10条　労働者は，職務上の責任を自覚し，誠実に職務を遂行するとともに，会社の指示命令に従い，職務能率の向上及び職場秩序の維持に努めなければならない。

（遵守事項）

第11条　労働者は，以下の事項を守らなければならない。

① 許可なく職務以外の目的で会社の施設，物品等を使用しないこと。
② 職務に関連して自己の利益を図り，又は他より不当に金品を借用し，若しくは贈与を受ける等不正な行為を行わないこと。
③ 勤務中は職務に専念し，正当な理由なく勤務場所を離れないこと。
④ 会社の名誉や信用を損なう行為をしないこと。
⑤ 在職中及び退職後においても，業務上知り得た会社，取引先等の機密を漏洩しないこと。
⑥ 酒気を帯びて就業しないこと。
⑦ その他労働者としてふさわしくない行為をしないこと。

（職場のパワーハラスメントの禁止）

第12条　職務上の地位や人間関係などの職場内の優越的な関係を背景とした，業務上必要かつ相当な範囲を超えた言動により，他の労働者の就業環境を害するようなことをしてはならない。

（セクシュアルハラスメントの禁止）

第13条　性的言動により，他の労働者に不利益や不快感を与えたり，就業環境を害するようなことをしてはならない。

（妊娠・出産・育児休業・介護休業等に関するハラスメントの禁止）

第14条　妊娠・出産等に関する言動及び妊娠・出産・育児・介護等に関する制度又は措置の利用に関する言動により，他の労働者の就業環境を害するようなことをしてはならない。

（その他あらゆるハラスメントの禁止）

第15条　第12条から前条までに規定するもののほか，性的指向・性自認に関する言動によるものなど職場におけるあらゆるハラスメントにより，他の労働者の就業環境を害するようなことをしてはならない。

……

（遅刻，早退，欠勤等）

第18条　労働者は遅刻，早退若しくは欠勤をし，又は勤務時間中に私用で事業場から外出する際は，事前に＿＿＿＿＿に対し申し出るとともに，承認を受けなければならない。ただし，やむを得ない理由で事前に申し出ることができなかった場合は，事後に速やかに届出をし，承認を得なければならない。

2　前項の場合は，第43条に定めるところにより，原則として不就労分に対応する賃金は控除する。

3　傷病のため継続して____日以上欠勤するときは，医師の診断書を提出しなければならない。

第４章　労働時間，休憩及び休日

（労働時間及び休憩時間）

第19条　労働時間は，１週間については40時間，１日については８時間とする。

2　始業・終業の時刻及び休憩時間は，次のとおりとする。ただし，業務の都合その他やむを得ない事情により，これらを繰り上げ，又は繰り下げることがある。この場合，　　　前日までに労働者に通知する。

①　一般勤務

始業・終業時刻	休憩時間
始業　　午前____時____分	____時____分から____時____分まで
終業　　午後____時____分	

②　交替勤務…略……

……

（休日）

第20条　休日は，次のとおりとする。

①　土曜日及び日曜日

②　国民の祝日（日曜日と重なったときは翌日）

③　年末年始（ 12 月____日～ 1 月____日）

④　夏季休日（____月____日～____月____日）

⑤　その他会社が指定する日

2　業務の都合により会社が必要と認める場合は，あらかじめ前項の休日を他の日と振り替えることがある。

（時間外及び休日労働等）

第21条　業務の都合により，第19条の所定労働時間を超え，又は第20条の所定休日に労働させることがある。

2　前項の場合，法定労働時間を超える労働又は法定休日における労働については，あらかじめ会社は労働者の過半数代表者と書面による労使協定を締結するとともに，これを所轄の労働基準監督署長に届け出るものとする。

3　妊娠中の女性，産後１年を経過しない女性労働者（以下「妊産婦」という）であって請求した者及び18歳未満の者については，第２項による時間外労働又は休日若しくは深夜（午後10時から午前５時まで）労働に従事させない。

4　災害その他避けることのできない事由によって臨時の必要がある場合には，第１項から前項までの制限を超えて，所定労働時間外又は休日に労働させることがある。ただし，この場合であっても，請求のあった妊産婦については，所定労働時間外労働又は休日労働に従事させない。

第５章　休暇等

（年次有給休暇）

第22条　採用日から６か月間継続勤務し，所定労働日の８割以上出勤した労働者に対しては，10日の年次有給休暇を与える。その後１年間継続勤務するごとに，当該１年間において所定労働日の８割以上出勤した労働者に対しては，下の表のとおり勤続期間に応じた日数の年次有給休暇を与える。

勤続期間	６か月	１年 ６か月	２年 ６か月	３年 ６か月	４年 ６か月	５年 ６か月	６年 ６か月以上
付与日	10日	11日	12日	14日	16日	18日	20日

2　…略…

3　第１項又は第２項の年次有給休暇は，労働者があらかじめ請求する時季に取得させる。ただし，労働者が請求した時季に年次有給休暇を取得させることが事業の正常な運営を妨げる場合は，他の時季に取得させることがある。

4　前項の規定にかかわらず，労働者代表との書面による協定により，各労働者の有する年次有給休暇日数のうち５日を超える部分について，あらかじめ時季を指定して取得させることがある。

5　第１項又は第２項の年次有給休暇が10日以上与えられた労働者に対しては，第３項の規定にかかわらず，付与日から１年以内に，当該労働者の有する年次有給休暇日数のうち５日について，会社が労働者の意見を聴取し，その意見を尊重した上で，あらかじめ時季を指定して取得させる。ただし，労働者が第３項又は第４項の規定による年次有給休暇を取得した場合においては，当該取得した日数分を５日から控除するものとする。

6　第１項及び第２項の出勤率の算定に当たっては，下記の期間については出勤したものとして取り扱う。

①　年次有給休暇を取得した期間

②　産前産後の休業期間

③　育児・介護休業法に基づく育児休業及び介護休業した期間

④　業務上の負傷又は疾病により療養のために休業した期間

7　付与日から１年以内に取得しなかった年次有給休暇は，付与日から２年以内に限り繰り越して取得することができる。

8　前項について，繰り越された年次有給休暇とその後付与された年次有給休暇のいずれも取得できる場合には，繰り越された年次有給休暇から取得させる。

9　会社は，毎月の賃金計算締切日における年次有給休暇の残日数を，当該賃金の支払明細書に記載して各労働者に通知する。

…

（産前産後の休業）

第24条　6週間（多胎妊娠の場合は14週間）以内に出産予定の女性労働者から請求があったときは，休業させる。

2　産後8週間を経過していない女性労働者は，就業させない。

3　前項の規定にかかわらず，産後6週間を経過した女性労働者から請求があった場合は，その者について医師が支障ないと認めた業務に就かせることがある。

…

（育児時間及び生理休暇）

第26条　1歳に満たない子を養育する女性労働者から請求があったときは，休憩時間のほか1日について2回，1回について30分の育児時間を与える。

2　生理日の就業が著しく困難な女性労働者から請求があったときは，必要な期間休暇を与える。

（育児・介護休業，子の看護休暇等）

第27条　労働者のうち必要のある者は，育児・介護休業法に基づく育児休業，介護休業，子の看護休暇，介護休暇，育児・介護のための所定外労働，時間外労働及び深夜業の制限並びに所定労働時間の短縮措置等（以下「育児・介護休業等」という。）の適用を受けることができる。

2　育児・介護休業等の取扱いについては，「育児・介護休業等に関する規則」で定める。

（慶弔休暇）

第28条　労働者が申請した場合は，次のとおり慶弔休暇を与える。

①　本人が結婚したとき　＿＿＿日

②　妻が出産したとき　＿＿＿日

③　配偶者，子又は父母が死亡したとき　＿＿＿日

④　兄弟姉妹，祖父母，配偶者の父母又は兄弟姉妹が死亡したとき　＿＿＿日

（病気休暇）

第29条　労働者が私的な負傷又は疾病のため療養する必要があり，その勤務しないことがやむを得ないと認められる場合に，病気休暇を＿＿日与える。

…

第6章　賃金

（賃金の構成）

第31条　賃金の構成は，次のとおりとする。

- 賃金
  - 基本給
  - 手　当
    - 家族手当
    - 通勤手当
    - 役付手当
    - 技能・資格手当
    - 精勤手当
  - 割増賃金
    - 時間外労働割増賃金
    - 休日労働割増賃金
    - 深夜労働割増賃金

（基本給）

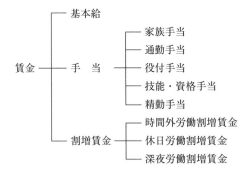

第32条　基本給は，本人の職務内容，技能，勤務成績，年齢等を考慮して各人別に決定する。

（家族手当）

第33条　家族手当は，次の家族を扶養している労働者に対し支給する。

①　18歳未満の子

1人につき　　月額　　______円

②　65歳以上の父母

1人につき　　月額　　______円

（通勤手当）

第34条　通勤手当は，月額________円までの範囲内において，通勤に要する実費に相当する額を支給する。

（役付手当）

第35条　役付手当は，以下の職位にある者に対し支給する。

部長　　月額　　________円

課長　　月額　　________円

係長　　月額　　________円

2　昇格によるときは，発令日の属する賃金月から支給する。この場合，当該賃金月においてそれまで属していた役付手当は支給しない。

3　降格によるときは，発令日の属する賃金月の次の賃金月から支給する。

（技能・資格手当）

第36条　技能・資格手当は，次の資格を持ち，その職務に就く者に対し支給する。

安全・衛生管理者（安全衛生推進者を含む。）	月額	________円
食品衛生責任者	月額	________円
調理師	月額	________円
栄養士	月額	________円

（精勤手当）

第37条　精勤手当は，当該賃金計算期間における出勤成績により，次のとおり支給する。

①　無欠勤の場合　　　　　　月額　＿＿＿＿円

②　欠勤１日以内の場合　　　月額　＿＿＿＿円

２　…略…

（割増賃金）

第38条　時間外労働に対する割増賃金は，次の割増賃金率に基づき，次項の計算方法により支給する。

（１）１か月の時間外労働の時間数に応じた割増賃金率は，次のとおりとする。この場合の１か月は毎月＿＿日を起算日とする。

①　時間外労働45時間以下……25%

②　時間外労働45時間超～60時間以下……35%

③　時間外労働60時間超……50%

④　③の時間外労働のうち代替休暇を取得した時間……35%（残り15%の割増賃金は代替休暇に充当する。）

（２）１年間の時間外労働の時間数が360時間を超えた部分については，40%とする。この場合の１年は毎年＿＿月＿＿日を起算日とする。

（３）時間外労働に対する割増賃金の計算において，上記（１）及び（２）のいずれにも該当する時間外労働の時間数については，いずれか高い率で計算することとする。

２　割増賃金は，次の算式により計算して支給する。

（１）月給制の場合

①　時間外労働の割増賃金

（時間外労働が１か月45時間以下の部分）

$$\frac{\text{基本給}+\text{役付手当}+\text{技能・資格手当}+\text{精勤手当}}{\text{1か月の平均所定労働時間数}}\times 1.25\times\text{時間外労働の時間数}$$

（時間外労働が１か月45時間超～60時間以下の部分）

$$\frac{\text{基本給}+\text{役付手当}+\text{技能・資格手当}+\text{精勤手当}}{\text{1か月の平均所定労働時間数}}\times 1.35\times\text{時間外労働の時間数}$$

（時間外労働が１か月60時間を超える部分）

$$\frac{\text{基本給}+\text{役付手当}+\text{技能・資格手当}+\text{精勤手当}}{\text{1か月の平均所定労働時間数}}\times 1.50\times\text{時間外労働の時間数}$$

（時間外労働が１年360時間を超える部分）

$$\frac{\text{基本給}+\text{役付手当}+\text{技能・資格手当}+\text{精勤手当}}{\text{1か月の平均所定労働時間数}}\times 1.40\times\text{時間外労働の時間数}$$

②　休日労働の割増賃金（法定休日に労働させた場合）

$$\frac{\text{基本給}+\text{役付手当}+\text{技能・資格手当}+\text{精勤手当}}{\text{1か月の平均所定労働時間数}}\times 1.35\times\text{休日労働の時間数}$$

③　深夜労働の割増賃金（午後10時から午前５時までの間に労働させた場合）

$$\frac{\text{基本給＋役付手当＋技能・資格手当＋精勤手当}}{\text{１か月の平均所定労働時間数}}\times 0.25\times \text{深夜労働の時間数}$$

（２）日給制の場合…略…

（３）時間給制の場合…略…

…

（代替休暇）

第40条　１か月の時間外労働が60時間を超えた労働者に対して，労使協定に基づき，次により代替休暇を与えるものとする。

2　…略…

（休暇等の賃金）

第41条　年次有給休暇の期間は，所定労働時間労働したときに支払われる通常の賃金を支払う。

2　産前産後の休業期間，育児時間，生理休暇，母性健康管理のための休暇，育児・介護休業法に基づく育児休業期間，介護休業期間，子の看護休暇期間及び介護休暇期間，慶弔休暇，病気休暇，裁判員等のための休暇の期間は，無給　／　通常の賃金を支払うこと　とする。

3　第９条に定める休職期間中は，原則として賃金を支給しない（＿＿か月までは＿＿割を支給する）。

（臨時休業の賃金）

第42条　会社側の都合により，所定労働日に労働者を休業させた場合は，休業１日につき労基法第12条に規定する平均賃金の６割を支給する。この場合において，１日のうちの一部を休業させた場合にあっては，その日の賃金については労基法第26条に定めるところにより，平均賃金の６割に相当する賃金を保障する。

（欠勤等の扱い）

第43条　欠勤，遅刻，早退及び私用外出については，基本給から当該日数又は時間分の賃金を控除する。

2　前項の場合，控除すべき賃金の１時間あたりの金額の計算は以下のとおりとする。

（１）月給の場合

基本給÷１か月平均所定労働時間数

（１か月平均所定労働時間数は第38条第３項の算式により計算する。）

（２）日給の場合

基本給÷１日の所定労働時間数

（賃金の計算期間及び支払日）

第44条　賃金は，毎月＿＿日に締め切って計算し，翌月＿＿日に支払う。ただし，支払日が休日に当たる場合は，その前日に繰り上げて支払う。

2　前項の計算期間の中途で採用された労働者又は退職した労働者については，月額の賃金は当該計算期間の所定労働日数を基準に日割計算して支払う。

（賃金の支払と控除）

第45条　賃金は，労働者に対し，通貨で直接その全額を支払う。

2　前項について，労働者が同意した場合は，労働者本人の指定する金融機関の預貯金口座又は証券総合口座へ振込により賃金を支払う。

3　次に掲げるものは，賃金から控除する。

①　源泉所得税

②　住民税

③　健康保険，厚生年金保険及び雇用保険の保険料の被保険者負担分

④　労働者代表との書面による協定により賃金から控除することとした社宅入居料，財形貯蓄の積立金及び組合費

（賃金の非常時払い）

第46条　労働者又はその収入によって生計を維持する者が，次のいずれかの場合に該当し，そのために労働者から請求があったときは，賃金支払日前であっても，既往の労働に対する賃金を支払う。

①　やむを得ない事由によって１週間以上帰郷する場合

②　結婚又は死亡の場合

③　出産，疾病又は災害の場合

④　退職又は解雇により離職した場合

（昇給）

第47条　昇給は，勤務成績その他が良好な労働者について，毎年＿＿月＿＿日をもって行うものとする。ただし，会社の業績の著しい低下その他やむを得ない事由がある場合は，行わないことがある。

2　顕著な業績が認められた労働者については，前項の規定にかかわらず昇給を行うことがある。

3　昇給額は，労働者の勤務成績等を考慮して各人ごとに決定する。

（賞与）

第48条　賞与は，原則として，下記の算定対象期間に在籍した労働者に対し，会社の業績等を勘案して下記の支給日に支給する。ただし，会社の業績の著しい低下その他やむを得ない事由により，支給時期を延期し，又は支給しないことがある。

算定対象期間	支給日
＿＿月＿＿日から＿＿月＿＿日まで	＿＿月＿＿日
＿＿月＿＿日から＿＿月＿＿日まで	＿＿月＿＿日

2　前項の賞与の額は，会社の業績及び労働者の勤務成績などを考慮して各人ごとに決定する。

第７章　定年，退職及び解雇

（定年等）

第49条　労働者の定年は，満60歳とし，定年に達した日の属する月の末日をもって退職とする。

2　前項の規定にかかわらず，定年後も引き続き雇用されることを希望し，解雇事由又は退職

事由に該当しない労働者については，満65歳までこれを継続雇用する。

（退職）

第50条　前条に定めるもののほか，労働者が次のいずれかに該当するときは，退職とする。

①　退職を願い出て会社が承認したとき，又は退職願を提出して____日を経過したとき

②　期間を定めて雇用されている場合，その期間を満了したとき

③　第９条に定める休職期間が満了し，なお休職事由が消滅しないとき

④　死亡したとき

2　労働者が退職し，又は解雇された場合，その請求に基づき，使用期間，業務の種類，地位，賃金又は退職の事由を記載した証明書を遅滞なく交付する。

（解雇）

第51条　労働者が次のいずれかに該当するときは，解雇することがある。

①　勤務状況が著しく不良で，改善の見込みがなく，労働者としての職責を果たし得ないとき。

②　勤務成績又は業務能率が著しく不良で，向上の見込みがなく，他の職務にも転換できない等就業に適さないとき。

③　業務上の負傷又は疾病による療養の開始後３年を経過しても当該負傷又は疾病が治らない場合であって，労働者が傷病補償年金を受けているとき又は受けることとなったとき（会社が打ち切り補償を支払ったときを含む。）。

④　精神又は身体の障害により業務に耐えられないとき。

⑤　試用期間における作業能率又は勤務態度が著しく不良で，労働者として不適格であると認められたとき。

⑥　第66条第２項に定める懲戒解雇事由に該当する事実が認められたとき。

⑦　事業の運営上又は天災事変その他これに準ずるやむを得ない事由により，事業の縮小又は部門の閉鎖等を行う必要が生じ，かつ他の職務への転換が困難なとき。

⑧　その他前各号に準ずるやむを得ない事由があったとき。

2　前項の規定により労働者を解雇する場合は，少なくとも30日前に予告をする。予告しないときは，平均賃金の30日分以上の手当を解雇予告手当として支払う。ただし，予告の日数については，解雇予告手当を支払った日数だけ短縮することができる。

3　前項の規定は，労働基準監督署長の認定を受けて労働者を第66条，第65条第１項第４号に定める懲戒解雇にする場合又は次の各号のいずれかに該当する労働者を解雇する場合は適用しない。

①　日々雇い入れられる労働者（ただし，１か月を超えて引き続き使用されるに至った者を除く。）

②　２か月以内の期間を定めて使用する労働者（ただし，その期間を超えて引き続き使用されるに至った者を除く。）

③　試用期間中の労働者（ただし，14日を超えて引き続き使用されるに至った者を除く。）

4　第１項の規定による労働者の解雇に際して労働者から請求のあった場合は，解雇の理由を

記載した証明書を交付する。

第８章　退職金

（退職金の支給）

第52条　勤続____年以上の労働者が退職し又は解雇されたときは，この章に定めるところにより退職金を支給する。ただし，自己都合による退職者で，勤続____年未満の者には退職金を支給しない。また，第65条第２項により懲戒解雇された者には，退職金の全部又は一部を支給しないことがある。

２　継続雇用制度の対象者については，定年時に退職金を支給することとし，その後の再雇用については退職金を支給しない。

（退職金の額）

第53条　退職金の額は，退職又は解雇の時の基本給の額に，勤続年数に応じて定めた下表の支給率を乗じた金額とする。

勤続年数	支給率
５年未満	1.0
５年～10年	3.0
11年～15年	5.0
16年～20年	7.0
21年～25年	10.0
26年～30年	15.0
31年～35年	17.0
36年～40年	20.0
41年～	25.0

２　第９条により休職する期間については，会社の都合による場合を除き，前項の勤続年数に算入しない。

（退職金の支払方法及び支払時期）

第54条　退職金は，支給事由の生じた日から____か月以内に，退職した労働者（死亡による退職の場合はその遺族）に対して支払う。

第９章　無期労働契約への転換…略…

第10章　安全衛生及び災害補償…略…

第11章　職業訓練…略…

第12章　表彰及び制裁

…

（懲戒の種類）

第65条　会社は，労働者が次条のいずれかに該当する場合は，その情状に応じ，次の区分により懲戒を行う。

① けん責　　始末書を提出させて将来を戒める。

② 減給　　始末書を提出させて減給する。ただし，減給は１回の額が平均賃金の１日分の５割を超えることはなく，また，総額が１賃金支払期における賃金総額の１割を超えることはない。

③ 出勤停止　　始末書を提出させるほか，____日間を限度として出勤を停止し，その間の賃金は支給しない。

④ 懲戒解雇　　予告期間を設けることなく即時に解雇する。この場合において，所轄の労働基準監督署長の認定を受けたときは，解雇予告手当（平均賃金の30日分）を支給しない。

(懲戒の事由)

第66条　労働者が次のいずれかに該当するときは，情状に応じ，けん責，減給又は出勤停止とする。

① 正当な理由なく無断欠勤が______日以上に及ぶとき。

① 正当な理由なくしばしば欠勤，遅刻，早退をしたとき。

② 過失により会社に損害を与えたとき。

③ 素行不良で社内の秩序及び風紀を乱したとき。

④ 第11条，第12条，第13条，第14条，第15条に違反したとき。

⑤ その他この規則に違反し又は前各号に準ずる不都合な行為があったとき。

2　労働者が次のいずれかに該当するときは，懲戒解雇とする。ただし，平素の服務態度その他情状によっては，第51条に定める普通解雇，前条に定める減給又は出勤停止とすることがある。

① 重要な経歴を詐称して雇用されたとき。

② 正当な理由なく無断欠勤が____日以上に及び，出勤の督促に応じなかったとき。

③ 正当な理由なく無断でしばしば遅刻，早退又は欠勤を繰り返し，____回にわたって注意を受けても改めなかったとき。

④ 正当な理由なく，しばしば業務上の指示・命令に従わなかったとき。

⑤ 故意又は重大な過失により会社に重大な損害を与えたとき。

⑥ 会社内において刑法その他刑罰法規の各規定に違反する行為を行い，その犯罪事実が明らかとなったとき（当該行為が軽微な違反である場合を除く。）。

⑦ 素行不良で著しく社内の秩序又は風紀を乱したとき。

⑧ 数回にわたり懲戒を受けたにもかかわらず，なお，勤務態度等に関し，改善の見込みがないとき。

⑨ 第12条，第13条，第14条，第15条に違反し，その情状が悪質と認められるとき。

⑩ 許可なく職務以外の目的で会社の施設，物品等を使用したとき。

⑪ 職務上の地位を利用して私利を図り，又は取引先等より不当な金品を受け，若しくは求め若しくは供応を受けたとき。

⑫ 私生活上の非違行為や会社に対する正当な理由のない誹謗中傷等であって，会社の名誉信用を損ない，業務に重大な悪影響を及ぼす行為をしたとき。

⑬　正当な理由なく会社の業務上重要な秘密を外部に漏洩して会社に損害を与え，又は業務の正常な運営を阻害したとき。

⑭　その他前各号に準ずる不適切な行為があったとき。

第13章　公益通報者保護…略…

第14章　副業・兼業

(副業・兼業)

第68条　労働者は，勤務時間外において，他の会社等の業務に従事することができる。

2　労働者は，前項の業務に従事するにあたっては，事前に，会社に所定の届出を行うものとする。

3　第１項の業務に従事することにより，次の各号のいずれかに該当する場合には，会社は，これを禁止又は制限することができる。

①　労務提供上の支障がある場合

②　企業秘密が漏洩する場合

③　会社の名誉や信用を損なう行為や，信頼関係を破壊する行為がある場合

④　競業により，企業の利益を害する場合

附　則

（施行期日）第１条　この規則は，平成_____年_____月_____日から施行する。

事項索引

た行

ら行

わ行

判例等索引

〔高等裁判所〕

〔地方裁判所〕

【著者紹介】

高橋賢司（たかはし・けんじ）

執筆分担：第１章・はじめに・１，第５章，第10章，第12章，第13章，第16章

1996年３月　中央大学大学院法学研究科民事法専攻法学修士号取得

2003年　　　ドイツ・チュービンゲン大学法学博士号取得

2004年４月～2011年３月　立正大学法学部専任講師

2011年４月～2021年３月　立正大学法学部准教授

2021年４月～　立正大学法学部教授（現在に至る）

〔主な著作〕

『成果主義賃金の研究』（信山社出版・2004年）

『解雇の研究』（法律文化社・2011年）

『労働者派遣法の研究』（中央経済社・2015年）

『障害者雇用における合理的配慮』（編著・中央経済社・2017年）

『労働法講義（第２版）』（中央経済社・2018年）

橋本陽子（はしもと・ようこ）

執筆分担：第１章・はじめに・２・４，第２章，第３章，第６章，第11章，第15章

1994年３月　東京大学法学部卒業

1997年３月　東京大学法学政治学研究科修士課程修了

1997年４月～2000年３月　東京大学法学部助手

2000年４月～2006年３月　学習院大学法学部助教授

2006年４月～　学習院大学法学部教授（現在に至る）

2019年～　司法試験考査委員（労働法）

〔主な著作〕

『EU・ドイツにおける労働者概念と労働時間法』（編著・信山社出版・2020年）

『労働者の基本概念―労働者性の判断要素と判断方法―』（弘文堂・2021年）

本庄淳志（ほんじょう・あつし）

執筆分担：第１章・はじめに・３，第４章，第７章，第８章，第９章，第14章

2004年３月　同志社大学法学部卒業

2006年３月　同志社大学大学院法学研究科修士課程修了

2009年３月　神戸大学大学院法学研究科博士課程修了

2010年４月～2011年３月　大阪経済法科大学法学部講師

2011年４月～　静岡大学人文社会科学部法学科准教授（現在に至る）

〔主な著作〕

『労働市場における労働者派遣法の現代的役割』（弘文堂・2016年）第39回労働関係図書優秀賞

テキストブック労働法

2021年4月1日　第1版第1刷発行

著者　高橋賢司
橋本陽子
本庄淳志

発行者　山本継

発行所　㈱中央経済社

発売元　㈱中央経済グループパブリッシング

〒101-0051　東京都千代田区神田神保町1-31-2
電話　03（3293）3371（編集代表）
03（3293）3381（営業代表）
https://www.chuokeizai.co.jp

印刷／三英印刷㈱
製本／誠製本㈱

＊頁の「欠落」や「順序違い」などがありましたらお取り替えいたしますので発売元までご送付ください。（送料小社負担）

ISBN978-4-502-36691-8　C3032